K L A U S J. G R O T H

Outplacement

Den Konsens auch im
Konflikt schaffen.
Frau Yvonne Prasdma
zur Erinnerung an das
W+H-Forum.
Hannover, 27.10.95
Klaus Groth

KLAUS J. GROTH

Outplacement

Gefahren und Folgen des Lean Management

Wirtschaftsverlag Langen Müller/ Herbig

Schutzumschlag: Adolf Bachmann, Reischach
Satz + Druck: Jos. C. Huber KG, Dießen
Binden: Großbuchbinderei Monheim
Printed in Germany
ISBN 3-7844-7337-7

Inhalt

Vorwort

Als ich mit dem erfahrenen Personalleiter eines Konzerns über das Vorhaben dieses Buches sprach, meinte dieser: »Was Sie da planen, ist kein Thema. Das ist ein Tabu. Darüber spricht man nicht.«

Er hat es dann doch getan. So wie viele andere auch. Sie haben aus eigener Erfahrung erkannt: Stillschweigen und Vertuschen haben bei der Kündigung leitender Mitarbeiter Praktiken gefördert, die allen hehren Grundsätzen vom partnerschaftlichen Umgang hohnsprechen. Das Miteinander wird gepredigt. Gegeneinander wird gehandelt.

Jede Rezession fordert Opfer. Aber keine mit gebrochenem Rückgrat.

Jeder Umbruch in der Wirtschaft bedingt auch den Wechsel. Aber nicht um den Preis zerstörter Existenzen.

Unfreiwillige Trennungen ohne Schmerz gibt es nicht. Enttäuschungen tun immer weh. Aber der Schmerz muß nicht durch Unfähigkeit, Willkür und schäbige Rache der Kündigenden gesteigert werden. Die Verantwortung für den leitenden Mitarbeiter endet nicht mit der Aushändigung der Lohnsteuerkarte.

Darum darf das Tabu nicht länger ein Tabu bleiben. Nur wenn darüber gesprochen und geschrieben wird, besteht Hoffnung auf Veränderung.

Darum schildert dieses Buch, wie Krisen entstehen, warum Beziehungen scheitern, wie Mitarbeiter mit üblen Tricks vor die Tür gedrängt werden. Und es berichtet, wie solche Krisen zu bewältigen sind, von wo Hilfe zu erwarten ist, wie das angeschlagene Selbstbewußtsein wieder an Boden gewinnt. Denn nach jedem Tal folgt ein neuer Aufstieg.

Über Erfolge spricht jeder gerne. Über das Scheitern herrscht Schweigen. Um so mehr danke ich meinen Gesprächspartnern, die bereit waren, offen über die größte Niederlage ihres beruflichen Lebens zu sprechen. Manchem mag das leichter gefallen sein, weil er den Sturz in eine neue Chance wandelte. Dennoch reißt ein solches Gespräch alte Wunden wieder auf. Vieles, was bewältigt erschien, wird erneut schmerzhaft bewußt. Und nicht jeder hatte bereits seinen Weg aus der Krise gefunden, als er in ein Gespräch einwilligte. Um so erstaunlicher war dann die Offenheit, mit der über Enttäuschung und Verlust gesprochen wurde.

Jedes der geschilderten Schicksale ist authentisch. Die Namen der Betroffenen wurden in jedem der Fälle geändert. In einigen auch die Ortsangabe, wenn sie für die Schilderung unerheblich ist. Auch so gehört Mut dazu, sich zu offenbaren.

Und ein Tabu zu brechen.

Klaus J. Groth

Die Zeit des Terminators

Unter den Führungskräften in Deutschland herrscht Nervosität. Durch ihre Etagen fegt ein eisiger Wind, seit mit der Einförmigkeit einer tibetanischen Gebetsmühle die Segnungen des Lean Managements als Heilmittel gegen nahezu alle Beschwerden der Wirtschaft gepriesen werden. Gegenwärtig und in Zukunft.

Gestern fast oben, heute ganz unten, dieser Karriereknick ist nicht neu. Neu ist die Vielzahl der nach unten weisenden Zacken. Massenentlassung ist auch für leitende Angestellte nicht länger ein Begriff aus einer anderen Arbeitswelt. Für die untere Ebene der Leistungsträger bieten Outplacement-Berater inzwischen Gruppentraining für den weichen Abflug an – 45 Minuten Einzelgespräch inclusive. In die Reihenhaussiedlungen am Stadtrand kehrt die Sorge ein. In dem bislang so standfesten mittleren Management beginnen sich die Reihen zu lichten.

Es ist die Zeit des Terminators. Die Jagd auf Manager ist freigegeben. Propheten der Wirtschaft wetteifern mit ihren Prognosen, wie groß die Verluste am Ende sein werden. Vor zu hoch gegriffenen Zahlen muß sich dabei keiner von ihnen fürchten. Genau wird niemand nachzählen können. Der unfreiwillige Abschied der Manager vollzieht sich in einer Grauzone. Auch wenn es viele trifft, spricht der einzelne nicht gerne darüber. 10 000 Manager wurden nach einer vorsichtigen Schätzung der Union der leitenden Angestellten 1993 expediert. Und das war erst der Anfang. Personalberater nehmen den unfreiwilligen Abschied von 20 000 Managern pro Jahr für eine realistische Größe. Manche halten selbst diese Schätzung noch für zu niedrig. Das Ideal der schlanken Linie verleitet zur Magersucht. Was die großen Unternehmen vormachen, stilisiert sich für die kleinen zum Leitbild.

Die in der Flaute von den Konzernen selbst verordnete Kur ist radikal: Thyssen streicht von sieben Hierarchieebenen zwei und reduziert damit die Führungsmannschaft um 40 Prozent. VW will gar statt mit sieben mit nur noch drei Managementebenen endlich wieder das Laufen lernen. Die Deutsche Babcock will ebenfalls künftig mit drei statt bisher sieben Ebenen in der Leitung auskommen. 30 Prozent der Manager sind damit weg vom Fenster der Babcock. Auch die Lufthansa möchte, um 30 Prozent der Manager in der Führungscrew erleichtert, mehr Bodenfreiheit gewinnen. Krupp Hoesch dampfte die Ebenen der Leitenden von fünf auf drei ein. Statt 1300 bestimmen nur noch 250 Manager die Geschicke des Konzerns. BASF entschlackt seit 1990: 15 Prozent der »Oberen Führungskräfte« wurden als überzählig angesehen. Bayer hat sich zum Ziel gesetzt, mit zehn Prozent Leitenden weniger auszukommen. 560 müssen gehen. Bei Daimler Benz müssen 550 Manager der oberen Etagen ihren Hut nehmen.

Die Zahlen sind veröffentlicht. Verschwiegen wird, wieviel Existenzangst, Hoffnungslosigkeit und Enttäuschung hinter diesem Abschied in die Arbeitslosigkeit oder in die Frühpensionierung stecken. Daran ändert nichts, daß auch an Vorstandssesseln die Säge rattert. Wer weich saß, fällt auch weicher. Und selten aus allen Wolken. Denn er hat mitgewirkt an den Unwettern, die sich jetzt über den nachgeordneten Mitarbeitern entladen.

Feuern mit Gewinn

Dies ist auch die Zeit der Pfennigfuchser und Erbsenzähler. Diese Leute zahlen mit kleiner Münze. Sie haben nur gelernt: Wirtschaft muß sich rechnen. Das beherrschen sie perfekt. Und so rechnen sie die Wirtschaft gesund. Der schnellste Weg führt über den Abbau des Personals. Auch in den Büros links und rechts. Das Minus in den Ausgaben ergibt ein Plus in den Einnahmen. Die Rechnung ist schön und einfach.

Ob der schnelle Erfolg aber auch der sichere ist, diese Frage ist gegenwärtig nicht opportun. Je rascher Manager ausgewechselt werden, desto mehr sind sie auf den unmittelbaren Erfolg fixiert. Die Entwicklung neuer Produkte zahlt sich langsamer aus als zusammengestrichene Stellenpläne. Wer seine Lebenskraft aus Zahlen saugt, dem fallen auch stets nur Zahlen ein.

Veränderungen sind notwendig. Lange genug sind sie folgenlos gepredigt worden. Ford managte vor zehn Jahren noch auf 15 Hierarchiestufen, als Toyota bereits mit fünf auskam. Hierzulande kann niemand die Speckringe übersehen, die sich in fetten Jahren auf den Führungsetagen ansammelten. Lange mochte niemand auf die Warnungen vor dem Wasserkopf hören, geschweige denn Konsequenzen daraus ziehen. Seit die jüngste Talfahrt die Wirtschaftslenker das Fürchten lehrte, beeilen sie sich jetzt, das Kind mit dem Bade auszuschütten. Aus Angst, sie könnten sonst selbst in der Wanne sitzen.

Nun wird gefeuert, was das Zeug hält. Über Nacht scheint es in den Führungsetagen nur so von Nieten, Flaschen und Spesenrittern zu wimmeln. Den gleichen Managern, die jahrelang belobigt und gefördert wurden, wird von einem Moment auf den anderen das Vertrauen entzogen. Sie haben ausgedient. Ex und hopp.

Das alles läuft zum großen Teil unter dem bequemen Deckmantel des Lean Managements. Lean klingt clean. Nach sauberem, wirtschaftlich notwendigem Schnitt. Ist es aber weitgehend nicht.

Trennungen sind nie bequem. Für keine Seite. Einem langjährigen Mitarbeiter zu erklären, er habe ausgedient, er werde nicht mehr gebraucht, ist eine schwierige Aufgabe. Sie erfordert Einfühlungsvermögen, Rücksichtnahme und die Bereitschaft zur Hilfe. So sollte es sein. Wer den Manager nach der unfreiwilligen Trennung ziehen lassen will, wie er ihn empfangen hat – erhobenen Hauptes durch den Vordereingang –, muß bereit sein, die Verantwortung für die Scheidung zu übernehmen. Nicht in jedem Fall. Sicherlich nicht. Aber in jenen 98 Prozent der Fälle, in denen das Unternehmen den Anstoß zur Trennung gab.

Wo ganze Hierarchieebenen gestrichen werden, müssen Schuld und Sühne nicht einseitig dem gefeuerten leitenden Angestellten angelastet werden. Ein wenig Schuld kann auch das Unternehmen auf sich nehmen. Die Sühne aber bleibt trotzdem allein bei dem Opfer des Rauswurfs.

Wer aber nur unter dem Zeichen des Lean Managements segelt,

die willkommene Vokabel nutzt, um eine unliebsame Führungskraft endlich an die Luft zu setzen, lädt beides gleichermaßen auf die Schultern des Rausgeworfenen. Die Schuld trägt immer der, der geht.

Vom Top-Mann zum Flop-Mann

Gleichgültig, ob die Schlankheitskur ernsthaft betrieben oder lediglich als Vorwand benutzt wird: Wenn die einen gehen, bleiben die anderen. Warum müssen die einen gehen, und warum können die anderen bleiben?

Weil die angeblichen rationalen Gründe nur vorgeschoben sind. Mögen oder nicht mögen, das ist die wahre Frage. In 80 Prozent der Fälle, schätzen Personalberater aus ihrer Praxis, ist es eine Unverträglichkeit der Chemie, die mit dem Rausschmiß endet. Auch wenn andere Gründe vorgeschoben werden. Das ist in der Regel der Fall.

Dabei werden die Konflikte selten offen ausgetragen, solange es noch Zeit ist. Erwartungen werden nicht klar angesprochen, Mißverständnisse nicht ausgeräumt. Da sammelt sich ein Bodensatz des Unmuts, von dem der Betroffene wenig bis gar nichts weiß. Weil den Chefs der Chefs der Mut fehlt, Tatsachen oder verletzte Gefühle klar anzusprechen. Die Zusammenarbeit bis zum Überdruß dauert meist Jahre. Lange wird gelächelt, auch wenn es mehr ein Fletschen der Zähne ist. So wandelt sich der Top-Mann zum Flop-Mann.

Erst bei der Trennung wird der Unmut erkennbar. Auch dann nicht offen, aber nur dürftig kaschiert. Der Rauswurf ist dann nicht die nüchterne Konsequenz einer notwendigen Personalentscheidung. Er ist Bestrafung. Und da Strafen nicht durch Belohnungen gemildert werden sollen, geizen die Rausschmeißer bei der Abfindung, rollen sie auf den ungewissen Weg in die Zukunft Steine.

Im Kälteschock der Chefetagen beweist sich die Überlebensfähigkeit der Duckmäuser und der Intriganten. Sie haben das Sägen an den Stühlen anderer zum Hochleistungssport entwickelt. Zwei

Drittel der Arbeitszeit investiert so mancher in diese Art Betreuung der Kollegen und Vorgesetzten. Auf Dauer bleibt solche Wühlarbeit nicht ohne Wirkung. Ist das Verhältnis erst einmal getrübt, findet sich für jede Diffamierung ein offenes Ohr.

Der Aufstieg der einen führt über den Fall der anderen. Teamgeist ist etwas für Hochglanzbroschüren und Sonntagsreden. Wer das schäbige Spiel nicht mitmacht, bleibt auf der Strecke. Tüchtigkeit allein genügt nicht.

Hardliner haben Konjunktur. Mit aller Rücksichtslosigkeit. Der Konkurrenzkampf wird gnadenlos geführt. Da wird aus dem Partner der Gegner. Partner überzeugt man. Gegner schaltet man aus.

Kein Trick ist zu schäbig

In Deutschland haben sich bei der Kündigung leitender Mitarbeiter Praktiken entwickelt, die allen hehren Worten von Partnerschaft hohnsprechen. Gefördert durch das Schweigen in der Tabuzone, wuchern die stillosen Rausschmisse. Kein Trick ist zu schäbig, um einen lästigen Mitarbeiter loszuwerden und dabei ein paar Mark zu sparen. Selbst die besten Namen der Wirtschaft machen keine Ausnahme, und bei den kleineren Unternehmen sieht ohnehin niemand so genau hin.

Da wird hinter dem Rücken der betroffenen Mitarbeiter in deren Vergangenheit nach Unregelmäßigkeiten gestöbert. Was gestern noch allgemein toleriert wurde, wird unvermittelt als Vergehen angeprangert. Da werden ohne jede Rücksicht Versetzungen angeordnet, Informationen zurückgehalten, Manager kaltgestellt. Die Juristen in den Verbänden der leitenden Angestellten streiten zunehmend gegen Abmahnungen. Nichtigkeiten, nach denen in der Vergangenheit kein Hahn krähte, sind plötzlich eine Gelbe Karte wert.

Anerkennung für erbrachte Leistungen? Fehlanzeige! Rücksichtnahme auf das Ansehen? Fehlanzeige! Hilfe beim Sturz? Nein, Nachtreten! Unterstützung durch die Kollegen? Nur leere Worte.

Wer abstürzt, ist allein. Ist noch einsamer, als er es ohnehin schon in der »großen Familie Firma« war.

Wer mag, darf es als tröstlich empfinden, daß gelegentlich auch ganz oben mit den gleichen miesen Mitteln geholzt wird wie auf den Etagen darunter. John Hardiman, Vorstandschef der Kölner Ford-Werke, erfuhr erst aus der Zeitung, daß man ihn vor der Zeit aus dem bis 1995 laufenden Vertrag gekippt hatte. Helmut Gies, Aufsichtsratsvorsitzender der AMB Aachener Münchener Beteiligungs-AG, hörte zehn Minuten vor der Eröffnung der Hauptversammlung, daß nicht beabsichtigt sei, ihn wiederzuwählen.

Verwunderlich ist solch rüder Umgang nicht. Schlechte Sitten breiten sich von oben nach unten aus.

... und raus bist du

Wer kommt auf die Abschußliste?

Dümmer als ihre Kollegen sind gefeuerte leitende Angestellte nicht. Auch nicht weniger qualifiziert. Aber mit Sicherheit verhalten sie sich weniger angepaßt. Ihre Selbsteinschätzung orientiert sich an den Leistungen, die sie für das Unternehmen erarbeiten, nicht an ihrer Wirkung auf andere. Zu diesem Ergebnis kommt eine Untersuchung der Cranfield School of Management. Die britischen Wissenschaftler wollten herausfinden, in welchen Punkten sich geschaßte Führungskräfte von jenen unterschieden, die sicher im warmen Nest überdauern. Ihr Ergebnis, das mit anderen Untersuchungen übereinstimmt: den typischen Abschußkandidaten gibt es nicht. Jeden kann es erwischen.

Nach dem Vergleich der Karrieren und der Persönlichkeitsstrukturen von 204 leitenden Mitarbeitern, die ihren Job verloren, mit denen, die weiter in ihrer Funktion blieben, kamen die Autoren der Studie sogar zu dem Schluß: die Gescheiterten »zählen zu den besten und gescheitesten Mitarbeitern«.

Warum man gerade sie nicht weiter mitarbeiten läßt, brachte die Untersuchung auch an den Tag: »Sie können sich bei ihren Vorgesetzten nicht ins rechte Licht setzen und haben keinerlei Gespür für taktisches Verhalten.« Und: Sie können ihre guten Leistungen nicht verkaufen. Entweder weil sie sich nicht in den Vordergrund drängen mögen oder weil sie schlicht erwarten, daß ihre Umgebung diese Leistung zur Kenntnis nehmen *muß*.

Das schiebt sie auf die Abschußliste, obgleich sie alle Voraussetzungen erfüllen, die von einem Manager gemeinhin erwartet werden. Sie sind intelligent, fähig, ein Team zu leiten. Und sie haben ihre Gefühle unter Kontrolle. In der Regel jedenfalls. Im Streitfall werden sie sich allerdings eher für die Sache denn für eine

Person einsetzen. Aktentaschenträger sind unter ihnen nur im Ausnahmefall zu finden.

Gerade hier aber setzt ihr persönliches Problem ein. Die Untersuchung der Cranfield School filterte wesentliche Unterscheidungsmerkmale zwischen den Gefeuerten und den Gebliebenen heraus.

Die Persönlichkeit der Gefeuerten schildern sie als eher gutgläubig, naiv, natürlich und rechtschaffen. Sie »achten nicht darauf, wie sie auf andere wirken«. Für sie zählt die Sache, nicht die Wirkung. Erst kommt das Unternehmen, dann die Person. Anders ihre ungekündigten Kollegen. Die verhalten sich geschickter, wenn auch für die Firma nicht unbedingt erfolgreicher. Opportunisten sind unter ihnen zu finden, die bei allen Handlungen sehr wohl bedenken, welchen Eindruck sie bei Kollegen und Vorgesetzten machen. Das muß für den Geschäftserfolg nicht immer förderlich sein. Im Gegenteil. Selbst erkannte Fehler in der Strategie des Chefs werden stillschweigend übernommen, um nicht anzuecken. Der positive persönliche Eindruck rangiert höher als das Ergebnis der Arbeit.

Mangelnde Selbstkritik

Um die Wirkung auf andere richtig einzuschätzen, ist gelegentliche Selbstkritik notwendig. An der Fähigkeit dazu aber mangelt es entlassenen Managern häufig. Sie zeichnen ein durchgehend positives Bild von sich, stellen Erfolge in den Vordergrund. Persönliche Schwächen nennen oder erkennen sie nicht. Und falls das doch einmal der Fall sein sollte, neigen sie dazu, sie zu verkleinern. Outplacement-Berater wissen, daß die kritische Selbsterkenntnis eines der schwierigsten Teilstücke auf dem Weg ist, den sie gemeinsam mit ihren Klienten zurückzulegen haben. Häufig haben sie bereits mehrere abwärts weisende Zacken in ihrer Karrierekurve. Vielfach aus gleicher oder ähnlicher Ursache. Dazu gehört der Manager, der nur sich selbst (etwas zu-) traut, der vorzugsweise alles alleine machen möchte. Oder der Manager, dem es am Gespür für das Spiel hinter den Kulissen mangelt, der sich bei Auseinandersetzungen in Familienunternehmen stets auf die falsche Seite schlägt.

Die Ursachenforscher der Cranfield School machten eine weitere Unterscheidung aus. Die Verlierer beim Überlebenskampf in der Firma, stellen sie fest, neigen zum Sicherheitsdenken. Sie verhalten sich vielfach überangepaßt. Sie konzentrieren sich auf ihren Arbeitsbereich mit allen Kräften. Ihre Kollegen hingegen begnügen sich nicht mit der übertragenen Aufgabe. Sie beobachten sehr genau, was in anderen Bereichen des Unternehmens passiert und klopfen jede Entscheidung oder Veränderung darauf ab, ob damit Auswirkungen auf die eigene Position verbunden sein könnten.

Querdenker stören

Unter den Trennungsgeschädigten finden sich besonders Techniker und Naturwissenschaftler. Deren Schwierigkeiten setzen häufig ein, wenn sie auf der Karriereleiter an jener Sprosse angelangt sind, auf der weniger das fachliche Wissen, sondern Management- und Führungsqualitäten verlangt werden. Gewohnt, durch meßbare und nachprüfbare Ergebnisse zu überzeugen, geraten sie ins Schlingern, wenn sie sich taktisch verhalten sollen. Ähnlich problematisch ist für vergleichbare Charaktere der Wechsel von einer Stabs- in eine Linienposition. Wer bleibt, reagierte flexibler. Generalisten sind vielfältiger einzusetzen. Das macht sie geeigneter, Krisensituationen zu überdauern.

Wenn es einmal brenzlig wird, fragen die Schützen in den Chefetagen sehr häufig nicht zuerst nach der Qualifikation. Wer einmal in die Quere lief, ist unbewußt gespeichert.

Darum bleibt die Forderung nach den Querdenkern in der Führungsmannschaft ewig eine Forderung für Schönwetterperioden. Wenn sich ein Gewitter zusammenzieht, gehören sie zu den ersten, derer man sich entledigt. Daran ändert sich auch nichts, wenn Personalchefs die Losung an die Wand pinnen, gesucht werde der Mitarbeiter, der nicht schon beim Unterschreiben des Arbeitsvertrages die Persönlichkeit abgebe.

Vor den fatalen Auswirkungen solcher Personalauswahl war lange gewarnt worden. Aber erst seit die Krise der deutschen Wirtschaft zum Tagesgespräch wurde, streifen sich Personalmanager das Büßerhemd über, schlagen sich vor die Brust und kriechen zu Kaizen. Beklagt Hans-Joachim Zwarg, stellvertretendes Vorstandsmitglied der Phoenix AG: »Wir haben alles getan, damit die Mitarbeiter morgens ihr Gehirn an der Garderobe abgaben und nur bei sich zu Hause kreativ waren.«

Auf Dauer bleibt solche Selektion nicht ohne Folgen. Die Bürofluchten der Bosse verkümmerten zu Steppen der Phantasielosigkeit. Nicht die Visionäre, sondern die uniformen Erbsenzähler beherrschen das Feld. Sie lernten auf der Universität, Zahlen zu lesen, aber sie lernten nicht, das Gefühl in die Gedanken einfließen zu lassen. Der vorherrschende Typus hat gelernt, Fehler zu erkennen, Fakten zu analysieren, rasch zu begreifen, warum etwas nicht gutgehen kann. Aber allein der Gedanke an eine neue Sprungformation am Trapez unterm Zirkuszelt jagt ihm kalte Schauer über den Rücken. Ist der Erfolg nicht garantiert, besteht folglich die Möglichkeit des Mißerfolges. Also läßt man es besser beim alten Programm. Bis kein Mensch es mehr sehen mag. Dann wundern sich die Erbsenzähler und holen sich für viel Geld einen Berater, der ihnen für einen halbherzigen Schritt den Rücken stärkt.

Für diejenigen, die schon möchten, sich aber nicht trauen, wurde das Kultur-Sponsoring erfunden. Das gibt das angenehme Gefühl, allem Neuen und der Kunst gegenüber aufgeschlossen zu sein. Mit begrenztem Risiko. Wenn's mal nicht klappt, zählt der Gönner eben wieder Erbsen. Und die Akrobaten in der Zirkuskuppel müssen sehen, wie sie wieder auf den harten Boden der Tatsachen kommen. Unbekümmert wie die Akrobaten, nur auf ihre Leistung fixiert, versäumten auch gefeuerte Leistungsträger, sich rechtzeitig an starke Verbündete unter den Vorgesetzten anzulehnen. Weil sie sich vielfach für unverzichtbar halten, vernachlässigen sie diesen Personenschutz aus Eigennutz.

Amerikanische Wissenschaftler entdeckten noch ein weiteres Manko der Gefeuerten: Im Gegensatz zu ihren Kollegen sind sie weniger selbstbewußt und aggressiv. Sie haben nicht gelernt, die Ellbogen einzusetzen.

Den Ruf eines Generalisten erwirbt nur, wer sich überall einmischt. Gefragt und noch häufiger ungefragt. Das ist relativ risikolos, denn wer gute Ratschläge für andere Bereiche erteilt, trägt noch lange nicht die Verantwortung, wenn etwas schiefgeht. Wer sich auf sein Fachgebiet konzentriert, weil er meint, der Schuster solle bei seinem Leisten bleiben, brilliert nicht als Alleskönner. So wird die Bescheidenheit gegenüber den Leistungen anderer leicht mit der Arroganz des Fachidioten verwechselt.

Hoch ohne Hochschule

So notwendig Fachwissen ist, so wenig beflügelt es die Karriere. Bei einer Erhebung des Fachbereichs Wirtschaft der Fachhochschule Nordostniedersachsen in Lüneburg verblüffte ein Ergebnis die Professoren erheblich. Sie befragten entlassene leitende Angestellte während eines Weiterbildungsseminars, mit welcher Ausbildung die Damen und Herren mit dem Karriereknick in den Beruf gestartet waren. 29 Prozent hatten eine Lehre abgeschlossen,18 Prozent studiert, das Studium aber nicht abgeschlossen. Die Mehrheit jedoch, 53 Prozent, hatte bis zur erfolgreich bestandenen Abschlußprüfung studiert.

Die Professoren hatten angenommen, je besser der Abschluß, desto höher sei der berufliche Status. Sie mußten sich korrigieren. Das Gegenteil war der Fall. Gerade jene, die ohne Studium in den Beruf gestartet waren, hatten die höchste Sprosse auf der Karriereleiter erklommen.

Mehr als die Hälfte der von den Lüneburger Professoren befragten ehemaligen Leitenden hatte in mittleren Betrieben mit 100 bis 1000 Beschäftigten den Kurs mit bestimmt. 29 Prozent kamen aus kleineren, die anderen aus größeren Unternehmen. Zwei Drittel von ihnen arbeiteten in drei bis fünf Firmen am Aufstieg, ehe die Karriere jäh abknickte.

Daß Menschen, denen so etwas widerfuhr, nicht gut auf den letzten Arbeitgeber zu sprechen sind, ist zu erwarten. Dennoch ist der Zorn nicht hundertprozentig. Trotz schlechter Erfahrung und trotz des persönlichen Debakels beurteilten nur 64 Prozent das Arbeitsklima im letzten Unternehmen als mies. Immerhin 21 Prozent hatten sich behaglich gefühlt in dem Klima, aus dem sie herauskatapultiert worden waren.

Ein Poster im Büro Edzard Reuters zeigt einen Dinosaurier mit der schlichten Feststellung: »History is full of giants who couldn't adapt.« Wie wahr. Doch wer wollte es den Sauriern anlasten, daß sich ihre Umwelt änderte. Sie hatten nun einmal nicht gelernt, sich anzupassen. Das überlebten sie nicht.

Trotzdem waren und bleiben sie die Größten.

Das Ende einer Dienstfahrt

Dies ist ein Bericht aus der schleswig-holsteinischen Provinz. Wo die Kühe glücklich sind. Und die Bauern gar nicht. Weil ihre Kühe, schwelgend im Glück, soviel Milch geben. Wie soll eine Kuh auch sonst zeigen, daß sie glücklich ist. So haben die Bauern viel Butter und Käse, und das macht sie nicht froh. Denn sie haben mehr davon, als andere brauchen. Was ihnen fehlt, sind tüchtige Verkäufer vom Kaliber eines Friedrich Geldermann. Einer, von dem die Branche anerkennend sagt, er verkaufe sogar Sauerkraut in Tuben.

Geldermann hat den Käse zum Bahnhof gerollt. Nicht einzeln. Tonnenweise. Und dann rollte sein Käse zu Karstadt und Horten, zu Krafft und Kaiser's Kaffee. Als Geschäftsführer einer zentralen landwirtschaftlichen Genossenschaft machten ihn seine Züge stolz. Als er sein Amt antrat, verkaufte die Genossenschaft mal gerade 2800 Tonnen im Jahr. Er steigerte den Absatz auf 11 000 Tonnen. Und weil solch eine Menge Käse die Vorstellung überfordert, verlud er sie bildhaft: 22 Züge mit jeweils 50 Waggons jährlich. Solche Menge Käse ließ Geldermann durch die deutschen Lande frisch auf den Tisch rollen.

Und weil er es nicht mit ansehen mochte, wie Käse aus Holland und die kleinen raffinierten französischen Käse auf seinen Markt drängten, verkaufte er seinen handfesten Wilster Marsch und pikanten Tilsiter nach Frankreich, Holland, Italien, Spanien, Finnland und in die USA. »Mit Charme und Überzeugungskraft«, wie er sagt. In den Meiereien leerten sich die Regale, die Kühe konnten ihr Glück steigern, und die Genossenschaft machte Gewinn. Da war auch Geldermann im Glück, und alles hätte in bester Ordnung sein können.

Wenn nicht Geldermann gewußt hätte, daß auch er nur Qualität verkaufen kann. Für ihn genügte ein Handgriff an einen Käselaib, um den Reifegrad genau zu bestimmen. Da ließ er sich nichts vormachen. Auch beim Preis nicht. Denn Qualität und Preis waren für ihn am Markt siamesische Zwillinge. Beides mußte stimmen. Erst dann konnte er »mit Charme und Überzeugungskraft« wirken.

Die Landwirte aber taten, was Bauern immer tun, wenn sie nicht gerade pflügen, säen oder dreschen: Sie stöhnten und seufzten und verlangten einen höheren Anteil vom schönen Ertrag. Die Meieristen, denen die Bauern näher waren als der Verkaufsdirektor für Tiefkühlkost, Butter, Käse, Eier und Geflügel, machten sich am Konferenztisch der Genossenschaft für die Bauern stark. Sie versuchten höhere Preise durchzusetzen. Und weil das Gerangel in einer Genossenschaft auch etwas mit Verbandspolitik und Erzeugerpolitik, mit Verbraucherpolitik und ganz schlichter Politik zu tun hat, geriet Geldermann zunehmend unter Druck.

Karriere aus dem Bilderbuch

Er war stark und selbstbewußt genug, um das auszuhalten. Stets hatte ihn sein Weg auf der klaren Linie des Erfolges geführt. Er ging mit 14 Jahren bei einem kleinen Krauter in die Lehre, wog Sago und Zucker in dreieckigen braunen Tüten ab, rollte Fässer mit Salzgurken und legte Heringe ein, bis er seine Prüfung mit Auszeichnung bestand. Weil es ihn aus dem Eckladen in größere Unternehmungen drängte, wechselte er in das Lager einer Einkaufsgenossenschaft, wo er bald zum Chef des Lagers mit Regalen voll von Rosinen und Mehl aufstieg. Die Säcke lud er sich selbst auf den Buckel. Doch weil diese Last auf Dauer keine Lust war, weil er verkaufen wollte, stieg er bei einer Margarinefabrik in den Verkaufswagen. Später übernahm er die bundesweite Vertretung einer Kaffeesahne, bis er schließlich zum Filialleiter jener Genossenschaft avancierte, in der seine Karriere steil bergauf ging.

Auf Dauer aber sah Geldermann seine Erfolge durch die Auseinandersetzungen mit den Meieristen wie in der Käseschmelzerei zerfließen. Das wollte er nicht. Der gute Ruf ist nur einmal zu verlieren. Ein Nesthocker war er nicht. Geldermann sah sich um, erhielt das Angebot eines der ganz großen Lebensmittelfilialisten und kündigte. Nach 20 Jahren in der Genossenschaft. Die aber erkannte trotz aller Rangeleien, was sie an ihm hatte. Sie ließ Geldermann nicht aus dem noch drei Jahre laufenden Vertrag. Denn die Bauern wissen: Das Huhn, das goldene Eier legt, schlachtet man nicht. Man gibt es auch nicht her.

Als dann nach dem Ablauf von drei Jahren um einen neuen Vertrag verhandelt werden mußte, erinnerten sich die Genossen an einen anderen erdverbundenen Merkspruch aus dem Schatzkästlein des Landmannes: Dem Ochsen, der da drischt, verbindet man nicht das Maul. Im Gegenteil. Kraftfutter legten sie ihm vor. Friedrich Geldermann, 55 Jahre frisch, dynamisch, schwungvoll, erhielt einen Vertrag, von dem andere träumen. Laufzeit bis zum 65. Lebensjahr. Das beste Pferd im Stall trug plötzlich güldenes Zaumzeug.

Hinzu kam die Garantie über 72 Prozent der Bezüge an dem Tag, an dem Geldermann die Genossenschaft wegen Erreichung der Altersgrenze verlassen würde. Als der Vertrag unterschrieben wurde, schien dieser Tag noch unendlich weit.

Mit der Zusage einer Versorgung wie im öffentlichen Dienst oder wie bei der Lufthansa machte sich Geldermann keine Sorgen mehr. Für sich nicht und vor allem für seine Familie nicht. Denn so robust, wie er vorgab, war Geldermann nicht. Zuckerkrank seit dem 15. Lebensjahr, hatte ihm der Arzt ein nur kurzes Leben prognostiziert. Mit strenger Disziplin, einem Speiseplan nach Broteinheiten und 30 Litern Insulin widerlegte er den Arzt. Die

Sorge aber blieb. Als er den Vertrag unterschrieb, war ihm, als habe er für seine Familie bis ans Ende der denkbaren Zeit gesorgt.

Das bedeutete für ihn allerdings nicht, daß er meinte, einen Gang zurückschalten zu können. Oder zu wollen. Er war unter den Verwaltern der Genossenschaft der Mann, der das Geld verdiente. Und das wollte er bleiben. Das Tor zur sanften Ruhe des Elefantenfriedhofs der verdienten Genossen sah er nicht für sich geöffnet.

Ein Mann sucht seinen Chef

Im Gegenteil, ihm stellte sich eine ganz andere Frage. Sein Stern leuchtete mit dem Glanz, der Kronprinzen ins rechte Licht setzt. Die Nachfolge für den Geschäftsführenden Vorstand stand an. 15 Jahre lang hatte Geldermann mit ihm vorzüglich zusammengearbeitet. Freundschaftlich war der Umgang. Und voller gegenseitiger Hochachtung. Da lag es nahe, in Geldermann den Nachfolger zu sehen.

Friedrich Geldermann, der Mann mit dem goldenen Händchen für die Reife des Käses und fürs Geschäft, wurde gefragt. Und lehnte ab. Nicht sofort. Der Antrag ehrte ihn. Eine Weile kostete er das Gefühl aus, ganz an die Spitze klettern zu können. Er fragte seine Familie, und »die bekniete mich, es zu machen«.

Aber er machte es nicht. Er zweifelte an sich selbst. Zum ersten Mal in seinem Leben. Nicht an seinen Fähigkeiten. Die stufte er als hoch genug ein. Seine Zuckerkrankheit war es, die aus seinem Zögern eine Absage werden ließ. Der Mann, der bis dahin keine Belastung gescheut hatte, der aus der Knochenmühle des täglichen Geschäfts einen Jungbrunnen machte, fragte sich, ob ihm seine lädierte Gesundheit genügend Kraft lasse, »um die Aufgabe so zu bewältigen, wie es das Land Schleswig-Holstein von mir erwartete«.

Immer war Geldermann aufwärts gestiegen. Vom Verkaufsfahrer, der Butter, Eier, Käse, Speck und Wurst in den kleinsten Eckladen brachte, bis zum Geschäftsführer mit 220 Mitarbeitern. Und nun ging er nicht durch die geöffnete Tür. Er ließ einem anderen nicht nur den Vortritt, er hielt ihm auch noch die Tür auf.

Die Verblüffung nach der Absage Geldermanns mündete in Ratlosigkeit. So sehr hatten sich Vorstand und Aufsichtsrat in den vermeintlichen Kronprinzen verguckt, daß sie nicht im Traum daran gedacht hatten, nach einer Alternative Ausschau zu halten. Plötzlich lagen kleine matte Flecken auf dem Glanz des Topverkäufers Friedrich Geldermann.

Der Geschäftsführende Vorsitzende fragte Geldermann, ob er einen geeigneten Kandidaten für die Nachfolge kenne. Schließlich hatte niemand so gute Kontakte wie Geldermann. Und Rat wußte er auch. Einen Einkäufer bei einem der großen Kunden hatte er im Auge: Werner Hertz. Mit dem hatte er glänzende Geschäfte gemacht, der Eindruck war blendend, und seine berufliche Laufbahn hatte er als Meierist gestartet. Und da Geldermanns Rat etwas galt, beauftragte ihn sein Vorsitzender, bei Hertz anzuklopfen.

»Ich bin also losgezogen und habe mir meinen eigenen Chef gesucht«, sagt Geldermann. Und zu Werner Hertz, dem vollkommen Verblüfften, der nicht den erwarteten Waggon Käse, sondern einen neuen Job offeriert bekam, sagte er: »Sie haben eine Chance wie kein anderer, wenn Sie sich bewerben.«

So war es dann auch. Statt selbst König zu werden, betätigte sich Geldermann als Königsmacher. Das hätte durchaus die beste Voraussetzung für eine überaus gedeihliche Zusammenarbeit sein können.

Verweigerte Anerkennung

Der erste Schatten fiel jedoch schon auf die Zusammenarbeit, bevor sie noch so recht begonnen hatte. Das war bei der Betriebsfeier zur Verabschiedung des alten Chefs und zur Inthronisation des neuen. Die Damen und Herren ließen es sich gut sein bei vorzüglichem Essen und viel gutem Wein. In ausgelassener Stimmung nahm der alte Vorsitzende kurz vor Mitternacht das Mikrophon und verkündete, nun müsse das Fest beendet werden, denn um Mitternacht ende sein Amt. Nachfolger Hertz, ebenso fröhlich, gab eine andere Losung aus. Ab Mitternacht sei er der Chef und als solcher sage er: weitermachen. Das kam aber nicht so fröhlich bei der Festgesellschaft an. Jedenfalls nicht bei Friedrich Geldermann. Der wertete dies als Affront gegen den von ihm verehrten scheidenden Vorsitzenden. Und er hält auch heute noch an seiner Bewertung fest: »Das war eine unglaubliche Unhöflichkeit.«

Von dem Abend an änderte sich sein Bild von dem Mann, den er selbst in die Genossenschaft geholt hatte. Vielleicht näherte es sich aber auch nur jenem Bild an, das ehemalige Kollegen von Hertz gezeichnet hatten, als sie von dessen Berufung erfuhren. Das war gar nicht positiv. »Aber ich war von meinem Vorschlag zu dem Zeitpunkt noch so überzeugt, daß ich es als Gerede von Neidern abtat«, urteilte Geldermann später.

Kurze Zeit der Zusammenarbeit veränderte das Bild gründlich: »Als Einkäufer hatte der Mann sich daran gewöhnt, hofiert zu werden. Und wehe, man machte dies Spiel nicht mit. Auf meine Anerkennung hat er jeden Tag 24 Stunden gewartet. Die anderen krochen zu Kreuze, ich nicht. Denn ich hatte schnell gemerkt, daß der Mann nichts kann. Und er ging beleidigend mit den Leuten um.«

Geldermann war auch kein Softie. Zu ihm gehören Sätze wie diese: »Die Mitarbeiter haben mich manchmal gehaßt wie die Pest. Aber eine harte Hand wollen sie alle. Man muß nur deutlich die Richtung angeben. Und immer gerecht bleiben. Vor allem gerecht.« Geldermann begann, den Rücken steif zu machen. Das hat ihm das Genick gebrochen.

Schaler Champagner

Dreimal krachte es zuvor zwischen Geldermann und Hertz mit aller Härte erbitterter Revierkämpfer.

Kampf eins tobte bei einer gemeinsamen Fahrt zu einer holsteinischen Meierei. Hertz machte zu jener Zeit noch Antrittsbesuche. Und weil sich niemand so gut auskannte wie Geldermann, begleitete dieser ihn. Unterwegs fragte Hertz, Geldermann antwortete. Oder versuchte es jedenfalls. Er wird immer noch zornesrot, wenn er an diese Fahrt denkt: »Was immer ich ihm auch antwortete, er kannte die Antwort schon und wußte es besser. Das habe ich eine Weile ausgehalten, dann habe ich ihm gesagt, er solle genauer fragen. Aber dann ging das gleiche Spiel von vorne los. Und was er sagte, war Quatsch.« Die gereizte Stimmung im Fond des Wagens erreichte ihren Höhepunkt, als Friedrich Geldermann in einem Dorf den Fahrer aufforderte, sofort anzuhalten. Er knurrte noch: »Wenn Sie alles besser wissen, dann können Sie auch ohne mich weiterfahren. Ich habe noch etwas anderes zu tun.« Sprach's, verließ den Wagen und bestellte im nächsten Gasthof eine Taxe zurück in die Stadt.

Kampf zwei trug Geldermann vor Publikum aus. In einer Konferenz nach dem Muster »Einer redet, alle anderen schweigen«, kehrte Hertz für seinen Geschmack den Oberlehrer allzusehr heraus. Den unhöflichen Oberlehrer insbesondere. »Sie sind wohl«, hat Geldermann da gesagt, »mit dem Roller durch die Kinderstube gefahren.«

Kampf drei schließlich fand in der Endrunde statt. Nur wußte das Geldermann nicht. Vorsitzender Hertz hatte sich 70 Kilometer vor der Stadt ein Haus bauen lassen. Ein wunderschönes Haus, auf einer Hügelkuppe über einem See gelegen. Von dort ließ er sich allmorgendlich von seinem Chauffeur abholen und abends wieder zu Frau, Kind und Wallach kutschieren. Geldermann war solch Extravaganz auf Kosten der Firma ein Ärgernis. Als dann der Vorsitzende zur wöchentlichen Routinekonferenz anstatt in die Hauptverwaltung in sein Eigenheim einlud, verweigerte sich Geldermann. Er blieb in der Stadt in seinem Büro, während sich auf dem Land die Herren der Geschäftsführung mit einem Gläschen Champagner die Wartezeit vertrieben. Schließlich rief Hertz Geldermann im Büro an: »Wo bleiben Sie denn, wir warten auf Sie.« »Ich komme nicht«, hat Geldermann da gesagt. »Wenn Sie Konferenzen machen wollen, dann bitte wie immer hier. Ich habe keine Zeit für solche Ausflüge.«

Der Gedanke, sich mit solchem Verhalten selbst den Stuhl vor die Tür zu setzen, ist Geldermann niemals gekommen. Noch nicht einmal, als er zu einer wichtigen Sitzung über die Käseproduktion außerhalb des Unternehmens nicht eingeladen wurde. Statt dessen nahm sein Stellvertreter daran teil, ohne ihn zu informieren.

Jede Menge Belobigungen

Die verschwiegene Sitzung war nicht das einzige Zeichen drohenden Unheils. Wieder einmal gab es harte Auseinandersetzungen mit den Meiereien. Die Genossenschaft plante den Verkauf ihrer Filialen, die Meiereien wollten sie erwerben, boten aber keinen annehmbaren Preis. Befand Geldermann. Sein Geschäftsführender Vorstand bewertete das Gebot anders. Und hatte bereits zugestimmt. Doch noch lief nichts ohne Geldermann. Und noch einmal hatte er Erfolg. Der Kaufpreis stieg kräftig. »Denen habe ich die Suppe versalzen«, bilanzierte er grimmig zufrieden. Und er hatte ein paar einflußreiche Feinde mehr. Im Gegensatz zu ihm witterten sie, daß die Festung Geldermann zu wanken begann. Sie schossen sie sturmreif.

Ausgesprochen haben sich Geldermann und Hertz nie. Der korrekte Ton blieb bei jeder Begegnung – die drei geschilderten ausgenommen – gewahrt.

»Ich habe schon gewußt, daß das auf Dauer nicht so weitergehen kann«, sagt Geldermann später. »Einer von uns beiden mußte gehen. Aber wenn mir einmal dieser Gedanke kam, dann war ich sicher, daß Hertz das sein würde. Es kam mir nie in den Sinn, daß der Dackel dem Schäferhund ans Bein pinkeln könnte.«

Bei Geldermann lagen sauber verwahrt die zahlreichen Dankschreiben und Belobigungen des Vorstands, über ihn hatte die Hauszeitschrift schließlich verbreitet: »Die Kundenzahl hat sich vervierfacht, der Geschäftsumfang stieg um das Zwanzigfache. Ein solcher Aufschwung wäre kaum möglich gewesen, wenn Geldermann sich nicht durch eine Eigenschaft besonders auszeichnete: seine außergewöhnliche kaufmännische Begabung. Das Verkaufen steckt ihm im Blut.« Ein anderes Mal stand da zu lesen: »Mit seinen kaufmännischen Ideen, seiner Tatkraft und seinem Durchsetzungsvermögen gelang es ihm, den wohl schwierigsten Geschäftsbereich unseres Unternehmens zu konsolidieren und darüber hinaus zu einem besonders ertragsbringenden Faktor zu gestalten.«

Nein, Friedrich Geldermann machte sich keine Sorgen. Noch nicht einmal, als er überraschend zu einem Gespräch mit dem Vorsitzenden des Vorstands gebeten wurde. Selbst der warnende Anruf des Personalchefs, der ihn fünf Minuten zuvor erreichte, machte ihn nicht hellhörig: »Es wird nichts Gutes sein, was man Ihnen zu sagen hat.«

Das war es dann auch nicht. Keine 15 Minuten dauerte das Gespräch. An Einzelheiten kann sich Geldermann später nicht mehr erinnern. Er sah nur den Vorsitzenden hinter einer blauen Wolke seiner Zigarre. Den Mann, der über so viele Jahre hinweg so viele freundliche Briefe voller Anerkennung unterzeichnet hatte. Und eben der Mann, dessen Unterschrift unter dem vor elf Monaten bis ans Ende des Berufslebens geschlossenen Vertrag ganz oben stand, eröffnete ihm nun, man wolle sich trennen. Leider, leider, aber es gehe nun nicht mehr. Geldermann fragte nach dem Grund, aber er erhielt keine Antwort. Der Vorstand habe das beschlossen, und so sei das nun mal. Welche Worte die Minuten noch füllten, Geldermann weiß es nicht mehr.

Er verabschiedete sich von seiner Sekretärin und fuhr nach Hause. Nach 24 Jahren, zehn Monaten und 14 Tagen in der Genossenschaft.

Erfolglose Schnüffler

»Für mich ist eine Welt zusammengebrochen. Ich habe das ganze Unternehmen doch gefüttert«, sagte Geldermann.

Mit dem jähen Sturz endeten die Versuche nicht, das Selbstbewußtsein des Mannes zu brechen. Die Unternehmensleitung ließ in alten Rechnungen, in persönlichen Abrechnungen und Gesprächsnotizen stöbern, ob sich nicht eine Unregelmäßigkeit, eine kleine Schummelei finden ließe. Sie hätte Millionen gespart, wenn da etwas zu finden gewesen wäre. War aber nicht.

Geldermann wußte das. Korrekt bis zur letzten Stelle hinter dem Komma hatte er stets abgerechnet. Gelassen konnte er dennoch nicht bleiben. Allein der Versuch, ihn in die Schummelecke zu stellen, erschütterte ihn. Die Unterlagen erwiesen sich als so sauber, daß der beauftragte Schnüffler innerlich in den Streik trat. Er offenbarte sich gegenüber Geldermann, »weil ich weiß, daß ich bei Ihnen niemals etwas finden kann«.

Den Geschäftsfreunden teilte die Genossenschaft das Ausscheiden des Geschäftsführers in einem Brief mit. »Der war so formuliert, als hätte ich die silbernen Löffel gestohlen.« Geldermann verlangte ein neues Schreiben, stritt lange darum, setzte es schließlich durch.

Ein gutes Zeugnis aber mochte der Geschäftsführende Vorstand dem teuren Mann nicht auch noch schreiben. Beim ersten Anlauf kam eine dürre Arbeitsbescheinigung heraus. Geldermann bat um ein Zeugnis. Der zweite Versuch, die Leistungen des Mannes zu formulieren, unterschied sich kaum von dem ersten. Geldermann bat abermals um ein Zeugnis. Die Geschäftsführung verbat sich weitere Zuschriften und verhängte Hausverbote. Da klagte Geldermann vor dem Arbeitsgericht.

Zu dem Termin in Sachen Zeugnis Geldermann erschien nicht der geladene Geschäftsführende Vorstand. Er zog es vor, den Personalchef zu entsenden. Das hätte er nicht tun sollen, wenn er weiterhin ein ordentliches Zeugnis verweigern wollte. Vor dem Richter saß ein hilfloser Personalchef, der erklärte, er wisse nicht, was er bei diesem Termin solle. Er könne nur Gutes über Geldermann sagen. Und so entschied der Richter, das Zeugnis müsse geschrieben werden, wie Geldermann es verlange.

Ein Jahr nach seinem Rausschmiß erhielt Friedrich Geldermann endlich sein Zeugnis. Darin las er: »Herr Geldermann hat sich um unser Unternehmen und die schleswig-holsteinische Milchwirtschaft verdient gemacht.«

Der wahre Verdienst zeigte sich, als es mit der Genossenschaft bergab ging. Auch mit etwas mehr Geschmeidigkeit wäre sein Bleiben bis zur Vollendung der Altersgrenze fraglich gewesen. Inzwischen haben die Genossen die Bücher schließen müssen.

Klappern gehört zum Handwerk

»Marketing für sich selbst« heißt die Gegenstrategie, um den wackelnden Stuhl zu stabilisieren. Oder noch sehr viel besser: ihn gar nicht erst wackeln zu lassen. Eigen-Marketing dreht den Spieß um. Erkannte Schwächen können zu Stärken werden. Die schwindende Sicherheit der Arbeitsplätze erfordert fortlaufendes Überlebenstraining im Betrieb.

Ein guter Verkäufer schafft auch in überfüllten Regalen Platz für seine Produkte. Warum aber verkaufen sich so viele gute Verkäufer selbst so schlecht? Auch der Supermarkt der Manager ist inzwischen überfüllt.

Der Platz in Sichthöhe ist der beste in den Regalen des Supermarktes. Und die Beleuchtung muß auch stimmen. Das beste Produkt wird übersehen, liegt es in einer dunklen Ecke. Und der beste Mitarbeiter zieht den Kürzeren beim Kampf um den Arbeitsplatz, wenn er sich und seine Leistungen nicht in Blickhöhe der Vorgesetzten ins beste Licht rückt.

Je enger es auf den Chefetagen wird, desto mehr gehört Klappern zum Handwerk. Wer klappert, muß noch längst kein Schaumschläger sein. Auch wer diesen Typ verständlicherweise nicht mag, muß zähneknirschend anerkennen, daß der häufig die stärkeren Verbündeten auf seiner Seite hat. Weil er das Marketing um die eigene Person besser beherrscht. Bescheidenheit ist eine Zier, »doch weiter kommt man (immer noch) ohne ihr«.

Die Londoner Management-Unternehmensberatung GHN empfiehlt ihren Kunden: »Der Arbeitnehmer muß lernen, sich wie irgendeine andere Ware oder Dienstleistung zu sehen. Ob er nun betriebsintern oder darüber hinaus auf der Karriereleiter klettern will: Er muß es darauf anlegen, einen Kunden zum Kauf der eigenen beruflichen Kenntnisse zu animieren.« Dazu gehört auch das Marketing in eigener Sache: »Wir alle brauchen ein auf die eigene Person zugeschnittenes, fest umrissenes Verkaufsziel. Wir müssen lernen, uns als die GmbH Ich zu sehen und zu präsentieren.«

Fragen zur Selbstprüfung

Das gilt auch für den Erhalt des Arbeitsplatzes, wenn der Wind kälter durch die Chefetagen pfeift. Permanente Überprüfung des eigenen Standes hilft, üble Überraschungen zu verhindern. Einmal im Monat, so der Rat der Managementberater, sollte die aktuelle Situation abgeklopft werden. Dabei sind fünf Fragen zu beantworten:

- Was habe ich seit meiner letzten Selbstprüfung geschafft?
- Was habe ich dazugelernt?
- Wie profitiere ich davon für meine derzeitige Arbeit?
- Welchen Nutzen bringt das, um meine beruflichen Ziele zu erreichen?
- Welchen Nutzen hat meine Firma davon gehabt?

Wer nach kritischer Selbstprüfung mit positivem Ergebnis allerdings die Werbetrommel zu laut für sich rührt, kann auch unangenehm auffallen. Windmachern geht schnell die Puste aus. Auf die geschickte Dosierung kommt es an, sollen Vorgesetzte von dem unersetzbaren Nutzen des Chefkollegen überzeugt werden.

Die Imagekampagne für das eigene Ich darf nicht zur plumpen Reklame ausarten. Wer sich geschickt ins Gespräch bringt, nutzt die Erfahrungen aus der Produktwerbung und der Imagepflege. Auch da kommt es darauf an, die richtige Zielgruppe mit den richtigen Mitteln anzusprechen.

Verbündete suchen

Auch ein erfolgreicher Einzelkämpfer benötigt Unterstützung. Wer nach einem Mentor Ausschau hält, muß noch nicht zum Günstling werden. Es ist darum nicht nur zulässig, sondern überlebenswichtig, zu überprüfen: Wer kann für das Fortkommen nützlich sein? Wer bremst es? Von wem droht Gefahr?

Sich allein auf errungene Erfolge zu verlassen, hat sich vielfach als schädlich erwiesen. Nur wenn sie sich mit den Zielen und Interessen starker Verbündeter decken, sind Erfolge auch langfristig nützlich.

Darum darf das Vermarkten der eigenen Person nicht vordergründig erkennbar sein. Egoisten gibt es genug. Eleganter ist es, eine Idee oder Leistung in den Vordergrund zu stellen.

Die PR in eigener Sache bindet Zeit. Aber es ist immer besser, diese Zeit zu investieren, als mit der Zeit weg vom Fenster zu sein.

In deutschen Unternehmen verwaisen ganze Zimmerfluchten des Managements. Je mehr sorgsam aufgebaute Ebenen der Hierarchien Opfer des Rotstifts werden, desto notwendiger ist es, sich gegen den Kahlschlag zu wappnen. Gute Karten hat nur, wer ständig an seinem Image poliert. Selten wird das deutlich ausgesprochen, aber die Fakten zeigen: Wer sich nur auf sich selbst verlassen hat, verläßt das Unternehmen zuerst.

Zunehmend erwarten die Unternehmen, daß die Manager ihr Bleiben selbst rechtfertigen. Nicht allein durch Leistung, sondern durch im Betrieb vermarktete Leistung. Die Hypobank erwartete von 400 Filialdirektoren Bewerbungen. Nur damit konnten die gestandenen Manager ihren Verbleib in der »neuen Hypo« sichern. Als die schwedische Tochter der ASEA Brown Boveri die Zahl der Mitarbeiter in der Zentrale von 2000 auf 200 eindampfte, bot sie den 1800 Überschußkandidaten einen Ausweg: Die Firmenleitung stellte ihnen frei, sich binnen drei Monaten eine neue Aufgabe in einem Fertigungsbetrieb des Unternehmens zu suchen. Wer zuvor sein Image liebevoll pflegte, hatte die besseren Chancen beim Exodus.

Ich-Marketing ist nicht einfach. Sunnyboys gelingt es locker, sachbezogenen Managern bereitet es erhebliche Mühe. Selbstdarsteller sind ihnen suspekt. Darum scheuen sie sich, für sich selbst zu werben. Wer jemals ein Stellengesuch in eigener Sache texten mußte, weiß, wie spröde die Formulierungen geraten. Das Eingeständnis in einer Bekanntschaftsanzeige in der F.A.Z. »Es fällt mir schwer, mich zu vermarkten, dennoch...«, wirkt zwar sympathisch, dennoch... Von einer Führungskraft wird erwartet, daß sie auch das kann.

Die Zeichen an der Wand

Angst vor einem klaren Wort

Mit ein bißchen Feingefühl und Erfahrung lassen sich Gefahren erahnen, bevor sie akut werden. Die meisten Führungskräfte trifft die Kündigung jedoch vollkommen unvorbereitet. Weil

- die Zeichen nicht erkannt, sondern vorübergehend erfolgreich verdrängt werden;
- die Vorgesetzten zu feige sind, rechtzeitig eine verständliche Warnung auszusprechen;
- die gleichen Vorgesetzten nochmals zu feige sind, klar zu formulieren, worüber sie sich ärgern. Statt dessen schlucken sie den Frust in sich hinein, bis er unverdaulich ist.

Dabei könnten mit einem rechtzeitigen – und vor allem deutlichen – Gespräch viele Trennungen vermieden werden. Denn die Abneigung von Anfang an ist selten. Sie entwickelt sich erst im Laufe der Zeit, weil nicht deutlich angesprochen wird, wo es im Verhältnis zueinander klemmt. Da reibt man sich aneinander wund, bis die Schmerzgrenze überschritten ist.

Wer es bis in die oberen Etagen der Verantwortung geschafft hat, sollte mutig und entscheidungsfreudig sein. Sollte. Wäre das der Fall, gäbe es sehr viel weniger Kündigungen, weil angeblich die Chemie zwischen Vorgesetztem und Mitarbeiter nicht stimmt. Zum Klartext aber fehlt vielen Entscheidungsträgern, die sich angepaßt nach oben geschlängelt haben, der Mut. Schweigen ist Schwäche. Jedenfalls in diesen Fällen.

Weil geschwiegen wird, bis das Maß des Erträglichen übervoll ist, versteckt der Kündigende seinen Unwillen hinter vorgeblichen Sachargumenten. Statt mit einer klaren Aussprache die Trennung zu vermeiden, wird aus Ängstlichkeit der Punkt ohne Umkehr angesteuert. Viele Kündigungen wären nicht notwendig, wenn die Verantwortlichen zuvor ihrer Verantwortung gerecht geworden wären.

Die Warnzeichen erkennen

Da eine offene Aussprache häufig gescheut wird, kommt es darauf an, die versteckten Warnzeichen rechtzeitig zu erkennen. Um die Alarmsignale richtig zu deuten, sind das Unternehmen und die Stellung der eigenen Person darin regelmäßig in Frage zu stellen. Dabei ist zu prüfen:

- Hat es im Unternehmen in den vergangenen zwölf Monaten maßgebliche organisatorische Veränderungen gegeben oder stehen sie in nächster Zeit an? Sind Fusionen, Verkäufe von Betriebsteilen oder deren Schließung zu erwarten?
- Gab es Ereignisse, die sich auf die Kosten oder das Personal auswirken? Zeichnen sich derartige Veränderungen für die nächste Zukunft ab?
- Stehen Veränderungen der Unternehmenspolitik ins Haus, die Einfluß auf die eigene Position oder Qualifikation haben können?
- Welche Stärken und Schwächen sind in dem Unternehmen erkennbar?
- Sind die Werte der Unternehmenskultur voll zu akzeptieren?
- Wenn das nicht der Fall ist: Gegen welche Vorschriften oder auch in der täglichen Praxis geübten Spielregeln gibt es inneren Widerstand?
- Ist das Betriebsklima gut für eine gedeihliche Zusammenarbeit?
- Wie urteilen andere über den eigenen Arbeitsstil? Wird darüber offen gesprochen?
- Kommt es mit bestimmten Personen immer wieder zu Reibungsverlusten?
- Wird es in absehbarer Zeit einen Wechsel an der Spitze der Unternehmensführung oder bei dem direkten Vorgesetzten geben?
- Herrscht in jüngster Zeit eine starke Fluktuation an der Spitze des Unternehmens? Sind davon Auswirkungen auf die eigene Position zu erwarten?

- Wurde während der vergangenen sechs Monate mit dem direkten Vorgesetzten ein Gespräch über Zielsetzungen oder Leistungen geführt? Wenn ein solches Gespräch überraschend angesetzt würde, mit welchen Erwartungen und Gefühlen würde es angenommen?
- Fließen die Informationen in ausreichendem Maße?
- Welches Bild haben andere von der eigenen Person? Ist das Image positiv?
- Oder aber: Gehen Aufträge an der eigenen Person vorbei? Werden Kompetenzen und Verantwortung, die eigentlich in den eigenen Aufgabenbereich gehören, anderen übertragen?
- Wird von den Vorgesetzten so positiv, wie es zu erwarten wäre, über die erbrachte Leistung gesprochen?
- Gab es Mißerfolge und worin lagen die Ursachen?
- Kam es zu Meinungsverschiedenheiten oder Interessenkonflikten mit den Vorgesetzten?
- Gibt es Probleme menschlicher oder fachlicher Art mit dem Chef?
- Sind Kompetenzen oder Verantwortungsbereiche entzogen worden?
- Wurden die gesetzten Ziele erreicht?
- Können alle Fähigkeiten voll eingesetzt werden, oder werden künstliche Grenzen gezogen?
- Wird die Arbeit noch als sinnvoll angesehen?
- Welche persönlichen Pläne bestehen zur Weiterbildung? Ist das Unternehmen bereit, diese Weiterbildung zu fördern?
- Besteht die innere Bereitschaft, Veränderungen in der Führung oder der Zielsetzungen mit zu tragen?
- Können die eigenen Vorstellungen ausreichend durchgesetzt werden?
- Genügt die persönliche Qualifikation für die künftig zu erwartenden Aufgaben?
- Wie wird die persönliche Zukunft in dem Unternehmen gesehen?
- Wenn der gegenwärtige Arbeitsbereich fortfiele, weil das Unternehmen neue Schwerpunkte setzt, welche Leistung könnte dann für die Zukunft des Betriebes erbracht werden?

Das ist eine lange Liste mit vielen Stolpersteinen. Negative Antworten sind Warnzeichen. Wer sich vor bösen Überraschungen schützen will, sollte sie sich regelmäßig vorlegen. Und ehrlich beantworten. Nur so können drohende Gefahren rechtzeitig erkannt werden.

Die Abmahnung

Seit das zwischenmenschliche Klima in den Chefetagen rauher geworden ist, besinnt man sich auch hier eines arbeitsrechtlichen Mittels, das bis vor einiger Zeit noch verpönt war.

Auch leitende Angestellte müssen abgemahnt werden, bevor die Kündigung gegen sie ausgesprochen werden kann. In diesem Punkt unterscheidet sie nichts von dem nach dem Tarif entlohnten Angestellten. Für viele ist dieser Tatbestand neu. Häuptlinge mahnen sich nicht ab. Sie trifft der Schlag immer noch aus heiterem Himmel.

Eine Prozeßlawine gegen Abmahnungen überrollt derzeit die Arbeitsrichter. Um sich freizuschaufeln, haben Arbeitsgerichte ihre Geschäftsverteilungspläne geändert. Die da mit härteren Bandagen kämpfen, sind die Anwälte der tariflichen Angestellten. Bei den Managern hingegen herrscht noch weitgehend zurückhaltendes Schweigen. Gentlemen rennen nicht gleich zum Kadi. Sie versuchen den Ärger ohne Hilfe eines Richters auszubügeln.

Inzwischen wird die Abmahnung gezielt eingesetzt, um den Abgang vorzubereiten. Auch das ist ein Zeichen für die härter gewordenen Zeiten. Wer des öfteren Leute vor die Tür setzen muß, sammelt Erfahrungen. Negative eingeschlossen. Allzu häufig aber kann sich ein Personalchef beim Abschuß keine Fahrkarte leisten. Er wappnet sich auf Anraten seines Rechtsbeistandes entsprechend. Dazu gehört zunehmend auch die Abmahnung leitender Mitarbeiter.

Das theoretische Wissen um die Notwendigkeit einer Abmahnung ist eine Sache, die Formulierung der Abmahnung ist offensichtlich eine gänzlich andere. Arbeitsrechtler, die sich mit dem Abschmettern von Kündigungen herumschlagen, haben ganze Stilblütensammlungen von Abmahnungen angelegt.

Wenige sind so schön wie jene Abmahnung, die inzwischen in Fachzeitschriften Furore machte: Da wird ein Manager abgemahnt, »weil uns bekannt geworden ist, daß Sie Ihren Arbeitsplatz in ein Restaurant verlegt haben, um dort während der Arbeitszeit Bier zu trinken«. Der solchen Vergehens Überführte zeigte sich geständig, jedoch nur eingeschränkt reuevoll. Er hatte nämlich nicht alleine beim Bierchen gesessen. Er saß zusammen mit seinem unmittelbaren Vorgesetzten. Der hatte ihn eingeladen. Dieser Abmahnung wurde mit Erfolg widersprochen.

Das gleiche Schicksal erlitten auch die nachstehend zitierten Abmahnungen gegen Führungskräfte.

Die Herstellungsleiterin eines Lebensmittelproduzenten mußte lesen: »Sie mischen sich in personelle Angelegenheiten ein. Die Regelung von Arbeitszeiten fällt nicht in ihre Kompetenz. Auch nicht, wenn kurzzeitig Engpässe zu überbrücken sind. Zudem halten Sie alle Lappalien in Schriftform fest. Wir fordern Sie auf, sich nur um Fragen der Herstellung zu kümmern und nicht um personelle Angelegenheiten.«

An den Leiter einer Entwicklungsabteilung diktierte der Personalmanager eine Abmahnung, weil der Mann den gesetzten Kostenrahmen überschritten hatte. Der war irrtümlich im Jahresetat von der Finanzabteilung zu niedrig angesetzt worden. Der Entwicklungsleiter bemerkte den Fehler erst, als die knappen Mittel verbraucht waren. Als er Alarm schlug, mußte er erfahren, daß kaum etwas sicherer steht als eine Planung. Sie ist wie das Evangelium: Nur wenige kennen es, noch weniger richten sich danach, aber wenn es darauf ankommt, berufen sich alle darauf. Es gab erhebliche Auseinandersetzungen, ehe der Mann sich nahm, was er nicht erhielt, um weiter arbeiten zu können. Die Quittung für diese Eigenmächtigkeit las sich dann so:

»Sie haben Ihr Budget überschritten. Planungsfehler sind bedauerlich, aber nicht vermeidbar. Sie aber haben ein erhebliches Defizit an Loyalität erkennen lassen. Darum ist grundsätzlich zu überlegen, ob ein Verbleib in unserem Unternehmen mit Ihrem unbeherrschten Verhalten und der mangelhaften Kooperationsbereitschaft noch in Einklang zu bringen ist.« Der Mann blieb.

Fehler der Planung oder der Kalkulation läßt sich niemand gerne in die Schuhe schieben. Und schon gar nicht, wenn es nach außen dringt. Ein Vertriebsleiter wurde abgemahnt, weil »...Sie an einen Kunden geschrieben haben, der im Angebot genannte Preis sei nicht zu halten gewesen, weil er durch unerwartete Maßnahmen Ihres Vorgesetzten beeinflußt worden sei. Mit dieser Äußerung haben Sie dem Unternehmen geschadet. Zudem trug Ihr Brief nicht die in diesem Fall erforderlichen zwei Unterschriften, sondern nur Ihre Unterschrift«.

Und auch das wurde als Anlaß für eine Abmahnung gegenüber einem Manager gesehen: »Wir sind enttäuscht über Ihr Verhalten dem neuen Mitarbeiter gegenüber. Wir erwarten, daß Sie sich dem neuen Mitarbeiter gegenüber kollegial verhalten.«

Der Leiter einer PR-Abteilung schließlich erhielt die gelbe Karte, weil »Sie mit Ihrem Verhalten das rechtzeitige Erscheinen der Februar-Ausgabe unserer Werkszeitung gefährdet haben. Zudem haben Sie erklärt, daß Ihr Erscheinen am Montag davon abhänge, ob Schnee liege oder nicht.«

Nur Klartext zählt

Meister der Abmahnung verfaßten die genannten Beispiele nicht. Wenn eine Abmahnung wirksam sein soll, muß sie in jedem Fall zwei klare Positionen erhalten: Der Fehler oder das Fehlverhalten muß deutlich benannt werden, für den Fall der Wiederholung muß die Gefährdung des Arbeitsplatzes ausgesprochen werden. Ob dabei ausdrücklich auf eine mögliche Kündigung hingewiesen werden muß, darüber streiten die Juristen.

Eine Abmahnung ist eine Warnung. Sie kann schriftlich oder auch mündlich erteilt werden. Folglich ist sie auch dann wirksam, wenn sie nicht in die Personalakte aufgenommen wird. Allerdings werden die Fälle mündlicher Abmahnungen seltener. Man sichert gerne die Beweise, falls auf die gelbe die rote Karte folgen soll.

Mahnt der Arbeitgeber schriftlich ab, muß mit dem Betroffenen auch über die Abmahnung gesprochen werden. Ist das nicht der Fall, kann von ihm keine Änderung des Verhaltens erwartet werden.

Die Rüge in Form einer Abmahnung stellt in der Diktion der Juristen den »Ausdruck der Mißbilligung eines Verhaltens« oder die Beanstandung von »Leistungsmängeln« dar. Dabei muß die Abmahnung nicht ausdrücklich als solche gekennzeichnet sein. Der Zeitpunkt, zu dem sie ausgesprochen wird, ist nicht von ausschlaggebender Bedeutung. Es können Wochen und auch Monate vergehen, ehe das beanstandete Verhalten gerügt wird. Das Gesetz zwingt den Arbeitgeber hier nicht zur Eile.

Eine Abmahnung kann auch dann ausgesprochen werden, wenn kein subjektives Verschulden des Abgemahnten vorliegt, obgleich er objektiv pflichtwidrig gehandelt hat. Unkenntnis schützt auch in diesem Fall vor Strafe nicht.

»Ihr Schreibtisch steht im Packraum«

Der Alltag endete um 8.30 Uhr. Da standen drei Geschäftsführer in ihren Büros und blickten sich ratlos um. Ihre Schreibtische waren weg. Plastikbahnen deckten die Böden der Räume ab. Maler und Tischler besserten an Wänden und Türrahmen kleine Schäden aus. Die Manager hatten sie nicht bestellt, die Hausverwaltung sie nicht angekündigt. Die gefragten Handwerker brummelten lediglich, sie seien beauftragt, in Ordnung zu bringen, was am Abend zuvor zu Bruch gegangen sei. Die aufgeschreckten Sekretärinnen wußten ebenfalls nichts und stammelten, die Handwerker seien bereits tätig gewesen, als sie selbst am Morgen kamen. Die Verwirrung war perfekt.

Ein notleidender Personalmanager sorgte nach einer Weile für teilweise Aufklärung. Einzeln rief er die drei Männer zu sich, sagte verlegen, wozu er beauftragt war: »Das Unternehmen will sich von Ihnen trennen. Ihr Schreibtisch ist gestern Abend in die Halle drei gebracht worden. Ich habe den Auftrag, Sie dorthin zu begleiten. Sie sollen sofort Ihre persönlichen Gegenstände aus dem Schreibtisch entfernen und mir dann den Schlüssel aushändigen.«

Da stolperten drei Manager in die Halle, in der das Verpakkungsmaterial lagert, kramten Bilder, Brieföffner und Zinnfiguren heraus, blätterten Akten durch, unfähig sie genau anzusehen, nahmen ihre Kalender an sich. Der Personalmanager stand dabei und schämte sich in den Boden. Im Hintergrund der Halle stapelten einige Arbeiter ihre Kartons auf der Stelle.

Einer der drei Geschäftsführer war Chemiker, der zweite Betriebswirt, der dritte Jurist. Alle drei befanden sich in der gleichen vertraglichen Situation. Der Jurist klagte sich in das Unternehmen zurück. Er bekam sein altes Zimmer, seinen alten Schreibtisch, aber weder die aus dem Schreibtisch geräumten Vorgänge, geschweige denn neue Arbeit. Er kam täglich ins Büro, bot täglich seine Arbeit an und mußte sich täglich darauf beschränken, die Zeitung zu lesen. Nach einem halben Jahr gab auch er auf.

Er war der letzte eines halben Dutzends leitender Mitarbeiter, die ihren Hut nehmen mußten, als zwischen den Gesellschaftern eines Herstellers für Kosmetikartikel die Fetzen flogen. Das Unternehmen warb erfolgreich mit schönen Gesichtern. Hinter der eigenen Fassade zeigte es sein ungeschminktes Gesicht. Es war abstoßend häßlich. Manfred Rohloff hat es als erster sehen müssen.

Ein Hotel für die Freundin

Unternehmer S. besaß einen Blick für die schönen Dinge dieser Welt. Besonders wenn sie, schlank gewachsen, sein müder werdendes Herz wieder auf Trab brachten. Da empfand der alte Herr S. wie so viele ältere Herren. Nicht nur im fröhlichen rheinischen Land, in dem S. lebte. Aber S. konnte sich leisten, was nur ganz wenigen älteren Herren vergönnt ist: Er kaufte das Grandhotel, in dem er schon längere Zeit vorzugsweise »hübsche junge Damen unterbrachte«. So erinnert sich Manfred Rohloff später. Von den Gesellschaftern aber konnte sich niemand eines einzigen Grunds für den Kauf erinnern, als der Laden zur Last wurde. Die Freude an exklusiven Luxushotels in Stadtlage ist nicht mehr ungetrübt, seit auch die Spesenkonten an Magersucht leiden.

Geld verdient das Unternehmen ohnehin in anderen Bereichen. Seine Mixturen reinigen Küche und Bad. Hausfrauen wienern gerne damit, weil die Mittel als umweltfreundlich gelten. So ist der Absatz gut und die Kriegskasse ausreichend gefüllt, um neue Märkte zu erschließen. Eine Tochter-Firma produziert und vermarktet Mittel zur Körperpflege. Ebenso erfolgreich wie die Mutter. Darum legte sich die Tochter ihrerseits eine Tochter zu. Sie kaufte neben besagtem Hotel noch einige andere Herbergen der Oberklasse und schloß sie zu einer Hotelgruppe zusammen. Für den wirtschaftlichen Erfolg dieser Gruppe zeichnete Manfred Rohloff verantwortlich.

Er hatte Erfolg. Die Bilanzen waren ausgezeichnet. Sie waren so gut, daß er sich entschloß, eine Pause einzulegen, um eine immer wieder aufgeschobene Operation seines rechten Knies vornehmen zu lassen. Bei einem Unfall mit dem Auto war ihm die Kniescheibe zertrümmert worden. Die erste Operation war nicht perfekt gelungen. Seitdem schmerzte das Knie, er konnte das Bein nicht ausreichend bewegen. Es wäre besser gewesen, er hätte die zweite Operation bald nach der ersten machen lassen. Sein Arzt drängte ihn immer wieder. Aber es gab zuviel für Rohloff zu tun. Andere Termine hatten Vorrang. Er biß die Zähne zusammen, redete sich ein, es sei nicht so schlimm. An manchen Tagen war es erträglich. Das registrierte er als Besserung. Aber an sehr viel mehr Tagen quälte ihn der Schmerz. Er mußte sich eingestehen, daß für ihn am Krankenhaus kein Weg vorbeiführte.

Zwei Monate werde das wohl dauern, sagten ihm die Spezialisten in der Klinik. So genau könne man das nie vorher sagen. Vielleicht sogar etwas länger. Das erschreckte Manfred Rohloff. Er fügte sich erst, als es nicht mehr anders ging und er befürchten mußte, bald nicht mehr gehen zu können. Das war im Oktober.

Ein Brief ins Krankenhaus

Im November erhielt er einen zweiseitigen Brief in der schwer zu entziffernden Handschrift des Hauptgeschäftsführers der Firma für Körperpflegemittel. »Als der Brief kam, glaubte ich, mein Chef wolle mir gute Besserung wünschen«, erinnert sich Rohloff. Doch davon fand er kein Wort. Die Botschaft lautete anders: »Brechen Sie nach Möglichkeit sofort Ihren Aufenthalt im Krankenhaus ab. Kommen Sie so schnell wie möglich zurück. Es gibt Schwierigkeiten im Unternehmen.«

Das lange Liegen hatte Rohloff ohnehin erbleichen lassen. Als er den Brief las, wurde er noch blasser. »Ich habe nur einen Gedanken gehabt: Wie komme ich hier so schnell wie möglich raus?« Die Aussichten waren nicht gut. Unter dem Gips hatte sich Wundbrand gebildet. Die Ärzte wollten Haut transplantieren. In dieser Situation drängte Rohloff darauf, umgehend entlassen zu werden. Er erntete nur Kopfschütteln: »Um Himmels willen, das können Sie nicht. Wenn Sie jetzt gehen, verheilt die Wunde nie richtig. Sie werden immer Probleme haben.«

Eine Woche später humpelte Rohloff – »fluchtartig«, wie er sagt – an Krücken aus dem Krankenhaus. Die Warnungen der Ärzte zählten für ihn nicht. Er unterschrieb, daß er die Klinik auf eigene Verantwortung verlasse. Die Folgen interessierten ihn nicht. Jetzt war nur wichtig, wo es in seinen Hotels brannte.

Um es vorwegzunehmen: Die Prognose der Ärzte bestätigte sich. An dem operierten Knie bildeten sich schlimme Hautwucherungen. »Aber als Mann«, sagt Rohloff, »macht mir das nichts aus. In kurzen Hosen gehe ich ohnehin nicht.«

Anfang Dezember saß Rohloff dann wieder in seinem Büro. Er versuchte zu erfahren, warum er mit einem Brandbrief zurückbeordert worden war. Aber er stocherte im Nebel. Niemand war in der Lage oder willens, ihm eine klare Auskunft zu geben. »Wir müssen mit dem Schlimmsten rechnen«, sagte ihm der Hauptgeschäftsführer Körperpflegemittel. Das war es dann aber auch. Was »das Schlimmste« sein könnte, definierte er nicht näher.

»Da gab es keine Anzeichen«, sagte Rohloff. »Alles lief wie immer. Vielleicht hatte ich auch zuwenig Erfahrungen mit solchen Krisen, als daß ich mögliche Zeichen hätte erkennen und richtig deuten können. So war ich gewarnt und wußte nicht, wovor ich gewarnt worden war. Das Schlimmste, was ich mir vorstellen konnte, waren drastische Einsparungen oder höchstens die Abkopplung von dem Tochterunternehmen für Mittel zur Körperpflege. Schließlich war die Hotelgruppe erfolgreich.«

Was Rohloff nicht wußte: Unter den Gesellschaftern des Familienunternehmens tobte der Krieg. Seit längerer Zeit schon. Jetzt war er zur offenen Feldschlacht eskaliert. Als Tochter der Tochter war die Hotelgruppe zu weit entfernt, als daß Rohloff den Schlachtenlärm in voller Lautstärke hätte hören können. Dabei wurden er und seine Hotelgruppe die ersten Opfer des Familienstreits.

Mitte Dezember beschlossen die Gesellschafter, die Hotelgruppe zu liquidieren. Offizielle Begründung: Sie passe nicht zum Konzept des Gesamtunternehmens. Das war der Zeitpunkt, an dem sich niemand mehr erinnern konnte, warum man sich die Hotels überhaupt zugelegt hatte. Auch der Senior-Unternehmer wußte nicht mehr, warum er einer bestimmten Luxus-Herberge so zugetan gewesen war. Der Kavalier hatte genossen, und nun schwieg er.

Kündigung am 24. Dezember

Auch gegenüber Rohloff herrschte weiter Schweigen. Er arbeitete mit der Angst im Nacken. Er horchte, fragte, klopfte auf den Busch, aber alles, was er vernahm, war sorgenvolles Schweigen.

Bis zum 24. Dezember. Da rief ihn sein Vorgesetzter zu sich. Auf Krücken, aber aufrecht humpelte Rohloff zu dem Gespräch. Gebeugt, sich an seinen Krücken schleppend, verließ er es. Er bedauere, es ihm sagen zu müssen, zumal an diesem Tag, hatte der Hauptgeschäftsführer Körperpflegemittel erklärt, aber einmal müsse es schließlich sein. Zum 31. März sei für Rohloff Schluß. Er bat ihn noch, die Geschäfte bis dahin abzuwickeln. Abschließend vergaß er nicht, ein frohes Weihnachtsfest zu wünschen.

»Bis zu diesem Gespräch habe ich nie daran gedacht, daß so

etwas passieren könnte«, sagt Rohloff heute. »Ich war gewarnt worden. Aber eine Liquidation lag außerhalb meiner Vorstellung. Immer habe ich gehofft, ja war ich überzeugt, daß es weitergehen würde.«

Nur zwei Türen weiter mußte er bis zu seiner Wohnung gehen, die er in dem Hotel hatte: »Ich habe es immer als sehr angenehm empfunden, wenn zwischen der Arbeitsstätte und der Wohnung nur eine kurze Distanz lag. Diesmal aber schien mir der Weg endlos weit und doch viel zu kurz. Ich bin erst einmal an der Wohnungstür vorbeigegangen, bis ans Ende des Flures, und dann bin ich zurückgehumpelt. So unvermittelt konnte ich mich nicht vor meine Frau stellen und ihr sagen, daß hier Schluß ist.«

So ganz hat seine Frau es dann ohnehin nicht verstanden, als er es ihr dann zu erklären versuchte. Er selbst begriff es noch nicht einmal richtig, die Hintergründe sollten sich erst später aufklären. Seine Frau litt an Depressionen: »Das rauschte alles an ihr vorüber. Sie ließ es nicht an sich heran. Was ich nun machen werde, werde schon richtig sein, sagte sie. Und das war es dann wohl auch. Ich habe die Sache so fern wie möglich von ihr gehalten.«

Den Heiligen Abend feierten Rohloffs nicht wie geplant in der Wohnung im Hotel. Sie setzten sich ins Auto und fuhren 80 Kilometer weiter in eine andere Stadt in ein Restaurant zum Essen. »Zu Hause stand der Weihnachtsbaum, alles war wunderbar geschmückt, aber ich mochte es nicht sehen. Wir wollten unter Fremden sein. Da waren wir mehr mit uns allein, als wir es zu Hause hätten sein können.«

Ein Tunnel ohne Ende

Rohloff blieb noch, wie er gebeten worden war, bis zum 31. März. Laut und fröhlich schunkelten die Karnevalisten durch diese Zeit. Rohloff gab den Jecken, was sie brauchen. Mit lachendem Dienstgesicht. Aber weiter hinten im Hotel, in dem Bereich, zu dem nur das Personal Zugang hat, lachte niemand. Da wuchs die Betroffenheit mit jedem Tag. Denn Rohloff war nur der erste gewesen, den es traf. Die Gesellschafter sorgten nicht nur für Kahlschlag bei der Tochter der Tochter. Sie fegten auch die Führungsmannschaft des Unternehmens für Körperpflegemittel hinweg. Schließlich mußte sie die Gründung der Hotelgruppe verantworten.

Bald nachdem er Rohloff die Kündigung ausgesprochen hatte, traf es den Hauptgeschäftsführer. Der Mann hatte sich im Hauptunternehmen hochgedient. Er galt als einer der am besten informierten Manager, hatte überall Zugang, konnte überall mitsprechen. Ihn aber sicherte das nicht vor dem Absturz. Als die Stunde für ihn schlug, entsprachen seine Informationen nicht mehr seinem Ruf. Er wußte nicht, daß er auf der Abschußliste stand. Bis er zu einem Gespräch gerufen wurde, bei dem ihm unvermittelt drei Anwälte gegenübersaßen. Er verließ das Gespräch als geschlagener Mann. Stunden später hatte er seinen Schreibtisch leergeräumt und ward niemals wieder in dem Unternehmen gesehen.

Seine drei Geschäftsführer übernahmen vorläufig seine Aufgaben. Sie kamen am Morgen etwas früher und blieben am Abend noch etwas länger, als sie es sonst schon getan hatten. Jeder fürchtete sich vor dem nächsten Einschlag. Der kam, als sie ihre Schreibtische nicht mehr in ihrem Büro fanden.

Das war kurz bevor auch Manfred Rohloff das letzte Mal seinen Schreibtisch abschloß. Er fand seine neue Aufgabe rasch. Den Schock aber hat er nicht überwunden. »Seit damals«, gesteht er, »habe ich immer Angst vor der Zukunft. Das ist wie ein endloser Tunnel, bei dem kein Ende zu sehen ist. Das bedrückt mich. Von einer bestimmten Position an ist ein Angestellter Freiwild.«

Gelbe Karte mit Gegendarstellung

Gegen nahezu alles gibt es ein Gegenmittel. Auch gegen die Abmahnung. Zu Risiken und Nebenwirkungen fragen Sie Ihren Anwalt. Der wird allerdings, auch wenn er eine ausgeprägte Freude am Streit hat, in der Regel davon abraten. Denn ein Gegenmittel muß nicht auch ein Heilmittel sein.

Nur wer die Talfahrt beschleunigen will und in der Abmahnung das Signal für die Endrunde sieht, wird gerichtlich gegen die Rüge vorgehen. Wer sich nicht auf diesen Kamikazeflug machen will, läßt die Zeit für sich arbeiten. Das gestörte Klima im Unternehmen verbessert sich durch die Klage mit Sicherheit nicht. Andererseits muß das Verhältnis schon ziemlich angeknackst sein, wenn überhaupt eine Abmahnung ausgesprochen wird.

Zur Sicherung des Arbeitsplatzes ist die Entfernung der Abmahnung aus der Personalakte nicht notwendig. Es muß noch nicht einmal unmittelbar widersprochen worden sein, um die Abmahnung bei einem späteren Kündigungsprozeß vom Tisch zu kriegen. Es reicht aus, erst vor dem Arbeitsrichter die Berechtigung der Rüge zu bestreiten. Dann muß der Arbeitgeber nachweisen, daß er zu Recht abmahnte.

Das aber wird um so schwieriger, je mehr Zeit seit der Abmahnung ins Land ging. Erweist sich auch nur ein angegebenes Detail als falsch, kann die gesamte Kündigung hinfällig sein. Die Gerichte kennen die Beweisnot, wenn angeblich bombensichere Abmahnungen sorgsam abgeklopft werden.

Stimmen die dem Manager vorgehaltenen Vorwürfe, ist es allemal besser, auf die Zeit und nicht auf den Anwalt zu setzen. Der Gerügte muß zu der Abmahnung nicht Stellung nehmen, sondern lediglich ihren Erhalt bestätigen. Vergeht dann die Zeit, ohne daß es zu erneuten Beanstandungen kommt, taugt die Abmahnung nicht mehr als Begründung der Kündigung vor Gericht. Ein Verfallsdatum für die Abmahnung gibt es jedoch nicht. Es kommt im Einzelfall auf die Schwere der Vorwürfe an.

Pulver verschossen

Eine Abmahnung kann sogar ihre positiven Seiten haben. Sie taugt dann nicht als Munition für den Abschuß, wenn das Pulver vorschnell verschossen wurde. Das ist der Fall, wenn die Abmahnung von einem Vorgesetzten ausgesprochen wird, der zur Kündigung berechtigt ist. Der gemaßregelte Vorfall kann dann nicht mehr als Kündigungsgrund benutzt werden. Denn mit der Rüge hat der Kündigungsberechtigte zwar einen Vorfall getadelt, gleichzeitig mit seiner Verärgerung aber auch signalisiert, daß eine weitere Zusammenarbeit möglich ist. Wenn sich jedoch der beanstandete Vorgang wiederholt oder es aber zusätzliche Gründe gibt, die den Arbeitgeber auf eine Trennung drängen lassen, bietet die Abmahnung auch nach längerer Lagerung noch Munition.

Auch wenn die Abmahnung also nur unter bestimmten Voraussetzungen relevant für eine spätere Kündigung ist, kann der Gerügte nicht ohne weiteres eine Entfernung des belastenden Papiers aus der Personalakte verlangen. Ein Anspruch darauf besteht nur, wenn die Abmahnung rechtlich ohne jede Bedeutung ist. Das nachzuweisen ist schwierig.

Die Gegendarstellung

Es bleibt dann noch das Mittel der Gegendarstellung. Nach einer Abmahnung hat der Gerügte das Recht, seine Personalakte einzusehen. Findet er seine Abmahnung, kann er seinerseits verlangen, daß eine Gegendarstellung dazu geheftet wird. Schließlich ist das Gedächtnis kurz und die Zukunft unberechenbar. Wer weiß schon, wer in ein oder zwei Jahren diese Akte zur Hand nimmt? Wird es derselbe Personalchef sein? Derselbe Vorgesetzte? Auch bei wohlgesonnenen neuen Vorgesetzten entstünde ohne die Gegendarstellung ein sehr einseitiges Bild.

Bei der Formulierung der Gegendarstellung zu einer Abmahnung sollte ein Anwalt zu Rate gezogen werden. Um in der ohnehin kritischen Zeit keine zusätzliche Verärgerung aufkommen zu lassen, kann der Jurist im Hintergrund bleiben. Sensible Empfänger der Gegendarstellung werden ohnehin an der Argumentation und der Wortwahl merken, wer da beratend im Hintergrund stand. Aber sie müssen ja nicht mit der Nase darauf gestoßen werden.

Die Fallensteller

Fahnden nach dunklen Punkten

»Über die Spesen kriegen wir sie alle!« Dieser Köder liegt im geheimen Arsenal der Fallensteller ganz obenauf. Und ist so wenig geheim wie eine Eintragung im öffentlichen Fernsprechbuch. Entsprechend rege wird er in Anspruch genommen. Der Evergreen vom Spesenbetrug dudelt ganz oben in den Charts, ewig schon. Jeder kann ihn rauf und runter pfeifen, und er bleibt doch ein Hit: »Über Spesen kriegen wir sie alle.« Weil das, was für alle gilt, nie den Pfeifer meint. Denkt der.

Die Versuchung ist nun einmal groß, weit weg von zu Hause. Der Boß kann schließlich nicht jede Portion Bratkartoffeln (mit Filetsteak) überprüfen. Und die blassen Kollegen in Buchhaltung und Personalabteilung haben sowieso keine Ahnung, wie es draußen zugeht. Das kennen die bestenfalls aus Erzählungen, in denen alles noch größer, schöner, üppiger wird. Genau darum aber fahnden sie mit wahrer Inbrunst, wenn sie dazu den Auftrag erhalten. Und der Auftrag kommt, wenn die Trennung naht. Ob das Ergebnis benötigt wird oder nicht. Ob der Kandidat potentiell als verdächtig gilt oder nicht. Die Seite, die sich zum Abschuß vorbereitet, bunkert Munition. Nicht jeder Schuß wird abgefeuert, mancher erweist sich als Rohrkrepierer.

Die Bruderschaft der unedlen Spesenritter ist in den Betrieben bekannt. Aber über sie wird nur hinter vorgehaltener Hand gesprochen. Und dann gibt es immer noch ein paar jener seltenen Exemplare, die nie schummeln. Auch die sind bekannt. Doch noch nicht einmal in solch moralisch einwandfreien Ausnahmefällen verzichtet das Unternehmen auf Schnüffeleien. Jede zutage geförderte Kleinigkeit schont die Kriegskasse. Je größer die

Argumentationsnot für den Rausschmiß ist, desto verbissener wird gewühlt.

Zwischen Spesen und Gehalt liegt nicht selten eine Grauzone der tolerierten Unredlichkeit. Im Krisenfall erweist sie sich als wahre Fundgrube. Schwere Kaliber lagern dort. Beispielsweise im stillen Einverständnis über Spesen zugeschobene zweite Gehälter. Offiziell tauchen sie nirgends auf. Bei der Einstellung hat man sich unter der Hand darauf geeinigt, weil das übrige kunstvoll gezimmerte Gehaltsgefüge nicht durcheinandergebracht werden sollte, weil die Gehaltsvorstellungen höher waren, als genehmigt werden durfte. Es gibt viele schlechte Gründe, die zu solchen Mogeleien führen. Aber einmal schief, immer schief. Das Stillschweigen über solche Praktiken endet, wenn die Sonne des Wohlwollens nicht mehr scheint. Dann zeigt sich, wie kurz das Gedächtnis der Komplizen in der Chefetage ist. Die stillschweigend akzeptierte Schummelei wird jetzt dem Mitarbeiter, der gefeuert werden soll, als Betrug angelastet.

Teurer Flug

Es muß ja nicht immer Betrug sein. Eine unerlaubte Vorteilnahme genügt schon.

So ein richtig schlechtes Gewissen hatte Revisor Werner Bock nicht, als er sich sein Ticket für den Lufthansa-Flug nach Atlanta erstatten ließ. Er benötigte den Flugschein nicht, den seine Sekretärin bestellt hatte. Und flog dennoch, wie mit der Firmenleitung vereinbart. Mit der gleichen Maschine. Allerdings mit einem Ticket, das ihm sein Sohn beschafft hatte. Der ist Flugkapitän bei der Lufthansa. Davon profitieren auch Familienangehörige. Ihnen gewährt die Kranich-Linie 75 Prozent Rabatt. Warum sollte Werner Bock diesen Vorteil nicht mitnehmen? Schließlich war er darauf spezialisiert, mit spitzem Bleistift zu rechnen. In der Firma und – keiner kann aus seiner Haut – zu Hause.

Das gesparte Geld wanderte in die private Brieftasche und lag dort beruhigend auf dem zeitweilig doch etwas pochenden Herzen. Schließlich, so sagte er sich, sei es sein Sohn, durch den er in den Vorzug des verbilligten Fluges komme. So flog Revisor Bock zuerst nach Atlanta, dann flog die Sache auf und anschließend Bock aus dem Unternehmen. Denn was er nicht wußte: Sein Name stand bereits auf der geheimen Abschußliste der Personalabteilung. Der Vorwand für den Rauswurf war ausreichend. In sogenannter dienstlicher Angelegenheit hatte er einen Vorteil wahrgenommen und nicht an das Unternehmen weitergegeben. Für den sonst so peniblen Werner Bock kam erst nach der Landung der Absturz.

Der heimliche Mitreisende

Gleichgültig, ob 160 000 oder 340 000 Mark Jahreseinkommen zu versteuern sind, die Versuchung bleibt gleich. Wer gut verdient, verschmäht keinesfalls Kleinigkeiten. Allenfalls die Maßstäbe verändern sich. Wer als Statthalter eines deutschen Großunternehmens in Tokio ohne Rechnungslegung seine Gäste jährlich für 260 000 Mark verwöhnen darf, der gewöhnt sich daran, mit mildem Lächeln eine Flasche Whisky für 1200 Mark zu öffnen. Wer sich mit diskret überreichten Umschlägen die Freundschaft des einflußreichen Mitarbeiters im Bauamt erhält, findet bald nichts mehr daran, sich ebenfalls zum gelegentlichen Teilhaber solcher Diskretionen werden zu lassen.

Oder was ist mit jenen ins Ausland entsandten Mitarbeitern, die nach der Heimkehr Mühe haben, wieder in die alte Ordnung und Moral zu finden? Ausgeschickt, in Afrika, Asien oder Südamerika Geschäfte anzubahnen, haben sie nach einer Weile verstanden, daß ohne Handgeld wirklich nichts läuft. Theoretisch wußten sie das schon vorher. Aber die Erfahrung, den Umschlag mit dem Bestechungsgeld nicht diskret unter dem Tisch, sondern offen über den Tisch zu schieben, verändert gelegentlich die Einstellung. Wer erst einmal verinnerlichte, daß jede Gefälligkeit auch ihre Belohnung verdient, kann als Heimkehrer Mühe haben, aus dem System der Begünstigungen wieder herauszufinden.

Eine Dienstreise zu zweit muß keineswegs das gleiche geschäftliche Interesse zum Ziel haben. Für Kandidaten auf der Abschußliste können solche Ausflüge zur wohlpräparierten Falle werden. Da wird eine Reise mit allem Komfort bewilligt, auf der ein dichtes Netz von Stolperdrähten gespannt ist. Denn nicht nur der Kandidat geht auf Reisen. Unbemerkt spürt ein Detektiv ihm nach. Und notiert säuberlich, mit wem gesprochen und gespeist wird, wer bei Seezunge und »Clos du Chateau de Meursault Chardonnay« der Großzügigkeit des Unternehmens teilhaftig wird. Sind die Kontakte nicht zielgerichtet, sondern eher angenehm, hat der versteckte Beobachter sein Geld schon verdient. Vollends dann, wenn die Gunst einer kontaktfreudigen Dame auf Firmenkosten erworben wurde.

Was heißt in solch einem Fall schon: außer Spesen nichts gewesen. Das war's dann.

Schrotschüsse

Wer so aus der Karriere kippt, darf kein Mitleid erwarten. Er hat die Munition selbst geliefert, mit der er abgeschossen wird. Aber solche Volltreffer sind selten. Sehr viel häufiger wird Schrot geladen in der Hoffnung: irgendein Kügelchen trifft. Da sitzen die Kammerjäger lange an, prüfen jede Spesenabrechnung (wer mit wem warum?), jede Dienstreise (wozu zu wem?), jeden Tankbeleg (sein Wagen braucht doch Super bleifrei, wieso ist Normal bleifrei getankt worden?). Da werden alte Rechnungen noch einmal mit spitzem Bleistift nachgeprüft, der Inhalt des Schranks inspiziert, die Sekretärin ausgehorcht.

Wer findet, kündigt. Fristlos. Und spart.

Von den Spähern im Dunkeln erfährt der Abschußkandidat als letzter. Und die Beobachter werden auch nur soweit enttarnt, wie es zur Begründung der Kündigung unbedingt notwendig ist.

Langsam weichkochen

Finden die Schnüffler nichts, gart man den widerspenstigen Kandidaten auf kleiner Flamme weich. Falls er sich nach ausgesprochener Trennungsabsicht nicht willig zeigt, soll er spüren, was Kontrolle heißt. Er soll merken, wie ihm permanent auf die Finger gesehen wird. Gleichzeitig wird bei jeder Gelegenheit im Betrieb ausgestreut, daß die undurchsichtigen Methoden des Kollegen nunmehr überprüft würden. Dabei sei man schon auf diverse Merkwürdigkeiten gestoßen. Wenn das alles schon früher bekannt gewesen wäre...

Der Flurfunk funktioniert bei solchen Nachrichten zuverlässig wie die Verkäuferin an der Käsetheke: Darf es ein bißchen mehr sein? Das Mißtrauen gegen ihn ist überall spürbar. Er wird zunehmend isoliert. Ein Aidskranker ist in solch einem Fall ein Schoßkind der Gemeinschaft. Wer so bedrängt wird, macht Fehler. Und verliert die Nerven.

Eine Frage der Moral

Helge Hoff (51) ist ein Mann von schnellen Entschlüssen. Und ängstlich ist er schon gar nicht. Held des Tages war er einmal. Da saß er schwitzend und zitternd in einem Mannschaftswagen der Polizei, in der Hand einen Becher Kaffee. Es war kein Augenblick des Glücks, obwohl er wußte: Er hatte es geschafft. Aber sein Freund nicht. Am 14. August 1961 war das. An einem Montag wie kein anderer. Einen Tag, nachdem die Nationale Volksarmee mit Stacheldrahtrollen und Preßlufthämmern Berlin zerteilt hatte.

In der lauen Sommernacht vom 12. auf den 13. August war Helge Hoff noch durch das Brandenburger Tor spaziert. Das war sein ganz selbstverständlicher Heimweg von seinem Arbeitsplatz als Kellner in einem Westberliner Hotel in die Wohnung der Eltern im Ostsektor der Stadt. Als er sich schlafen legte, hatte er das gute Gefühl, etwas für die Zukunft getan zu haben. Denn bevor er durch das Tor ging, hatte er im Tierpark ein kleines Päckchen vergraben: 150 Mark, West-Mark, in einer Brotdose, eingeschlagen in Ölpapier. Seit Monaten kursierten beängstigende Gerüchte in der Stadt. Der anschwellende Flüchtlingsstrom aus dem Ostsektor in den Westen Berlins konnte nicht ohne Reaktion bleiben. Darum hat Helge Hoff seine 150 Mark verbuddelt. »Irgend etwas würde passieren«, sagte Hoff, »aber kein Mensch wußte, was und wann.« Als er am späten Vormittag des 13. August wieder aufstand, war es passiert. Unmittelbar nachdem er durch das Brandenburger Tor gegangen war, fuhren Unter den Linden T-34-Panzer auf, rollten Soldaten der NVA Stacheldrahtsperren aus. Helge Hoff wußte, daß er auf der falschen Seite war.

Es dauerte noch einen Tag, bis für ihn feststand: Hier mußt du weg. Sofort. Mit seinem Freund ging er zum Brandenburger Tor. Doch da war alles längst dicht. An der Bernauer Straße meinten sie, eine Chance zu haben. Die Straße war zwar mit Sperren verrammelt, aber dazwischen gab es Lücken. »Wir sind einfach gerannt. Immer im Zickzack. Mit den Kolben ihrer Gewehre schlugen und stießen die Soldaten nach uns. Nur nicht anhalten. Ich wußte, wenn du anhältst, ist es aus. Auf der anderen Seite stand der Wagen der Polizei. Ich habe nur ihn gesehen. Die Soldaten sah ich nicht. Ich spürte nur ihre Kolbenschläge. Als ich durch war, war mein Freund nicht mehr da. Sie haben ihn niedergeschlagen.«

Stars im Programm

An diesen atemlosen Lauf mit Schlägen von allen Seiten fühlte sich Helge Hoff 32 Jahre später wieder erinnert. Als ihm die Kündigung vorgelegt wurde und er sie nicht akzeptierte. Als er mit perfiden Tricks, Unterstellungen und Verleumdungen gejagt wurde. Als seine Gegner aus ihm einen Strolch machen wollten. Einen, auf den man mit dem Finger zeigt. Weil er nicht gehen wollte, sollte sein Ruf zerstört werden. Am Ende hat er nur noch um den gekämpft. Die Auseinandersetzung um seine Position hat er dabei verloren. Diesmal schaffte er den Durchbruch nicht.

Er mußte erfahren: Wenn die Kündigung erst einmal auf dem Tisch liegt, gibt es kein Zurück mehr. Nachdem für ihn alles vorüber war, erkannte er: »Wenn ich alles vorher gewußt hätte, ich hätte die Kündigung sofort angenommen.«

Hat er aber nicht. Weil er nichts ahnte von den Tricks und Winkelzügen, mit denen Widerspenstige kirre gemacht werden. Weil er glaubte, andere dächten ebensowenig um die Ecke wie er. Seine Offenheit setzte er bei allen voraus. Er irrte, weil er bis dahin keine anderen Erfahrungen gemacht hatte. Er war stets auf geradem Weg gegangen: vom Kellner zum Betriebswirt im Hotel- und Gastgewerbe, zum Controller und schließlich zum Prokuristen in einem Haus mit glänzendem Namen, in einem Städtchen mit ebenso glänzendem Namen, geschmückt mit dem Zusatz »Bad«.

Bei genauerem Hinsehen leuchtete in Städtchen und Hotel mehr die Erinnerung an prächtige Zeiten als die Gegenwart. Erst welkten die Rabatten im Kurgarten, dann die Kurgäste und schließlich die Bilanzen des Kurhotels. In der Folge vertrockneten erst die Blumen, dann die Gäste, die überwiegend die silberne Ehrennadel für die 25. Erholungsreise in den gleichen Ort am Revers trugen. Bevor nun auch die Bilanzen des Hotels mangels Übernachtungsgäste das gleiche Schicksal ereilte, holte die Geschäftsführung Helge Hoff ins Haus.

Hoff hatte Erfolg. Er agierte in Küche und Keller, Restaurants und Ballsälen. Er engagierte Roy Black direkt vom Wörthersee und Vicky Leandros von ihrem freiherrlichen holsteinischen Gut (so ganz frische Stars hätten seine ebenfalls nicht ganz taufrischen Gäste nicht gemocht – und schon gar nicht gekannt). Siegfried Lorenz bewegte die Gemüter mit Kantaten von Johann Sebastian Bach. Hoff profilierte das Haus zur Küche mit Kultur. Und das mit Gewinn.

Versagter Auftritt

Nahezu perfekt war das. Aber eben nur nahezu. Der Fehler, den er machte, wurde ihm erst bewußt, als seine Karriere in Scherben lag. Er hatte einen der Gesellschafter des Betriebes, den Rechtsanwalt Bauer-Sindelstedt, nicht mitspielen lassen.

Zu den vielen hübschen Hobbys des Rechtsanwaltes gehörte eine Swingband. In der blies Bauer-Sindelstedt die Trompete. Die

Band war ziemlich unbekannt. Hoff sollte der Mann sein, der das änderte. Wünschte sich der Gesellschafter. Er bat Helge Hoff, seine Jungs in das Programm des Hauses aufzunehmen. Vielleicht, überlegte Hoff, als es zu spät war, wären sie gar nicht so schlecht gewesen. Aber er hatte da eine Sperre. Die baute sich auf aus den Namen Roy Black, Vicky Leandros, Siegfried Lorenz. So wie er seinen Gästen kein namenloses Kirschwasser als Digestif reichen konnte, so konnte er auch keine namenlose Band in seinem anspruchsvollen Haus auftreten lassen. Hoff lehnte ab. Nicht nur einmal. Schlecht für den Gesellschafter mit der Swingband, der den Korb mit säuerlichem Lächeln quittierte. Noch schlechter für Hoff.

Aber das wußte der nicht. Hatte er denn nicht ganz im Sinne des Unternehmens gehandelt? Ist nicht Mut vor Königsthronen eine Tugend? Vielleicht. Aber kleine Könige reagieren meist kleinmütig. Und was sollte ein Gesellschafter denn seinen Jungs von der Band sagen, wenn er noch nicht einmal im eigenen Haus einen Auftritt durchsetzen konnte?

Helge Hoff hat später nicht behauptet, daß dies der Grund für seine Kündigung gewesen sei. Aber möglicherweise war es der Grund, warum gerade der alternde Swingboy tief in die Kiste der schmutzigen Tricks griff.

Je persönlicher die Auseinandersetzung, desto übler wird gewühlt. Die Sachlichkeit bleibt auf der Strecke. Dabei spielt es keine Rolle, ob der Kandidat auf der Abschußliste als ungeliebter Zögling eines in Ungnade gefallenen starken Förderers zum Transfer ansteht, ob das Opfer gegen den Widerstand eines neuen Chefs auf seine Position gehievt wurde. Oder ob, wie im Falle Helge Hoff, ein nicht geblasenes Trompetensolo den Anlaß gibt.

Das Wort Vergeltung wird niemals zu hören sein. Aber im Unterbewußtsein reitet der Rächer. Und der flötet nicht die Melodie der hohen Abfindung. Sie wird als Belohnung empfunden. Wer rächt, belohnt nicht.

Auch nach mehreren Ablehnungen plagte Hoff kein schlechtes Gewissen. Wenn Hoff über Hoff nachdachte, dann sah er sich so: als Seele des Betriebs, als der, ohne den nichts lief, das Programm nicht, die Küche nicht, die Bedienung nicht. Er kannte seine

Gäste und Besucher mit Namen (nicht nur die großen Namen, die nun wieder genügend kamen), er hofierte deren kleine Vorlieben und Sonderlichkeiten. Überall hatte er seine Augen. Keine luschig aufgefaltete Serviette, kein schlampig gelegtes Besteck entging ihm. Eigentlich wäre das nicht einmal seine Aufgabe gewesen. Aber gelernt ist gelernt. Er konnte nicht anders. Er sah es einfach. Bei der allabendlichen Vergatterung machten ihn ungeputzte Schuhe und schlecht gebügelte Hemden ruppig.

Wer vom frühen Morgen bis spät in die Nacht im Betrieb ist, sieht viel und beanstandet viel. Das ist nützlich für das Unternehmen, aber schädlich für den Mann. Hoff avancierte beim Betriebsrat zum Gegner Nummer 1.

»Aber das ist doch alles nur für den Betrieb gewesen«, klagt Hoff später, als ihm das schlechte Verhältnis zum Betriebsrat zum Vorwurf gemacht wird, als seine Widersacher unter den Anteilseignern Munition beim Betriebsrat sammelten.

Zeichen an der Wand hatte es genügend gegeben. Mit Schaudern erinnert sich Hoff an eine Betriebsversammlung ein Jahr, bevor er gehen mußte. Erstmals seit er im Unternehmen war, nahmen Anteilseigner daran teil. Möglicherweise verschärfte das die Situation. Hoff bezog Prügel, wie nie zuvor im Leben. »Die Leute mit dem längsten Sündenregister waren die größten Krakeler. Ich sei autoritär, ginge nicht auf das Personal ein.« Es traf Hoff vollkommen unvorbereitet. Dabei hätte er gewarnt sein können. Denn als einen Monat zuvor die Geschäftsführung einen Empfang zu seinem 50. Geburtstag gab, da glänzte der Betriebsrat durch Abwesenheit. Obwohl der Vorsitzende in der von Hoff geleiteten Betriebsfußballmannschaft stürmte.

Der Nachfolger wartet schon

Kirchenglocken läuteten Hoffs Ende ein. An einem Sonntagmorgen fuhr er mit dem Geschäftsführer des Betriebs, von Allwöhrden, zum 125. Jubiläum der örtlichen Liedertafel. Ein schöner, klarer Tag war es. Und Hoff war zufrieden. Am Abend zuvor hatte er das Menü für das nächste Galadiner zusammengestellt. Potpourri vom Maine Lobster sollte es geben, anschließend Jacobsmuschelravioli in weißer Buttersoße mit Kaviar, gefolgt von Kalbsrückenfilet mit getrüffelter Gänseleber. Zum Abschluß Honig-Whiskyparfait auf Saucenspiegel.

Während Hoff das Menü kreierte, konferierten die Gesellschafter. Ob es dabei etwas Wichtiges gegeben habe, fragte Hoff so nebenbei. In der Regel tagten die Herren angenehm und ohne Ergebnis. Geschäftsführer von Allwöhrden, der an diesem Morgen noch ernster als gewöhnlich wirkte, druckste herum. Schließlich hatte er geantwortet: »Eigentlich kann ich das nicht sagen. Das ist nicht meine Aufgabe. Aber Sie sollen es wissen: Die Gesellschafter wollen sich einen neuen Prokuristen für den gastronomischen Bereich suchen.«

So schmucklos kam das. Nach zwölf Jahren erfolgreicher Arbeit. Es war die bittere Wahrheit und doch nur ein Teil der Wahrheit. Von Allwöhrden verschwieg, daß der Schuß wahrscheinlich ihm gegolten hatte. Die Gesellschafter hatten beschlossen, Hoff zu kündigen, während von Allwöhrden im Urlaub war. Für ihn selbst war der Ruhestand nahe. Aber er hatte Hoff in das Unternehmen geholt. Und er war überzeugt von den Leistungen seines Prokuristen.

Von Allwöhrden verschwieg auch, daß er sich geweigert hatte, die für ihn ungerechtfertigte Kündigung Hoffs zu unterschreiben. Er allein war dazu berechtigt. Die Gesellschafter konterten mit der Drohung, von Allwöhrden müsse mit seinem Gesellschafteranteil für alle aus dieser Weigerung entstehenden finanziellen Konsequenzen haften.

Und schließlich verschwieg von Allwöhrden, daß der Nachfolger Hoffs bereits einen Vertrag unterschrieben hatte. Der Nachfolger führte zu jener Zeit noch die Gastronomie eines Freizeitparks. In dem hatten Bauer-Sindelstedts Swingboys schon einige Male auftreten dürfen.

Eine Woche verging noch, bis der Sprecher der Gesellschafter Hoff zu einem Termin bat. Eine Woche, in der Hoff, wie er sagt, neben sich stand, in der er den Gästen aus dem Weg ging. In der er sich immer wieder fragte. »Was habe ich falsch gemacht?« Die Antwort darauf bekam er nie. Nicht einmal war ihm gesagt worden, er möge seine Arbeitsweise ändern, nicht einmal waren ihm Vorschläge für eine andere Führung seines Bereiches gemacht worden.

Keule auf seidenem Kissen

In dieser Woche des Wartens lief Helge Hoff im Kreis. In seinem Büro immer im Kreis. Und seine Gedanken kreisten ebenso. Wie in einem schwarzen Loch. Ohne Ausweg. Er kam nicht los von der Erinnerung an die verheerende Betriebsversammlung. Erst später erfuhr er, daß nach dem Aufruhr die Fäden zwischen Gesellschaftern und Betriebsrat direkt gezogen wurden. Ihn selbst forderten die Gesellschafter nicht zu einer Stellungnahme auf. Hoff war bereits abgeschrieben.

Abgeschoben werden sollte er in einer kurzen Unterredung mit dem Sprecher der Gesellschafter. Der präsentierte die Keule auf einem seidenen Kissen. Neue Männer brauche das Unternehmen. Oder doch zumindest vorerst einen neuen Mann. Eben auf Hoffs Platz. Das möge er doch bitte verstehen. Und weil er verdienstvoll sei, streuten die Gesellschafter Rosen auf den Weg in seine Zukunft. Wenn er gehe, könne er sofort eine neue Position als Geschäftsführer antreten. In eben jenem Freizeitpark, aus dem sein Nachfolger komme. Rechtsanwalt Bauer-Sindelstedt habe das mit den dortigen Gesellschaftern bereits abgesprochen.

Hoff aber wollte nicht. Er sah seinen Anteil am neuen Glanz des Hotels. Das war seine Aufgabe, für die er arbeiten wollte. Nach einer Woche im schwarzen Kreis igelte er sich hinter seinem Vertrag ein. Nach dem Papier habe er ein Jahr Kündigungsfrist. Und ohne Rechtsanwalt gebe es kein weiteres Gespräch.

Hoff ahnte nicht: Mit dieser Weigerung öffnete er die Schleusen zur schmutzigsten Kampagne seines Lebens.

Von Stund an war er ausgesperrt oder feiner ausgedrückt: freigestellt. 12 bis 16 Stunden, die täglich sein Leben ausgemacht hatten, lagen plötzlich leer vor ihm.

Der erste Termin vor dem Arbeitsgericht brachte keine Einigung. Vier Wochen später übergab ihm ein Bote abermals eine

Kündigung. Diesmal die fristlose. Mit Begründungen, die Gesellschafter und Rechtsanwalt Bauer-Sindelstedt in der Zwischenzeit gegen ihn gesammelt hatten.

Beschreibung eines Gegners

Helge Hoff lernte einen Menschen kennen, der ihm zuvor nie begegnet war (und auf dessen Bekanntschaft er keinen Wert gelegt hätte): Helge Hoff, wie ihn die Gegenseite beschrieb.

Er habe, hieß es da, seinen Nachfolger verunglimpft und die Mitarbeiter verunsichert.

Version Hoff: Erleichtert habe es ihn nach dem ersten Gütetermin zu Schleiflack und Wäschestärke ins Hotel gedrängt. Wenn er nicht weiter freigestellt werde, sagte er dort, komme er wohl bald wieder zurück. Und dann las er eine Speisekarte, die sein Nachfolger mit zarter Eingebung getextet hatte. Von »knackfrischen Salaten« und »luftig aufgeschlagenem Schaum« war da die Rede. Darüber machte sich Hoff lustig. »Solche Küchenpoeten wollten wir nie. Salate müssen immer knackfrisch sein, und Schaum ist immer luftig aufgeschlagen.«

Nächster Punkt des in Eile zusammengetragenen Sündenregisters: Hoff, hieß es, habe sechs Flaschen Cognac, mit seinem Namen versehen, im Magazin abgestellt. Es bestehe der Verdacht, daß er sie heimlich aus Beständen des Hotels genommen habe.

Version Hoff: Schnapsbrenner sind großzügig, wenn sie in einem renommierten Haus eine Werbewoche veranstalten dürfen. Ein paar Fläschchen fallen stets zur freien Verfügung ab. Das war der Stoff, den sich Hoff mit Namenszug gesichert hatte, um ihn bei Gelegenheit zur Lockerung der Gesprächsatmosphäre in seinem Büro einzusetzen.

Und dann hieß es weiter, Hoff habe sich an der Gästekartei vergriffen, ohne dazu berechtigt zu sein.

Version Hoff: Von den treuen Gästen, die er nach Jahren persönlich kannte, wollte er sich mit einem Brief verabschieden. Die Adressen holte er aus der Kartei.

Jeder Punkt für sich nichts als kleiner Mist, aber zusammengekehrt häuft sich das schon zu einem Klumpen Dreck. Aber nicht groß genug, um darüber zu stolpern.

Yvonne und Sandra

Hoff stolperte über zwei Namen: Yvonne und Sandra. Jung, hübsch und problematisch. Keinesfalls die reine Freude, wenn auch allen Freuden zugetan. Beide hatten ihre Lehre bei Hoff im Hotel begonnen, beide flogen vor dem Abschluß raus. Zwei Abmahnungen für Yvonne, zwei Gespräche mit Sandras Eltern konnten nichts retten. Hoff hatte beide längst vergessen. Zwei Lehrlinge von 200, die er ausgebildet hatte.

Und nun waren diese Namen wieder da. Als Zeuginnen gegen ihn benannt. Hoff, hieß es, habe sich an den Mädchen vergriffen. Sie unsittlich angetatscht.

»Das hat mich fertiggemacht«, sagt Hoff. »Es war eine gemeine Lüge. Aber was sollte ich dagegen tun?« Sein Anwalt forderte ihn auf, sich zu erklären. Aber für Hoff gab es nichts zu erklären. Sein Gewissen sei rein, versicherte er ein um das andere Mal. Aber die Wiederholungen blieben kraftlos: Immer wieder habe es Ärger mit diesen Mädchen gegeben. Nach jedem Krach hätten sie sich beim Betriebsrat ausgeweint. Warum das denn nicht damals zur Sprache gekommen sei? Wenn er auch nur einmal ein Mädchen berührt hätte, müßte das doch dem Betriebsrat erzählt worden sein. Aber kein Wort davon. Nicht einmal. Auch nicht, als die Mädchen den Betrieb verlassen mußten.

Helge Hoff, einst Held des Tages, ist kein ängstlicher Mann. Austeilen kann er. Einstecken kann er. Ein Steher beim Boxen. Jetzt lag er.

Im zweiten Gütetermin, diesmal zur fristlosen Kündigung, hat der Richter zu Rechtsanwalt Bauer-Sindelstedt gesagt: »Das wird schlimme Folgen für Sie haben, wenn das nicht wahr ist.« Und zu Hoff: »Aber Herr Hoff, wenn das wahr ist, wird es schlimme Folgen für Sie haben.«

Da wußte Hoff, daß er nicht mehr hochkommen würde. Die

Namen der Frauen waren als Zeuginnen genannt. Sie würden aussagen. Und er hatte keine Chance, diese Aussage zu entkräften. Hier war das Ende seines Wahlspruchs, nach dem er sein Leben bisher ordentlich eingerichtet hatte: Schwarz ist schwarz, und Weiß muß weiß bleiben. Nichts war mehr schwarz und nichts mehr weiß. Mitten in einer Grauzone steckte er. Einen Weg daraus gab es nicht.

Nach diesem Gütetermin ging es nur noch um die Höhe der Abfindung. 95 000 Mark lautete das erste Angebot. Hoffs Weigerung, die erste Kündigung zu akzeptieren, ließ das Angebot des Arbeitgebers in sich zusammenfallen: Nur noch 26 000 Mark und 40 000 Mark als zinsloses Darlehen. Da Verhandlungen immer ein Ergebnis haben müssen, wurde ein drittes Angebot gemacht: 75 000 Mark. Da sagte Hoff ja. Wegen der Mädchen. 20 000 Mark unter dem ersten Angebot.

Einige der Gesellschafter muß Mitleid oder Reue ergriffen haben. Oder schlicht das schlechte Gewissen. Sie machten noch einmal einen Anlauf zu einem versöhnlicheren Ende, boten Hoff 100 000 Mark Abfindung. Vielleicht hofften sie auch, auf diese Weise die im Städtchen wuchernden Gerüchte zu beruhigen. Rechtsanwalt Bauer-Sindelstedt mochte sich seinen schmutzigen Lorbeer nicht durch eine Anwandlung von Sanftmut bekleckern lassen. Hoff habe sich mit 75 000 Mark einverstanden erklärt, und nur um diese Summe könne es gehen. Dabei blieb es.

Zwei Tage, nachdem Hoff endgültig das Unternehmen verlassen hatte, kam eine anonyme Trauerkarte mit der Post: »Dreimal Hurra, wenn so ein Schmarotzer wie Sie fristlos gekündigt wird.«

»Als ich am Boden lag«, sagt Hoff, »haben meine Feinde noch einmal nachgetreten.«

Acht Monate später räumte auch Geschäftsführer von Allwöhrden seinen Schreibtisch.

Vorsicht, Fußangeln

Je knapper das Geld, desto größer die Bereitschaft, wie im Fall Hoff zu faulen Tricks zu greifen, wenn jemand gehen soll. Der

Riege der Outplacement-Berater beschert das rauher gewordene Klima in den Chefetagen keineswegs volle Auftragsbücher. Sollen ein oder zwei Mitarbeiter ihren Sessel räumen, bleiben die Kosten für die Helfer des weichen Abflugs moderat. Müssen aber zehn gehen, wird eine Million Mark mühelos erreicht. Das lähmt den goldenen Handschlag. Die moderate Trennung verstehen viele Firmenleitungen als Luxus für Zeiten schönen Wetters. Kommt Sturm auf, lassen sie die Muskeln spielen und holzen selbst den Kahlschlag. Frei nach dem Motto: Die Axt im Haus erspart den Outplacer.

Wenn dann noch Entlassungen als Flächenbrand auf allen Ebenen hinzukommen, addieren sich die Millionen rasch zusammen. Daimler bezifferte die Kosten des Personalabbaus im Konzern mit 1,5 Milliarden Mark.

Die Neubesetzung einer leitenden Funktion kostet nach einer Pi-mal-Daumen-Rechnung der Personalmanager zwölf bis 18 Monatsgehälter. Und wenn die teure Verabschiedung hinzugerechnet wird, dann ist der gesamte Wechsel nicht unter 2,5 Jahresgehältern zu haben.

Konjunktur haben in Zeiten wie diesen nicht die Berater mit der sanfteren, aber vordergründig teureren Tour. Konjunktur haben Personalchefs mit Killerinstinkt. Und Denunzianten. Wörter wie abschießen, vernichten oder versenken werden zur schlagenden Vokabel. VW-Chef Ferdinand Piëch meinte den Streit mit General Motors und deren deutscher Tochter Opel, als er sagte: »Immer wenn es Krieg gibt, sind am Ende weniger vorhanden.« Wer sich solch einer kriegerischen Sprache bedient, enttarnt auch etwas von der Denkweise auf dem Velours der Vorstände. Mitarbeiter nicht ausgeschlossen. Denn, noch einmal Piëch: »Man gewinnt einen Überlebenskampf nicht mit Freundlichkeit.«

Fairplay ist in solchen Zeiten etwas für Hochglanzbroschüren. Von der lackierten Corporate Identity bleibt nichts als Makulatur. Die Wirklichkeit sieht anders aus.

Die stellt sich dann so dar:

»Pack ihm doch 'ne Bohrmaschine in die Aktentasche«, lautet einer dieser verzweifelt lockeren Sprüche der Personalchefs, von denen der unbegründete Rausschmiß eines Mitarbeiters verlangt wird. Wer dabei erwischt wird, wie er die betriebseigene Bohrmaschine mit in den Feierabend nehmen will, ist dran. Wird jedenfalls dann gesagt. Dran war der Erwischte schon länger. Es fehlte nur noch der Anlaß, seinen Feierabend fristlos zu verlängern.

Nun gehört der Schlagbohrer nicht zum Handwerkszeug auf den Chefetagen. Er paßt nicht in die schmalen Aktenköfferchen. Die Fallensteller dort bohren und sägen mit feinerem Werkzeug. Nur wer Fallen kennt, tappt nicht in jede hinein. Die nachstehende Sammlung beschreibt einige der gängigsten Modelle, denen gegenüber Vorsicht geboten ist.

Falle Kostenstelle: Mit Kostenstellen läßt sich manches verschleiern, sind Ergebnisse zu manipulieren. Wie auf einem Rangierbahnhof lassen sich Daten verschieben. Bis aus dem Plus ein Minus wird. Oder umgekehrt. Wie es benötigt wird, um einen mißliebigen Manager auf die Abschußrampe zu bringen.

Falle Vorschriften: Wird ein Vorwand zur unfreiwilligen Verabschiedung gesucht, verfestigen sich lose interne Vorschriften zur Schraubzwinge. Eigenmächtigkeiten, die in der Vergangenheit lässig übergangen wurden, stehen über Nacht als Verstoß gegen ein Dogma. Beispielsweise der Beschluß eines Unternehmens, angesichts der klammen Situation gar keine oder sehr geringe Weihnachtsgeschenke unter den Tannenbaum der Kundschaft zu legen. Dagegen verstieß der Leiter einer Zweigstelle. Großzügig wie in guten Jahren schmeichelte er sich bei den Geschäftsfreunden ein. Die Ernte seiner Freundlichkeit fuhr er nicht mehr ein. Das schönste Geschenk hatte der Mann dem Unternehmen gemacht, das schon länger nach einem Grund für eine kostengünstige Expedition suchte.

Falle Versetzung: Der ungeliebte Manager erhält einen Marschbefehl irgendwohin in die Weite der schönen Welt. Bedauerlich nur, daß Frau und Kinder nicht folgen können, weil das so kurz vor dem Abitur der Tochter unmöglich ist. Oder weil die Frau das Klima nicht vertrüge.

Variationen des Vergessens

Falle Vergessen: Von dieser reichlich erprobten Falle gibt es gleich mehrere Varianten.

1. Vergessen eines Mitarbeiters, der nach der Verlegung einer Filiale noch für letzte Restarbeiten am alten Platz bleiben muß. Und der, wenn auch die letzten Reste der Reste in bester Ordnung auf den Weg gebracht wurden, als allerletzter Rest bleibt. Nur noch mit sich selbst beschäftigt.

2. So etwas läßt sich auch im eigenen Betrieb organisieren. Leitende Angestellte werden kaltgestellt. Abgeschnitten von der internen Kommunikation, ohne Aufgabe gelassen. Das Büro wird zur Abstellkammer. Taktisch falsch war allerdings die Drohung eines Geschäftsführers gegenüber einem widerspenstigen Abteilungsleiter, der sich seinem Rausschmiß widersetzte: »Wir finden schon eine Kammer für Sie. Da können Sie schmoren«, zürnte er vor dem Arbeitsgericht. So etwas hören Richter nicht gern.

3. Auch die vergessenen Einladungen zu wichtigen Konferenzen oder Treffen mit Geschäftspartnern haben sich als wirkungsvoll erwiesen.

4. Oder ein Adressat taucht im Verteiler von Standard-Rundschreiben nicht mehr auf. Niemand weiß dann genau, wer die Anweisung gab, ihn aus dem Verteiler zu tilgen. Aber die Warnung ist unmißverständlich. Natürlich kann es sich um einen Irrtum handeln. Im Zweifelsfall wird die befragte Sekretärin entsprechend antworten. Im Wiederholungsfall ist der Irrtum nicht mehr sehr wahrscheinlich.

Das Verfahren ist ausbaufähig. Mangelt es an Standardschreiben, die dem mißliebigen Empfänger vorenthalten werden können, werden Umläufe mit belanglosem Inhalt auf den Weg gebracht. Auf den Inhalt kommt es dabei nicht an. Wichtig ist allein, daß im Verteiler ein Name fehlt und der Betroffene das merkt. Diese Variante erfreut sich einiger Beliebtheit, weil sie sich wiederholen läßt, bis sie wirkt.

Falle Austrocknen: Ein Hunderter sagt mehr als tausend Worte. Wer gewohnt ist, zum Jahreswechsel ein belobigendes Schreiben zu erhalten, verbunden mit der Zusage einer Aufbesserung der Bezüge, stellt fest, daß der Postbote zwischen den Weihnachtskarten nicht den erwarteten Brief in der Tasche hat. Und auch die Zusage der fälligen Tantieme bleibt aus, weil die Unternehmensleitung sich plötzlich erinnerte, daß es sich dabei um eine freiwillige Leistung handelt. Auch der schwächlich begründete Entzug des Dienstwagens gehört zu diesen Maßnahmen.

Falle Positionswechsel: Mancher Macher sieht sich plötzlich als Frühstücksdirektor. Obgleich ihm die Rolle als Grußaugust für exotische Gäste und bessere Besuchergruppen überhaupt nicht liegt. Seine Karriere endet in der Sackgasse. Dort bleibt sie, wenn nicht ein Ausweg gesucht wird. Und der heißt: Raus aus dem Unternehmen. Genau auf dem Weg aber wollte man den Mitarbeiter haben.

Falle Beförderung: Auch der kurze Umweg über eine Beförderung kann der erste Schritt zum tiefen Sturz sein. Wie im Fall eines Managers, der bei einer gebotenen Abfindung von nahezu 600 000 Mark in die Pokerrunde einsteigen wollte. Die Summe entsprach zwei Jahreseinkommen. Nach langer Betriebszugehörigkeit und gemessen an den bisherigen Leistungen, meinte der Mann, müsse deutlich mehr auf den Tisch gelegt werden. Die Leitung des Unternehmens hatte gemeint, mit der Höhe des Angebots vergangene Leistungen angemessen zu honorieren. Der düpierte Vorstandsvorsitzende fühlte sich persönlich gefoppt. Der Verweigerer mauserte sich für ihn zum Feind. Das ist die nahezu programmierte Folge der Ablehnung einer gebotenen Abfindung. Die Pokerrunde begann nicht. Statt dessen beförderte das Unternehmen den Mann zum Leiter eines eigens gebildeten Projektteams. Der Wahn vom Sieg währte nicht lang. Das Projekt erwies sich nach kurzer Zeit als überflüssig. Es war nur gegründet worden, um wieder eingestellt zu werden. Sein nunmehr ebenfalls überflüssiger Leiter mußte gehen. Statt mit 600 000 Mark mit sechs Monatsgehältern.

Falle Tandem: Bewährt hat sich auch die Methode des ungleichen Tandems. Angeblich zur Bewältigung der schweren Aufgabe wird der Abschußkandidat vom Einer auf ein Tandem gesetzt. Mit einem Assistenten oder Stellvertreter. Hauptsache, die Chemie stimmt zwischen beiden nicht. Der Kandidat lenkt und strampelt. Der zweite Mann sitzt still, registriert und meldet jeden Fehltritt. Selbstverständlich nicht dem Kandidaten. Sondern denjenigen, die ihm aufs Fahrrad halfen.

Falle Partner: Nach ähnlichem Prinzip wie das Tandem wirkt auch die Beförderung eines zweiten Mannes auf die gleiche Ebene der Hierarchie in gleicher Funktion. Wenn beide nicht miteinander können, muß einer gehen. Wer das ist, steht vom ersten Moment an fest.

Falle Unternehmensberatung: Feiner ist das Einschalten eines hochdotierten Unternehmensberaters. Wenn McKinsey oder Roland Berger & Co auftauchen, beginnt das große Zittern. Jeder weiß: Sie gehen nicht, ohne künftige Lichtungen markiert zu haben. Das ist ihr Auftrag. Sensible Berater verstehen auch den dezenten Wink ihres Auftraggebers, wo er die Axt anzulegen wünscht. Just in dem Bereich, in dem eine Trennung schon länger vorgesehen ist. Mit dem Attest eines Beraters fällt es leichter, zur Tat zu schreiten.

Falle Gesichtsverlust: In fortgeschrittenem Stadium ist auch die körperliche Jagd kein Tabu mehr. Das mußte ein beinahe geschaßter Abteilungsleiter erfahren, der gegen seinen Rauswurf geklagt und gewonnen hatte. Frohgemut kehrte er umgehend nach dem Gerichtstermin an die Stätte seines bisherigen Wirkens zurück. Er kam nicht weit. Eine zweite Kündigung mit neuen Argumenten war für den Fall der Niederlage vom Unternehmen längst vorbereitet. Der Abteilungsleiter bekam sie noch auf dem Weg zu seinem Büro in die Hand gedrückt. Mit gleichzeitigem Hausverbot. Eskortiert von zwei Mitarbeitern, wurde er bis zur Pförtnerloge geleitet. Viele Kollegen begegneten dem Trio auf diesem Weg.

Falle Gerücht: Die Gerüchte laufen auf und zwischen allen Ebenen. Meist köchelt oder brodelt es in der Gerüchteküche unkontrolliert. Doch das läßt sich auch steuern. Mit dosiert gestreuten, scheinbar nebenbei gemachten abfälligen Bemerkungen vom Chef über einen Mitstreiter aus der Chefetage. Anfangs kaum merklich, aber stetig gehen die Kollegen auf Distanz. Bis der Betroffene isoliert dasteht und nicht weiß, warum. Er gehört nicht mehr dazu. Für empfindsame Gemüter Zeit, die Konsequenz zu ziehen.

Diese Form läßt sich bei der gleichen Methode noch verschärfen. Bevor mit dem Mann auf der Abschußliste gesprochen wird, erfahren die Kollegen von seinem Abgang in nächster Zeit. Auf die Spitze treibt es jene Variante, bei der außerhalb des Unternehmens bereits vor dem Trennungsgespräch die Information des Wechsels gestreut wird. Der Betroffene erfährt dann von Fremden, daß seines Bleibens wohl nicht mehr lange sein werde. Oder von Kollegen, die es ihrerseits von außerhalb des Hauses hörten.

Sehr viel direkter erfuhr der Geschäftsführer eines gemeinnützigen Wohnungsbau-Unternehmens, daß einige Parteivertreter im Aufsichtsrat seinen Rücken zu sehen wünschten. Mit hochrotem Kopf kam eine Mitarbeiterin zu ihm und stammelte: »Ich soll Ihnen sagen, daß Sie sich bald eine neue Aufgabe suchen müssen.« Der Mann nahm es zur Kenntnis und blieb.

Falle Lächerlichkeit: Lächerlichkeit kann tödlich sein. Das mußte ein Abteilungsleiter erfahren, der bereits mehrere Versuche abgewehrt hatte, ihn vor die Tür zu setzen. Als er aus dem Urlaub kam, deutete er das hämische Grinsen der Mitarbeiter, das ihm auf seinem ersten Gang ins Büro begegnete, falsch. Er hielt es für ein freundliches Lächeln zur Begrüßung. Bis er vor der Tür stand, die ehedem in sein Büro führte. Jetzt wies die Beschriftung »Herren« eindeutig auf den zwischenzeitlich erfolgten Umbau zum Abort hin. Der Mann gab seinen Widerstand auf.

Wem die Stunde schlägt

Lügen bei der Kündigung

Linda Wachner, Vorstandsvorsitzende des US-Konzerns Warnaco, widerfuhr die zweifelhafte Ehre, von der Zeitschrift »Fortune« zu den sieben »rüdesten, härtesten und schrecklichsten Bossen« Amerikas gezählt zu werden. Unter anderen verbalen Untaten ist ihre Aufforderung an ihre Manager bekannt geworden: »Sie sollten besser anfangen, Leute zu feuern, damit die merken, daß Sie es ernst meinen.«

Ernst wird auch hierzulande zunehmend gemacht. Wo alles feuert, können auch kleine Geschäftsführer nicht abseits stehen. Das Managment by Nachahmung ist schließlich ihr »business as usual«.

Was dem Beschluß zu kündigen folgt, ist dann vielfach jedoch nicht das gewöhnliche Geschäft. Sondern peinlich und dilettantisch. Woher sollen die Rausschmeißer es auch gelernt haben? Personalarbeit beschränkt sich bisher im wesentlichen auf zwei Gebiete:

- Anwerben und Auswahl der geeigneten Mitarbeiter vor dem Eintritt in das Unternehmen.
- Motivation und Förderung der Mitarbeiter im Unternehmen. Der Nutzen ist vordergründig zu erkennen. Gut ausgewählte und gut motivierte Mitarbeiter leisten mehr.

Um die dritte Phase wird ein weiter Bogen gemacht. Damit möchte man möglichst nichts zu tun haben. Wer bekennt sich schon zum Part als Rausschmeißer, so wie es Mercedes-Chef Werner Niefer mit Bitterkeit tat: »Die Leichen mußte ich über die Friedhofsmauer schmeißen.« Da bleiben auf der Strecke im Rükken jede Menge Feinde.

Darum wird so getan, als sei die Entlassung nicht ebenso Bestandteil des Personalmanagements wie die Einstellung und die Förderung. Aus der Sicht des Unternehmens ebenso für diejenigen, die gehen müssen, wie für die, die bleiben. Die Verantwortung endet eben nicht bei dem Beschluß des Rauswurfs, eventuell noch geschmiert durch eine hoheitsvoll angebotene Abfindung und die Zusage eines guten Zeugnisses, garantiert mit einer gefälligen Verlautbarung. Das ist nichts als der vergebliche Versuch, sich aus der Verantwortung zu stehlen.

»Dieses Denken herrscht noch in jenen Firmen vor«, befindet der Outplacement-Berater Fritz Stoebe, »deren Leitungen den Wertewandel in Gesellschaft und Betrieb noch nicht begriffen haben und deren Führungskultur kein erstrebenswerter Begriff zu sein scheint.« Stoebe beschreibt damit leider den Normalfall.

Arrogant aus Unsicherheit

Die Oberhäuptlinge glauben, es reiche aus, die Buchstaben des Vertrags und der Gesetze zu erfüllen, um sich von einem Unterhäuptling zu trennen. Formal sehen sie das durchaus richtig. Sie sind dabei jedoch blind gegenüber den Schäden, die sie bei Mitarbeitern, Kunden und in der Öffentlichkeit anrichten. Arroganz ist stets ein Zeichen von Unsicherheit und schlechtem Gewissen.

Nur langsam scheint eine Veränderung des Bewußtseins heraufzudämmern. Erstmals fand jetzt im Handbuch für Personalmarketing ein Aufsatz des Outplacement-Nestors Fritz Stoebe zu diesem Thema Eingang. Zwölf Jahre lang hat Stoebe für die schmerzreduzierte Trennung trommeln müssen, ehe ihm Platz für seine Therapie eingeräumt wurde. Mehr als ein erstes positives Zeichen ist das nicht.

Noch immer wird der Gedanke an eine Trennung im alltäglichen Geschäft verdrängt. Auch von denen, die dafür bezahlt werden, sich Gedanken darüber zu machen. Zum gemeinschaftlichen Erfolgsstreben passen Überlegungen zur Trennung nicht.

Bis einer aus der Reihe kippt. Dann stehen alle Beteiligten hilflos und unvorbereitet vor dem Scherbenhaufen.

Nur sehr wenige Unternehmen haben das Defizit bisher erkannt und die Konsequenz daraus gezogen. Musterknaben gelten zwar als vorbildlich, finden aber selten Nachahmer. Auf der Suche nach ausgearbeiteten Strategien für Kündigungen melden die meisten Firmen Fehlanzeige. Selbst bei verbindlichen Richtlinien müssen sie passen. Das Tabu bereitet nichts als Verlegenheit.

Das Wort ist ein Pfeil

Das erste Kündigungsgespräch öffnet die Tür für den Abschied. Und sie wird offen bleiben. Mögen sich die Verhandlungen über die Modalitäten noch so lange hinziehen. Eine einmal ausgesprochene Kündigung steht. Gleichgültig, wie die Begründung lautet. Wenige Worte zerstören das über Jahre oder Jahrzehnte aufgebaute Vertrauen.

Das Wort, sagen die Japaner, ist wie ein Pfeil. Einmal abgeschossen, ist er nicht zurückzuholen.

Wer zum Gehen aufgefordert wird, geht. Oder fällt. Auch darüber entscheidet bereits das erste Gespräch.

Denn die gewiesene Tür entpuppt sich häufig als Falltür. Wer raus soll, entwickelt sich über Nacht zum Entsorgungsproblem. Und Sorgen entledigt man sich möglichst schnell.

Unangenehm ist das auch für den Mann, der den Hebel zur Falltür zieht. Darum drücken sich auch viele um das Gespräch. Sie haben plötzlich einen unaufschiebbaren Termin. Oder sie werden von einem unerwarteten Grippeanfall geschüttelt. Den Auftrag zur Kündigung geben sie dann weiter.

Dennoch: 57 Prozent der Chefs teilen ihren Leitenden persönlich mit, daß ihnen der Stuhl vor die Tür gestellt werden soll. Zu diesem Ergebnis kommt eine Untersuchung von Mark Wesenberg. 30 Prozent der befragten Manager erhielten die unfrohe Botschaft durch den Personalleiter, elf Prozent durch ihren Linienvorgesetzten. Bei zwei Prozent taten sich Personalchef und Linienvorgesetzter zusammen.

Bei der Bewertung dieser Aussage sollte allerdings beachtet werden: Alle befragten Manager hatten bei ihrem Abgang den sanften Service einer Outplacement-Beratung geboten bekommen. Das bedeutet: Das Unternehmen bemühte sich um einen moderaten Abschied. Damit war die Auswahl bereits zu Beginn positiv.

Auftritt der Stümper

Wenn der Chef selbst kocht, muß es allerdings nicht besser schmecken. Kündigen hat er auch nicht gelernt. In der ungewohnten Rolle agieren die Chefs ungeschickt. Sie setzen ihr Schock-Gesicht auf und meinen hinter dieser Maske sicherer zu wirken. Sie geben sich kühl, barsch oder ruppig, auch wenn sie den Ruf haben, gewöhnlich ganz umgänglich zu sein. Auch wer im Normalfall Klartext redet, entwickelt in dieser Situation einen Hang zur schwammigen, diffusen Wortwahl.

70 Prozent der für eine Diplomarbeit (Bettina Städele) befragten Unternehmen mußten eingestehen, daß der Überbringer der schlechten Nachricht nicht für diese schwierige Aufgabe sensibilisiert war. Dabei haben sie den Tag X gut vorbereitet, über Monate Material gesammelt, negative Signale ausgesandt. Wenn sie dann die Ernte ihres Unmuts einfahren wollen, versagen sie.

Genau das empfanden die entlassenen Manager. Bei der Gegenprobe befragt, ob sie das Trennungsgespräch als professionell oder unprofessionell geführt ansähen, entscheiden sich 30 Prozent für die erste Möglichkeit. Und 70 Prozent für unprofessionell.

Das bedeutet doch: Die Unternehmen haben sehr wohl erkannt, wo sie Schwächen haben. Aber sie tun nichts dagegen. Weil sie meinen, beim Abschied komme es nicht mehr darauf an.

Vier wesentliche Fehler während der Gespräche führen die Betroffenen an:

- Die Gesprächspartner sind auf die Unterredung nicht genügend vorbereitet.

  Damit meinen sie den Chef, der während des Gesprächs

unablässig in einem Stapel von Kladden wühlt. Der auf einem Briefbogen flüchtig kreuz und quer geschmierte Zahlen zusammensucht. Der nichts weiß, außer daß er kündigen will oder soll. Der nicht in der Lage ist, die Gründe eindeutig zu benennen.

- Die Gesprächspartner zeigen Unsicherheit.
  Damit meinen sie den kleinmütigen Chef, der andere, ferne Anteilseigner oder Gesellschafter als eigentliche Träger der Entscheidung vorschiebt. Oder der den Betroffenen in das tiefe Jammertal des Unternehmens führt, aus dem angeblich nur noch seine Kündigung Rettung verspricht. Vom Leidenden wird Mitleid erwartet. Oder er wird in der Viertelstunde, in der es ihm ohnehin die Sprache verschlägt, mit einem Wortschwall zu Tode geredet.
- Die Gesprächspartner stehen unter Zeitdruck.
  Damit meinen sie den Chef, der das Gespräch möglichst nahe an einen anderen dringenden Termin legt. Der vorgebliche Termindruck ist nichts als ein Vorwand, so schnell wie möglich das unangenehme Gespräch beenden zu können. Für den Betroffenen ist das Kündigungsgespräch eine Zäsur in seinem Leben. Meistens sogar eine der wichtigsten. Er erwartet, daß der Chef wenigstens in diesem Augenblick Zeit für ihn hat. Da aber der Chef in diesem Fall Beherrscher der Situation ist, gibt er das Tempo an. Kurz und bündig.
- Die Gesprächspartner geben nur dürftige und unsachliche Begründungen für die Trennung.
  Immerhin, sie geben überhaupt Begründungen. Die Abweichung von dieser Regel ist so häufig, daß sie beinahe schon wieder eine Norm ist. Entweder weil das Kündigungsgespräch dem Personalchef übertragen wird, der weder die vorgeschobenen noch die tatsächlichen Gründe kennt. Er hat die Kündigung auszusprechen – und damit basta. Oder weil der Chef sie nicht nennen will.
  Kann der Personalleiter noch glaubhaft versichern, über Hintergründe nicht informiert zu sein, würde eine solche Aussage niemand dem Chef abnehmen. Dennoch laufen genügend Manager herum, denen der Boß die Tür zum Abschied aufriß und

die dennoch nicht wissen, warum sie vor der Tür landeten. Den Chefs fehlt häufig der Schneid, die wahren Gründe für die Kündigung anzusprechen. So wie in der Zeit zuvor der Mut fehlte, Fehlentwicklungen anzusprechen. Darum verschanzen sie sich hinter Formalitäten, dem vermeintlichen Recht, auch ohne Begründung kündigen zu können. Oder sie kramen in alten Verfehlungen, die sie zu einem dicken Brei verrühren.

Natürlich ist es wünschenswert, daß der Betriebsleiter oder Unternehmer selbst die Kündigung ausspricht. Nur er kann sie auch hinreichend begründen. Dennoch kann es kein Zufall sein, wenn die Betroffenen häufig feststellen, vom delegierten Personalleiter fairer und offener behandelt worden zu sein. Personalmanager haben mehr Distanz und reagieren sensibler. Von Kollege zu Kollege. Sie profitieren allerdings auch von dem Vorzug, den Rausschmiß nicht persönlich verantworten zu müssen.

Vier Reaktionen

Die Reaktion der Manager während des Kündigungsgesprächs sortiert der Outplacement-Berater Eberhard von Rundstedt grob in vier Kategorien:

Da ist »der Beherrschte«, den die Nachricht vom Rausschmiß zwar ebenso schockt wie andere auch, der sich aber nichts anmerken läßt. Im Gegenteil, er gibt vor, eigentlich schon länger damit gerechnet zu haben. Nun liege die Sache endlich klar auf dem Tisch, und das sei fast so etwas wie eine Erlösung. Wer so reagiert, warnt Rundstedt, verdrängt seine Gefühle, statt sich mit ihnen auseinanderzusetzen. In Wahrheit werde die Kündigung nicht als Realität gesehen. Innerlich ignoriere der Manager sie.

Die Typologie von Rundstedts, als Nachhilfe für diejenigen gedacht, die kündigen, empfiehlt in einem solchen Fall: »Sie sollten auf der Hut sein, wenn jemand auf seine Kündigung ungewöhnlich gelassen reagiert... Sollten Sie auf diese Reaktionsweise stoßen, so stellen Sie möglichst viele Fragen, um sicherzugehen, daß ihr Gegenüber die schlechte Nachricht wirklich aufgenommen hat... Seien Sie ruhig und geduldig, arbeiten

Sie mit Wiederholungen, und lassen Sie sich von Ihrem Gegenüber bestätigen, daß er verstanden hat, was miteinander vereinbart wurde.«

Ganz anders ist die Reaktion »des Aggressiven«. Er ist derjenige, vor dem sich die Gegenseite am meisten fürchtet. Der Outplacer rät: »Dieser Typ ist weder der gefährlichste noch der unumgänglichste. Die Hauptregel im Umgang mit Menschen dieses Typs heißt: selbst nicht unbeherrscht werden. Jemand, der eine übertriebene Reaktion zeigt, wird die Führungskraft provozieren und das Unternehmen angreifen. Machen Sie sich klar, daß auch dies eine annehmbare Reaktion darstellt. Wird der Betroffene wirklich gewalttätig und droht, Schaden anzurichten, muß man natürlich einschreiten und ihm klarmachen, daß so etwas nicht geduldet würde. Lassen Sie sich von einer aggressiven, cholerischen Reaktion nicht in die Defensive drängen und bleiben sie ruhig und besonnen.«

So gefährlich ist Kandidat drei, »der Schockierte«, nun wirklich nicht. Fälschlicherweise wird er gerne als der einfachste Fall angesehen. In seinen Reaktionen ist er das sicherlich auch. Er fällt in sich zusammen, oder er zeigt keinerlei Reaktion. »Aber«, warnt von Rundstedt, »gerade die Schockierten neigen zu selbstzerstörerischen Tendenzen. Nicht zu reagieren ist ihre Art, mitzuteilen, daß dies das Schlimmste ist, was ihnen je zugestoßen ist, und daß sie nicht in der Lage sind, mit der Situation fertig zu werden. In solchen Fällen müssen Sie sich als Führungskraft die Zeit nehmen, im Gespräch auf die Gefühlslage des Betroffenen einzugehen. Zu diesem Zweck sollten Sie eine Menge Fragen bezüglich Laufbahn, Privat-, Gefühls- und Seelenleben, nach seinen Wünschen und Plänen parat haben.«

Bleibt schließlich als vierter im Bunde noch »der Normale«. Eigentlich ist alles normal, was gerade an Verhaltensweisen beschrieben wurde. Wut und Enttäuschung und auch der Schock sind ganz selbstverständliche Reaktionen. Nur fallen sie beim »Normalen« etwas weniger krass aus als bei den anderen. Wer »normal« reagiert, kann nach den Beobachtungen von Rundstedts nicht gänzlich unvorbereitet sein: »Diese Menschen waren wahrscheinlich wirklich bereits auf die Kündigung gefaßt und haben sich schon wieder so weit gesammelt, daß sie sich um Schutz, Hilfe und um weiterbringende Maßnahmen kümmern können. Zwar werden sie ihren verletzten Gefühlen Ausdruck verleihen, indem sie dem Kündigenden sagen, sie seien mit dieser Behandlung nicht einverstanden und wie die Firma sie getäuscht habe, und wie sich das Unternehmen in den letzten Jahren verändert habe. Nichtsdestoweniger siegt letztlich ihr Selbsterhaltungstrieb.«

Soweit die Typologie und die Empfehlungen aus dem Nähkästchen des Outplacers. Die Praxis aber ist in diesen Fällen grauer als die Theorie. Denn noch nicht einmal so einfache Gesprächstechniken wie die beschriebenen werden beherrscht.

Persönliche Rache

Das falsch geführte Trennungsgespräch reißt unnötige Wunden. Selten ist ein Mensch in seinem Berufsleben verletzlicher als in diesem Augenblick. Jedes unbedachte Wort amputiert das Selbstbewußtsein.

Die Kündigung gleicht einem Rachefeldzug, wenn persönliche Empfindlichkeiten die unausgesprochene Ursache sind. Wer bekennt schon, daß Fehler in der Chemie der wahre Antrieb sind. Wer sagt schon: »Ich kann Sie nicht leiden, und es ist mir jede fette Abfindung wert, wenn ich Sie nicht mehr sehen muß.« Niemand sagt das, das wäre nicht fein. Aber die Wahrheit in vielen Fällen.

Wie sorgsam das Netz der vorgeblichen Gründe auch gesponnen sein mag, es ist niemals dicht genug, um persönliche Motive nicht durchscheinen zu lassen.

Da zeichnete sich jener Unternehmer zumindest durch Ehrlichkeit aus, der einem Outplacement-Berater den Auftrag gab: »Schaffen Sie mir den Kerl vom Hals. Ich kann ihn nicht mehr sehen.«

Viele, die verstört aus einem Gespräch unter vier Augen stolperten, mußten gehen, weil sie jemand nicht mehr sehen konnte. Das sagt ihnen aber niemand. Nicht vorher. Und nicht nachher.

Andere Gründe müssen herhalten. Echte und falsche. Nur

15 Prozent der befragten Manager gaben bei einer Untersuchung an, sie seien gänzlich ohne Begründung verabschiedet worden.

Rationalisierung und Umstrukturierung sind zwar die häufigsten Gründe, aus denen leitende Mitarbeiter gehen müssen, aber je höher die Ebene ist, aus der sie fallen, desto stärker riecht es nach gestörter Chemie. Probleme zwischen Persönlichkeiten und ihren Verhalten schieben sich dann ebenso als Grund der Trennung nach vorn, wie scheinbar unüberbrückbare Meinungsunterschiede über einzelne Strategien.

Verschleierte Wahrheit

DBM von Rundstedt listet jährlich genau die Gründe auf, die zur Trennung führten. Danach verteilen sie sich so:

38,82 Prozent der Mitarbeiter mußten gehen, weil in den Betrieben Arbeitsplätze durch Rationalisierung, Umstrukturierungen, Geschäftsaufgaben oder Fusionen fortfielen. Solch eine Begründung wird von den betroffenen Managern noch am leichtesten akzeptiert, denn die Ursache ist im Betrieb und nicht in der Person zu suchen. Doch die Outplacer wissen aus Erfahrung: Nicht immer ist dieser eine Grund auch der ausschließliche. So wie in dem Fall eines Managers einer internationalen Hotelkette. Obwohl er für sein Haus hervorragende Ergebnisse vorweisen konnte, wurde er zur Trennung aufgefordert. Die Leitung der Hotelkette hatte beschlossen, einige Häuser zu schließen und andere an die Konkurrenz zu verkaufen. Darunter auch einige Perlen des Unternehmens, um den Preis in die Höhe zu treiben. Zu den Perlen gehörte auch das Hotel, dessen Leiter man in die Wüste schickte.

20,62 Prozent der Manager müssen gehen, weil es unterschiedliche Auffassungen über die Unternehmensziele, die anzuwendenden Strategien und Methoden gibt. Irgendwann ist ein solcher Dissens dann nicht mehr zu überbrücken. Dann engagiert sich jeder nach besten Kräften, aber jeder zieht in eine andere Richtung. Der unterstellte Mitarbeiter muß sein Ende des Seiles loslassen. Er geht, nicht der Boß. Auch wenn der Mitarbeiter nachträglich durch die Entwicklung eventuell bestätigt wird. Aber dann ist es bereits zu spät.

18,18 Prozent der Manager mußten ihren Schreibtisch räumen, weil die Chemie nicht stimmte. Auch mit besten Leistungen lassen sich Antipathien auf Dauer nicht ausbügeln. Unter Gleichrangigen kann noch der Zwang bestehen, miteinander auskommen zu müssen. Wenn sich aber Vorgesetzter und Mitarbeiter nicht riechen können, sind die Tage des Mitarbeiters irgendwann gezählt. Meist werden dann jedoch Mängel der Leistung vorgeschoben. Outplacer kennen aber auch Fälle, bei denen nicht nur die chemische Zusammensetzung im Betrieb zum Ende führte. Auch wenn es zwischen einem Mitarbeiter und einem Kunden nicht stimmt, kann das den Mitarbeiter die Position kosten. So wie in dem Fall eines Vertriebsleiters, der im wesentlichen nur einen Kunden zu betreuen hatte. Der aber mochte den Vertriebsleiter nicht und drohte zur Konkurrenz zu wechseln. Der Vertriebsleiter wurde geopfert, um den Kunden zu halten.

16,43 Prozent der Manager mußten sich sagen lassen, daß sie die Leistungsvorgaben nicht erfüllt hatten. So etwas wird meist nur einmal gesagt – und dann ist es bereits zu spät. Aufklärende Gespräche, die einem in der Leistung nachlassenden Manager auf die Sprünge helfen könnten, finden selten statt. Die Vorgesetzten scheuen solche Gespräche. Zudem fehlen vielfach objektive Systeme zur Leistungsbewertung. Andererseits haben Outplacer die Erfahrung gemacht, daß sich leitende Angestellte gegenüber solchen Hinweisen taub stellen. Obwohl sie auf Fehler oder mangelhafte Leistungen hingewiesen wurden, trifft sie die Kündigung unvorbereitet.

2,45 Prozent der Manager müssen sich Unregelmäßigkeiten vorwerfen lassen. Zwar sind Veruntreuung und Spesenbetrug selten der Anlaß für die Kündigung, wenn es aber soweit ist, werden sie gerne bemüht. In welchen Grauzonen sich solche Fälle abspielen, zeigt das Beispiel eines Geschäftsführers einer Niederlassung im Nahen Osten. Dort lief ohne Schmiergelder nichts. Jeder wußte das, und das Unternehmen stellte sich darauf ein. Es füllte dem Manager eine schwarze Kasse, aus der er sein Bakschisch nehmen konnte. Da dies Geld nicht durch die Bücher lief, gab es auch keine Kontrolle. Das verführte den Mann. Er gab Bakschisch auch für Vorteile, bei denen der Nutzen des Unternehmens nicht erkennbar war. Jedenfalls nicht eindeutig. Für das Unternehmen war der Tatbestand der Veruntreuung erfüllt.

3,5 Prozent der Manager mußten mit Begründungen gehen, die in keine der genannten Schubladen passen. Dazu gehören befristete Arbeitsverträge, lang anhaltende Krankheiten oder Suchtprobleme. Auch die sogenannte Rückkehrerproblematik gehört dazu. So wie in dem Fall eines Abteilungsdirektors eines deutschen Kreditinstitutes. Als der nach mehreren Jahren im Ausland wieder in die heimatliche Bank kam, fand er nicht die Position, auf die er Anspruch gehabt hätte und die man ihm im Vertrag zugesichert hatte. Statt dessen landete er auf der Warteliste. Er litt darunter, nicht seinen Fähigkeiten und seinem Tatendrang entsprechend eingesetzt zu werden. Schwere psychosomatische Störungen waren die Folge. Die Ärzte konnten ihm keine Aufgabe geben. Aber Pillen, die ihn ruhigstellten. Der Mann wurde abhängig von seinen Medikamenten. Zwei Jahre ging das so. Der Zustand verschlechterte sich. Der Manager fühlte sich immer weiter isoliert, ausgeschlossen von den Aufgaben und Kollegen. Die Menge und Stärke der Medikamente wuchs stetig an. Er fehlte immer häufiger, konnte auch leichte Aufgaben kaum noch zum Abschluß bringen. Am Ende stand die Trennung.

Intrigen und Spannungen

Wer vor die Tür gesetzt wird, ist gezwungen, über sich selbst nachzudenken. Und über die Gründe, die dazu führten. In dieser Situation haben die Betroffenen sehr feine Antennen. Sie spüren genau, ob die Gründe echt oder lediglich vorgeschoben sind.

Nicht einmal ein Viertel, nur 21 Prozent, der gefeuerten Manager konnte der Argumentation des Unternehmens folgen und die Begründungen akzeptieren. Dagegen lehnten sie 42 Prozent schlichtweg ab und sahen sie als falsch an.

Nach eigener Einschätzung nennen die Manager in der Reihenfolge der Bedeutung nachstehende Ursachen für die Trennung:

personelle Veränderungen in der Etage über ihnen, organisatorische Veränderungen, ein gestörtes Vertrauensverhältnis, abgeänderte Unternehmensphilosophie, Verkauf oder Liquidation des Unternehmens oder eines Bereichs. Am Ende dieser Liste steht auch das Eingeständnis der mangelnden Qualifikation.

Losgelöst von der persönlichen Betroffenheit, verändert sich die Rangfolge der Gründe vollkommen. Outplacement-Berater sehen das gestörte Vertrauensverhältnis nicht irgendwo im Mittelfeld der Begründungen. In einer von ihnen aufgestellten Skala gibt es einen Grund, der alle anderen übertrifft. Sie benennen Intrigen, Spannungen und das vielzitierte gestörte Vertrauensverhältnis als Ursache Nummer eins für die Trennungen.

Selbstverständlich wird ein Manager bei seinem Rausschmiß niemals zu hören bekommen: »Ihre Feinde haben Sie geschafft. Und ich habe für deren Einflüsterungen ein offenes Ohr.« Solche Aussage stempelt den Chef zum Mittäter. Darum rangiert der wichtigste aller Gründe bei den Betroffenen beider Seiten irgendwo unter ferner liefen.

Erst die neutralen Gespräche der Outplacer mit Unternehmen und Gekündigtem filtern die wahren Ursachen heraus. Das gestörte Vertrauensverhältnis ist dann zwangsläufige Folge der Intrigen und Spannungen.

In der weiteren Rangfolge der von den Outplacern ausgemachten Gründe liegen dann negative Einschätzungen ziemlich gleichauf: nachlassen der Leistungsfähigkeit, verminderte Leistungsbereitschaft und Zweifel an der Entwicklungsfähigkeit. Intrigen und Spannungen sind häufig Vorläufer der Zweifel des Chefs an der Leistungsfähigkeit.

Erst dann folgen in der Skala neutrale Begründungen, die nicht in der Person des gefeuerten Managers liegen: Stillegung des Betriebs, Fusion mit anderen Unternehmen oder Aufgabe von Geschäftsbereichen, eine angestrebte Verbesserung der Mitarbeiterstruktur oder die Neuorganisation, der Wandel der Technik, die Einführung eines neuen Führungsstils oder schließlich der Wandel der Unternehmensphilosophie.

Unabhängig von echter oder vorgeschobener Begründung: Ist die Kündigung erst einmal ausgesprochen, drängen die Unternehmen auf rasche Trennung. Mit den Folgen ihres Beschlusses möchten sie nichts zu tun haben. Geräuschlos und in aller Stille soll der Abgang sein.

Sträubt sich der demontierte Manager, droht er gar mit Klage, trifft ihn der Bannfluch: »Wenn Sie mit den Bedingungen nicht einverstanden sind, werden wir dafür sorgen, daß Sie in der deutschen Wirtschaft keinen Job mehr bekommen.« Das ist zwar nichts als aufgeblasenes Gerede, wirkt aber dennoch auf den verunsicherten Mann. Die Erfahrung zeigt jedoch: gekündigt ist gekündigt. Bei den folgenden Bewerbungen spielt es keine Rolle, ob die Trennung in Frieden oder mit großem Krach über die Bühne gezogen wurde.

Ein Merksatz aus dem Amerikanischen hat hierzulande Seltenheitswert in den Gebrauchsanweisungen für Kündigungen: »Termination should end the job, not the man.«

Der Verweigerer

Friedhelm Hohenhaus hat die Seiten gewechselt. »Was das Unternehmen von mir verlangte«, sagt er, »konnte und wollte ich nicht mehr mitmachen. Ich hätte sonst mein Gesicht verloren.«

Friedhelm Hohenhaus war Personalmanager. Jetzt baut der 43jährige sich eine Existenz als Personalberater auf. Wahrscheinlich liegt ihm das mehr als seine vorherige Aufgabe. Und sicher entspräche es auch mehr seinen Vorstellungen vom Umgang mit Menschen.

Seine Erfahrungen werfen ein grelles Licht, das so gar nicht zu der soft gedimmten Kulisse paßt, vor der von kooperativem Führungsstil in der großen Firmenfamilie gesäuselt wird. Aber die bösartigsten Gemeinheiten finden in der Familie statt. Wenn die Haustür geschlossen ist und niemand zusehen kann.

Dennoch bekommen die Nachbarn von den Streitereien in der Familie mehr mit als von den Unanständigkeiten in einem Unternehmen. Das hat schließlich bei entsprechender Größenordnung eine PR-Abteilung, die dafür bezahlt wird, nur Erfreuliches an die Öffentlichkeit gelangen zu lassen.

Und selten packt einen der Rausschmeißer in der Personalabteilung das Grausen, bevor er dann auspackt. So wie Friedhelm Hohenhaus.

Verantwortung für den Menschen

Er kam auf der Butterseite der Gesellschaft zur Welt. Nomen est omen. Die Familie besitzt große Ländereien und eine stattliche Ahnengalerie. Tradition ist für die Hohenhaus Verpflichtung. Die Ahnherren hatten Gesinde, die jetzige Generation hat Mitarbeiter. Auch die haben in der Mehrzahl schon Tradition in den Diensten der Familie Hohenhaus.

Den pfleglichen Umgang mit diesen Mitarbeitern lernte Friedhelm Hohenhaus schon früh. »Es waren einfach Erfahrungen, die das Elternhaus vermittelt hat«, sagt er, wenn er darüber nachdenkt, warum ihn sein beruflicher Weg in die Personalabteilung führte. »In unserer Familie lernt man schon früh, für Menschen Verantwortung zu übernehmen. Ich habe Freude daran, wenn andere mir ihr Herz ausschütten und ich ihnen helfen kann. Das war schon so, als ich noch ein Kind war.«

Darum entschied er sich nach Banklehre und anschließendem Jurastudium für die Arbeit in der Personalabteilung. Auf den ersten beiden Stationen leistete er noch die Arbeit, die er sich einmal vorgestellt hatte: In einem Waschmittelkonzern zuerst und anschließend in einer Stahlschmiede entwickelte er Trainingskonzepte, organisierte und koordinierte Fortbildungsprogramme.

Da konnte er einen kleinen Teil seiner eigenen Erfahrungen gegen den Fluß des großen Stroms setzen: »Die großen Konzerne gehen an den kleinen menschlichen Schwächen und Stärken vorbei. Was nicht in die Norm paßt, wird nicht zur Kenntnis genommen oder zurechtgestutzt. Viel Energie verpufft, weil die Mitarbeiter nicht ausreichend gefordert und gefördert werden. Statt dessen hält man sich an Riten fest.«

Hohenhaus versuchte andere Wege zu gehen – wenn seine Vorgesetzten ihn ließen. Beispielsweise, wenn nach Einstellungsgesprächen die notwendigen Absagen erteilt werden mußten. Hohenhaus erledigte das nur mündlich. Sicher auch, »weil man sich nicht so festlegt«, vor allem aber, »weil ich dem unterlegenen Bewerber deutlich machen wollte, daß er nur deshalb nicht zum Zuge kam, weil ein anderer noch besser war.« Das ist anständig und aufwendig. »Aber ich konnte es nicht anders machen. Dazu fehlte mir die Kaltschnäuzigkeit.«

Bis dahin hatte er die Warnung seines erfahrenen Kollegen zwar gehört, aber nicht verinnerlicht: »Wer in der Personalabteilung arbeitet, benötigt ein hohes Maß an Frustationstoleranz. Wer hier arbeitet, muß eine Menge in sich hineinfressen. Das schmeckt leider selten. Denn meistens ist es Dreck.«

Abspecken um jeden Preis

Verstanden hat Friedhelm Hohenhaus diese Bemerkung ohnehin erst, nachdem er den Stahlkonzern verlassen hatte, um die Leitung der Personalabteilung eines Unternehmens für Fette und Schmierstoffe zu übernehmen. Die Geschäfte florierten. Das machte auch die Personalarbeit für Hohenhaus angenehm. Er forderte und förderte, aber er feuerte nicht. Bis ein amerikanisches Unternehmen den Betrieb schluckte. Die neue Geschäftsführung plante anfangs, die Mitarbeiter beider Unternehmen in ein gemeinsames Boot zu setzen. Das Umbooten war Hohenhaus' Auftrag. Bis eine neue Strategie aus dem Umsetzen ein Raussetzen machte. »Da kam ich mir vor wie ein Kuckucksei. Plötzlich war die Zielrichtung umgedreht. Mein Job wäre das Zusammenführen gewesen. Durch die neue Geschäftspolitik entfiel er.« Hohenhaus erreichte die Schwelle seiner Frustationstoleranz erstmals. Er wechselte zu einem anderen Unternehmen.

Der neue Arbeitgeber segelte im Bereich Heiz- und Klimatechnik für Großbauten vor dem Wind. Die Firma boomte. Eine Umsatzsteigerung von 20 Prozent sorgte auch für Dampf in der Personalentwicklung. Bis die ersten Anzeichen der Rezession sichtbar wurden. Die Klimatechniker erwischte es frühzeitig. Ihre Kunden bauten nicht mehr. Die einst so dicken Auftragsbücher, die von einer Spitzenstellung im Markt zeugten, schrumpften. Im einsetzenden ruinösen Preiswettbewerb hatten die Großen im Geschäft den längeren Atem.

Das neue Kommando lautete: abspecken. Um jeden Preis. Aber kostenlos.

»Der Geschäftsführer reagierte wie unter Schock. Kostenkontrolle war das magische Wort, das vom Morgen bis zum Abend heruntergebetet wurde. Da war auf einmal keine Strategie, keine Planung mehr. Nur noch Aktionismus. Von mir verlangte die Geschäftsleitung, ein paar Leute rauszuschmeißen, nur um zu zeigen, daß sie etwas unternimmt.«

Friedhelm Hohenhaus versuchte, sich dagegen zu wehren. Nicht gegen die Entlassungen grundsätzlich. Die mußten sein. Das hatte jeder zu akzeptieren, der die Umsatzzahlen kannte. Aber er erwartete Vorgaben, klare Zielsetzungen. Er wollte die Bereiche benannt haben, in denen hauptsächlich entlassen werden sollte. Und er wollte sozialverträgliche Kündigungen.

Aber alle guten Vorsätze blieben auf der Strecke. Angst und Hektik regierten. »Das alles lief ab im Stil einer geheimen Kommandosache. Vielleicht 20 Prozent sollte ich rausschmeißen. Genau ist mir das nie gesagt worden. Aber schnell sollte es gehen. Ganz schnell.«

Der Personalchef hatte andere Vorstellungen. Jede passende Gelegenheit wollte er nutzen, um Mitarbeiter zum Ausscheiden zu veranlassen. Aber eben nur jede passende Gelegenheit. Die aber stellt sich nicht sofort ein. Das benötigt Zeit. Und die gab es für Hohenhaus nicht: »Der Geschäftsführer stand extrem unter Druck. Er hatte sich zu Ergebnissen verpflichtet. Also gab er den Druck weiter. Gleichzeitig tauchte er ab. Von der vielpropagierten Offenheit blieb nichts. Die Informationen flossen immer spärlicher, je angespannter sich die Situation entwickelte.«

Angeblich stand die Tür des Geschäftsführers immer offen. Doch hinter der offenen Tür saß niemand, der Zeit für ein Gespräch fand: Ich bin immer für Sie da, aber nicht zu sprechen.

Vergeblich warnte Hohenhaus vor den Folgen solcher Personalpolitik: Verunsicherte Mitarbeiter graben sich ein, die Bunkermentalität schwächt die Leistung, schafft Ängste. Auf Dauer ist der Schaden für das gesamte Unternehmen größer, als wenn einige überzählige Mitarbeiter eine Weile länger auf der Gehaltsliste stehen.

Die Warnungen fruchteten nicht. Sie schadeten Hohenhaus. Der Geschäftsführer legte sie ihm als Schwäche aus.

Wo die Opfer finden?

Als Hohenhaus die Kardinalfrage stellte, ob das Unternehmen langfristig gut dastehen oder ob es für einen kurzfristigen Erfolg sein gutes Ansehen aufs Spiel setzen wolle, wurde er kurz und bündig beschieden: »Wir werden an unseren Quartalsergebnissen gemessen.« Das war eindeutig.

Wo aber sollte er ansetzen? Wo die Opfer finden? Die Geschäftsführung gab ihm dezente Hinweise.

Wozu gab es schließlich die ständigen Beurteilungen? Ursprünglich gedacht, um den Mitarbeitern einen fortwährenden Stand ihres Ansehens im Unternehmen zu geben, entwickelten sich die Beurteilungen jetzt zum Mittel der Exekution.

Die ihnen zugedachte Aufgabe erfüllen die gesammelten Zwischenzeugnisse ohnehin nicht. Die Vorgesetzten der unters Raster gelegten Mitarbeiter schweigen, wenn sie reden müßten. Über jede Beurteilung sollen sie mit dem Mitarbeiter sprechen. Aber sie finden nicht die Zeit. Sagen sie. Tatsächlich fehlt ihnen der Mut. Das ist gewöhnlich so, und das war in diesem Fall so. Friedhelm Hohenhaus beobachtete »unglaubliche Berührungsängste« der Vorgesetzten.

Jetzt wurden diese den Beurteilten verschwiegenen Bewertungen hervorgesucht und daraus die Argumente für die Trennung gefiltert.

Gleichzeitig erhielt der Personalchef den Auftrag, Stellenbeschreibungen zu verändern. In aller Stille. So sahen sich Mitarbeiter über Nacht auf einem Posten, der ihrer bisherigen Funktion nicht mehr entsprach. Mit ein paar Veränderungen schob sie das Unternehmen auf die Abschußrampe.

Es nutzte Hohenhaus wenig, sich gegen diese Strategie zu

sperren. Seine Hinweise, daß ein solches Verfahren nicht zulässig sei, daß es gegen den Manteltarifvertrag verstoße, bewirkten nichts. Er selbst aber sah sich zunehmend isoliert. »Je länger unsere Zusammenarbeit dauerte, desto weniger sprach der Geschäftsführer mit mir.«

Nicht die von ihm geforderten Entlassungen waren es, die Hohenhaus in den Widerstand treten ließen. Es waren die Willkür und die Rücksichtslosigkeit, die die Geschäftsführung von ihm erwartete. Hatte er eine Trennung durchgesetzt, hagelte es anschließend Vorwürfe wegen der Höhe der Abfindung: »Wieviel haben Sie dem Mann gezahlt? Keinen Pfennig hätte der von mir bekommen. Den hätte ich vorgeführt, daß er um seine Entlassung gebettelt hätte.«

Nach dem Urlaub krank

Manche Entlassung erfüllte Hohenhaus sogar mit Genugtuung. So wie der Fall eines Meisters in Eßlingen. Ein tüchtiger Schwabe war das, fleißig und gewitzt. Fleißig brachte er allerdings auch die gelben Scheine ins Haus, auf denen ihn sein Arzt krankschrieb. Der wackere Meister fehlte häufiger als jeder andere in seinem Bereich. Auffallenderweise meist nach dem Urlaub. Danach sah der Mann auch wirklich elend aus. Ein Wunder war das nicht. Als der Personalchef ihm auf die Schliche kam, baute er gerade sein drittes Mehrfamilienhaus. In Eigenleistung selbstverständlich. Er hatte sich dem schaffe, spare, Häusle baue allzusehr verpflichtet. Selten genügte der Urlaub für das angesetzte Pensum. Also mußten noch ein paar Krankentage darangehängt werden. Und wenn der Mann aus dem Freizeitakkord zurückkehrte in die tariflich gesicherte Ruhe des Arbeitsplatzes, war er erledigt. Daran gab es keinen Zweifel.

Den Bau seines letzten Hauses konnte der Meister in Ruhe vollenden. Allerdings ohne Hilfe des Unternehmens und des Arztes. Der Betriebsrat half Hohenhaus, den Mann vor die Tür zu setzen. Darauf ist der Personalchef stolz: »Selbst in solch einem Fall habe ich das nicht allein gemacht, sondern mit dem

Betriebsrat. Im Unternehmen darf kein falscher Eindruck entstehen. Sonst wuchern die Gerüchte schnell.«

Die Gerüchte kursierten ohnehin. Längst wußten die Mitarbeiter, daß kein Arbeitsplatz mehr sicher war. Bei seiner Fahndung nach Kandidaten für einen raschen Abschied hatte Hohenhaus »die Geschäftsstellenleiter aufgefordert, ihre Truppen zu durchleuchten«. So etwas bleibt nicht verborgen. Und nicht ohne Erfolg. Die Anrufe kamen regelmäßig. »Wir haben wieder ein Opfer«, bürgerte sich als einleitende Formel ein. Meist folgte jedoch eine mangelhafte Begründung. »Dann mußte eben nachgeholfen werden, mit allen Tricks«, sagt Friedhelm Hohenhaus.

»Finden Sie einen Vorwand«

Er hätte einen Leitspruch über seinen Schreibtisch hängen können: »Finden Sie einen Vorwand.« Dort, wo andere im Silberrahmen die Fotos von Frau und Kindern stehen haben, hätte diese Aufforderung seines Geschäftsführers ihren Platz gehabt. Mit jedem Tag machte sie sich etwas größer und breiter. Sie verlängerte sich um den Zusatz: »Es gibt immer einen Grund. Einer findet sich bestimmt. Sie müssen nur suchen. Und zwar richtig suchen.« Und wurde zur Drohung: »Auch woanders wird entlassen. Ich muß Ihnen doch nicht sagen, wie man das macht. Sie sind der Personalchef. Lassen Sie sich etwas einfallen.«

Da war dann ausgesprochen: Wenn alle Gründe nicht ausreichten, dann sollte er seine Phantasie einsetzen. Die Schublade mit den Tricks aufziehen. Den Inhalt kannte er: Die Köder der Fallensteller, die in die Aktentasche gelegte Bohrmaschine, die Fallstricke aus Routine mißachteter Vorschriften, das Schnüffeln in der Vergangenheit.

Aber Friedhelm Hohenhaus wollte diese Schublade nicht aufziehen. Es müsse andere Möglichkeiten geben, sagte er sich. Auch eine Trennung sollte menschlich sauber sein.

Aber: Über Patentrezepte verfügt niemand. Um anständige Lösungen sind alle Personalchefs verlegen. Wer in Krisenzeiten in diesem Job überleben will, darf sich nicht zu fein sein. Sonst wird aus dem Jäger bald ein Gejagter. Das wußte auch Hohenhaus. Aber er war an seinen Grenzen angelangt: »Da wird überall nach Hausrezept gemauschelt. Das wollte ich nicht mitmachen.«

Die Kündigung eines Mitarbeiters, der seit 17 Jahren für das Unternehmen tätig war, wurde zum letzten Fall des Personalchefs Friedhelm Hohenhaus. Der Mann galt stets als zuverlässig, pünktlich und fleißig. Nur etwas langsam war er in der letzten Zeit geworden. Und etwas sehr nachdenklich nach seiner Scheidung. Mit dem bekannten »Wir haben wieder ein Opfer« hatte einer der Geschäftsstellenleiter den Mann benannt. Die Begründung blieb wie stets mangelhaft. Weil sie fehlte, wurde nach bewährtem Hausrezept nachgeladen. Der bis dahin als untadelig geltende Mann geriet über Nacht in den Ruf eines Versagers, dessen Unfähigkeit das Unternehmen nicht mehr länger mitschleppen könne.

Auf dieser Klaviatur wird gerne gespielt: Mache den anderen schlecht, auf daß du moralisch wieder sauber dastehst.

Die Methode ist durchsichtig und dennoch immer wieder verblüffend wirksam. Auch in diesem Fall. Selbst die Kollegen hatten auf einmal Gedächtnislücken. Warum hatten sie den Mann eigentlich als tüchtig angesehen? Ja, hatten sie das überhaupt? Mußten sie nicht all die Zeit seine schlechten Leistungen ausbügeln?

Schon im ersten Gespräch erkannte Hohenhaus, wie wenig stabil der Mann war: »Um den mußte man sich Sorgen machen. Er war 49 Jahre alt und sah keine Zukunft mehr für sich.« Hohenhaus versuchte mit einer akzeptablen Abfindung einen weichen Ausstieg. Vier Wochen nach seinem letzten Arbeitstag erhängte sich der Mann.

Für Friedhelm Hohenhaus »war der Rubikon überschritten. Wahrscheinlich wäre der Zeitpunkt auch ohne diesen schrecklichen Tod erreicht gewesen. Aber nun ging es endgültig nicht mehr weiter.«

Hohenhaus schrieb seine Kündigung. Bevor ihm gekündigt wurde. Er kam der Geschäftsleitung zuvor, »weil ich keine Loser-Situation schaffen wollte. Denn wenn ich noch länger geblieben wäre, ich hätte mein Gesicht verloren. Eine Aufgabe, die ich ethisch nicht tragen kann, will ich nicht. Ich bin zufrieden, daß ich Flagge gezeigt habe. Auch wenn es jetzt schwierig ist.«

Denn jetzt ist er Personalleiter ohne Personal. Er zweifelt, ob er jemals wieder diese Aufgabe übernehmen wird. Denn diese Feststellung trifft er ohne Selbstmitleid: »Andere auf dem Posten sind härter.«

Nichts geht mehr

Die drei weisen Affen sind gar nicht so klug. Sie wollen nichts hören, nichts sehen, nichts sagen. Auf der Mauer eines hinduistischen Tempels mag das weise sein. Wer nichts hört, sieht und sagt, wird in Ruhe gelassen.

Im Management ist das verderblich. Dennoch scheinen viele Manager nach dieser indischen Maxime zu handeln. Wenn ihr Arbeitsplatz in Gefahr gerät, stellen sie sich taub, sehen nicht die Zeichen an der Wand und schweigen.

Dabei sollten sie in Zeiten wie diesen doppelt und dreifach aufmerksam sein. Verblüfft registrieren Personalberater jedoch immer wieder das Gegenteil: Obwohl der tägliche Blick in den Wirtschaftsteil der Zeitungen genügt, um zu erkennen, wie aus drohenden Zeichen bittere Wirklichkeit geworden ist, stellen sich viele Manager blind. Sie haben das Prinzip Hoffnung verinnerlicht. Outplacer Eberhard von Rundstedt überrascht dieses Gottvertrauen stets aufs neue: »Jeder liest die Trauernachrichten über seine Firma in der Zeitung, aber keiner bezieht sie auf sich. Selbst wenn bekannt ist, daß das Unternehmen zehn Prozent der leitenden Positionen abbauen will, glaubt niemand, unter diesen zehn Prozent zu sein.«

Die professionellen Beschwichtiger der großen Unternehmen unterstützen diese Tendenz. So beruhigte Daimler Benz noch, während es bereits auch auf den Teppich-Etagen qualmte, allenfalls werde der Vorruhestand ab 58 und die natürliche Fluktuation zu einem Abbau auf dieser Ebene beitragen.

Eine solche Strategie verfolgt nur einen Zweck: Ruhe ist aus

Sicht des Unternehmens die erste Managerpflicht. Vor allem wenn es brennt. Das Unternehmen will den Gang der Dinge bestimmen. Und vor allem, wer geht. Diese Strategie aber ist gefährdet, wenn sich verunsicherte Manager zum Absprung bereit machen.

Sie sollten es tun. Im eigenen Interesse. Wer bis zur Selbstaufopferung stillhält, verliert im bangen Abwarten die Distanz. Dank wird er nicht ernten. Im Gegenteil. Zauderer gibt es ohnehin ausreichend. In Krisenzeiten muß zuallererst die eigene Krise registriert werden. Wer hofft, sich mit der bewährten Tagesordnung über die Runden zu retten, wird zum Verlierer.

Schuh im Rücken

Eigeninitiative ist angesagt, nicht das Warten auf ein Wunder. Das probateste Mittel, der drohenden Kündigung zu entgehen, ist die eigene Kündigung. Rechtzeitige Umschau im Markt sichert den Fortgang der Karriere. Das bedeutet zwar den Verzicht auf eine mögliche Abfindung, aber die kann die Kontinuität der Karriere ohnehin nicht ersetzen. Bei Neueinstellungen bevorzugen die Unternehmen nun einmal Leute, die den Staffelstab rechtzeitig wechseln, die sich warmgelaufen aus einer ungekündigten Stelle auf die andere schwingen.

Nur wenige Unternehmen handeln so sauber wie Henkel oder BP. Beide lassen dem Manager noch sechs Monate Zeit bis zum endgültigen Abgang. Der Öl-Konzern BP schmiert das Verfahren noch besser. Dort nimmt auch derjenige die Abfindung mit, der von sich aus geht, wenn wieder einmal Stellen gestrichen werden.

Wer erst einmal raus ist, muß erklären, warum ihn der vorherige Arbeitgeber nicht mehr wollte. Das bedeutet: Er geht grundsätzlich mit ein paar Meter Rückstand an den Start. Die aufzuholen, wird um so schwieriger, je mehr Läufer auf der Strecke sind.

Die Konkurrenz ist erheblich härter geworden. Der Stellenmarkt in den deutschen Tageszeitungen schrumpfte um mehr als ein Drittel. Auf eine Anzeige in der »FAZ«, auf die bisher 30 Bewerber reagierten, melden sich heute im Schnitt 150. Personalberater, die pro Woche drei bis vier Stellenangebote auf den Tisch bekommen, schaufeln in der gleichen Zeit 150 Anfragen von einem Korb in den anderen.

Nur wer selbst für gute Startbedingungen sorgt, kann mithalten. Der Fatalismus, den der Geschäftsführer der Union leitender Angestellter, Jürgen Borgwardt, beobachtet, ist fehl am Platz: »Viele wiegen sich in Sicherheit und sehen nicht, was sich über ihnen zusammenbraut. So mancher glaubt bis zum Schluß, es sei der Marschallstab, der ihn im Rücken drückt, dabei war es die Schuhsohle des Vorgesetzten.«

Wer fragt, gewinnt. Nicht immer. Auch nicht immer öfter. Aber häufig. Manager, die glauben, die ersten kritischen Signale empfangen zu haben, tun gut daran, sich nach ihrem Ansehen zu erkundigen. Dazu gehört Courage, aber wer im Top-Match mitspielt, sollte ohnehin couragiert sein. Zumal bei solch einer Anfrage nicht viel zu verlieren, aber Sicherheit zu gewinnen ist. Sollten die Signale mißverstanden worden sein, ist der Job nicht gefährdet, droht auch keine Gefahr durch solch eine Anfrage. Aber der vermeintliche Druck weicht. Stimmte aber die Interpretation, dann wandelt sich Mutmaßung in Gewißheit. Der Manager kann sich durch Frühstart von der Abschußrampe bringen.

Kommt es aber zum Countdown, bewahrt nur frühzeitige Information über Rechte und Ansprüche vor fatalen Verlusten. So unvorbereitet, wie beide Seiten häufig in das erste Kündigungsgespräch gehen, so mangelhaft sind häufig auch die Kenntnisse über die rechtliche Situation.

Das nahm schon bei der Formulierung des Arbeitsvertrags seinen Anfang. Als der DGB die Arbeitsverträge leitender Angestellter einer Untersuchung für wert hielt, schüttelten die Arbeitsrechtler dort ungläubig die Köpfe: »Man kann sich nur wundern, worauf leitende Angestellte sich bei Vertragsabschluß einlassen.«

Die Gewerkschafter würden sich noch mehr wundern, wenn sie ihr Augenmerk einmal auf die Kündigung leitender Angestellter richteten. Wenn verhindert werden soll, einem vorgeblich schlechten Mann gutes Geld nachzuwerfen, holzen Unternehmen wie im rechtsfreien Raum.

Welche Kündigung wann?

Drei Arten der Kündigung kann das Unternehmen aussprechen:

- betriebsbedingt
- verhaltensbedingt
- personenbedingt

Betriebsbedingte Kündigungen sind möglich, wenn komplette Hierarchieebenen gestrichen werden. Oder aber ganze Bereiche geschlossen werden müssen, weil das Unternehmen sich nur noch geschrumpft im Markt behaupten kann. Die Fusion mit anderen Betrieben kann die gleiche Auswirkung haben. Oder aber die Rationalisierung. Selbst die positive Variante, die Ausweitung und Erschließung neuer Tätigkeitsfelder, kann zu betriebsbedingten Kündigungen führen.

Falls sich die Bedingungen im Markt oder gegenüber den Wettbewerbern ändern, kann dies ebenso Anlaß zur betriebsbedingten Kündigung sein wie die Entwicklung neuer Technologien. Hinzu kommen Einflüsse von außen: neue Bestimmungen zum Umweltschutz, wirtschafts- und sozialpolitische Maßnahmen. Oder weltpolitische Krisen.

Die Spannbreite ist also groß. Vor Gericht ist im Streitfall nur nachzuweisen, daß eine unternehmerische Entscheidung vorliegt, in deren Folge Arbeitsplätze entfallen. Werden externe Ursachen zur Begründung herangezogen, überprüft das Gericht diese Rechtfertigung. Ob die unternehmenspolitische Entscheidung richtig oder falsch ist, beurteilen die Arbeitsrichter nicht. Sie erheben allenfalls Einspruch, wenn die Maßnahme ganz offensichtlich unsinnig oder willkürlich ist. Die Absicht, durch Kündigungen schlicht die Lohnkosten senken zu wollen, reicht nicht aus. Erst wenn zugleich die Organisation neu gestaltet wird, ist die Voraussetzung für die betriebsbedingte Kündigung gegeben. Und das auch nur, wenn innerhalb des Betriebs kein gleichwertiger Arbeitsplatz frei ist.

Die Unternehmen meiden die betriebsbedingte Kündigung für leitende Angestellte. Obgleich sie damit kurzfristig billiger davonkämen. Aber sie blieben nicht alleiniger Herr der Lage. Bei der Sozialauswahl hat der Betriebsrat mitzureden. Der aber läßt sich von anderen Kriterien leiten als das Management. Eingedenk der Tatsache, daß jüngere Kräfte flexibler sind und größere Chancen im Arbeitsmarkt haben, läßt sich der Betriebsrat von dem Prinzip »last in – first out« leiten. Gerade aber die jüngeren sind es meist, die das oberste Management halten möchte.

Manche Unternehmen machen dennoch den Versuch, bei einer betriebsbedingten Massenentlassung zugleich auch eine Flurbereinigung in der Etage der Leitenden durchzuführen. Gezielt picken sie sich mißliebige Bereichs- oder Abteilungsleiter heraus. Doch ein gewiefter Anwalt findet bald die Punkte, die das falsche Spiel transparent machen. Er wird zwar damit seinen Mandanten nicht von der Abschußrampe retten können, aber statt mit einer kargen Entschädigung nach Sozialplan geht der mit der besser ausgestatteten Abfindung. Das setzt allerdings sehr starke Nerven voraus. Wer gehen muß, weil viele mit ihm gehen, braucht seine eigenen Leistungen nicht in Zweifel zu ziehen. Wer aber einen Sonderweg neben dem Exodus der Menge wählt, muß den Grund der Kündigung auf sich selbst lenken.

Das Vorrecht, die Auswahl treffen zu können, lassen sich die Unternehmen jedoch lieber etwas kosten. Nicht die Zahl der Köpfe, sondern das Ansehen des einzelnen Kopfes gibt den Ausschlag. Selektion aber ist ohne Abfindung nicht zu haben.

Bei der betriebsbedingten Kündigung geht der leitende Angestellte ohne Abfindung. Im Gegensatz zum Kollegen von der Werkbank, der mit der vom Betriebsrat über den Sozialplan ausgehandelten Abfindung die Firma verläßt.

Bei der personenbedingten Kündigung funktioniert der Schutzmechanismus nicht mehr, der bei der betriebsbedingten den Selbstwert unberührt läßt. Die Gründe der Trennung werden stets auf die Person zugeschnitten, die verabschiedet wird. Auch dann, wenn der tatsächliche Grund woanders liegt. Im Bedarfsfall wird die Vertrauensbasis für gestört erklärt.

Eine personenbedingte Kündigung kann gegeben sein, wenn sich die Aufgabe des Betroffenen grundlegend ändert und ihm nicht zugetraut wird, die neue Aufgabe auszufüllen.

Oder der Manager ändert sich im Laufe der Jahre. Und mit ihm sein Führungsverhalten.

Auch Faktoren, die der Betroffene nicht selbst beeinflussen kann, führen zur personenbedingten Kündigung. Der Wechsel des Vorgesetzten ist eine der häufigsten Ursachen. Plötzlich stimmt die Chemie nicht mehr. Oder das gute Verhältnis zum bisherigen Vorgesetzten kehrt sich um zum Makel.

Letztendlich sind auch Chefs entgegen einem landläufigen Vorurteil nicht gegen einen Wandel der Persönlichkeit gefeit. Auch sie können ihren Führungsstil wechseln. Mitarbeiter, die das nicht rechtzeitig wahrnehmen, wandeln sich unmerklich zu Antiquitäten: von eingeschränktem Nutzwert.

Oder der Manager versucht, was gestern richtig war, auch zum Wert für die Gegenwart zu machen. Er gerät darüber in Widerspruch zu seinem Chef. Wer auf dem alten Kurs zu hart bleibt, muß weichen.

Die personenbedingte Kündigung macht einen Leistungsträger nicht über Nacht zur Niete. Auch wenn ihm dieser Stempel verpaßt werden soll. Aufgaben ändern sich. Der Mensch nicht unbedingt. Viele bleiben bei dem einmal erprobten Erfolgsrezept und merken erst, wenn es zu spät ist, daß es nicht mehr gilt.

Anderenorts aber können genau die alten Erfolgsrezepte wieder passen. Oder doch modifiziert benötigt werden.

Personenbedingt braut sich hinter vielen Rücken eine üble Mixtur aus Intrige und Mißgunst zusammen. Seilschaften mit kompletten Friedhöfen im Keller veminen ganze Büroetagen. Einzeltäter dosieren ihr Gift vorsichtig, aber stetig. Die Kündigung des Opfers ist am Ende »personenbedingt«.

Je länger ein Manager die deutsche Tugend der Treue zu einem Betrieb pflegt, desto mehr nutzt er sich ab. Vorzüge werden schnell als selbstverständlich genommen, die Ecken und Kanten aber wirken immer eckiger und kantiger. Die Defizite bauschen sich auf, bis der ganze Mann nur noch als einziges Defizit durch den Betrieb läuft.

Nur wer zum Wechsel bereit ist, entgeht auf Dauer der Gefahr der Kündigung.

Innerhalb von 30 Minuten ist sicherlich nicht alles gesagt. Aber alles, worauf es beim ersten Kündigungsgespräch ankommt.

Personalberater haben für dieses 30-Minuten-Drama folgendes Szenario geschrieben:

Handelnde Personen: der Manager, dessen Abgang bevorsteht. Nach Möglichkeit ein Mitglied der Geschäftsleitung (weil es den Abgang beschloß und begründen kann), der Personalchef (weil die Fortsetzung ohnehin bei ihm spielt), der Linienvorgesetzte.

Ort der Handlung: das Büro dessen, der kündigt.

Zeitpunkt der Handlung: möglichst am Wochenanfang. Niemals am Freitag nach 17 Uhr. Das würde die Situation unnötig verschärfen, denn der Betroffene hat in der Regel keine Chance mehr, mit seinem Anwalt zu sprechen, sich notwendige Unterlagen aus dem Personalbüro zu besorgen. Der Geschaßte und seine Familie bleiben hilflos allein übers Wochenende. Das sorgt für zusätzliche Verbitterung.

Ablauf der Handlung: Das entscheidende Stichwort – die Absicht zur Trennung – muß innerhalb der ersten zehn Minuten fallen. Möglichst eher. Denn der Eiertanz zuvor wirkt ohnehin nicht überzeugend. Zumal bei der Besetzung. Da muß der Delinquent sowieso ahnen, was die Stunde geschlagen hat.

Der Dialog. Personalberater schreiben Sätze wie diesen für das Mitglied der Geschäftsleitung ins Drehbuch: »Wir haben ja schon mehrfach darüber gesprochen, und Sie sehen ja wohl selbst, daß es so nicht mehr weitergeht. Natürlich haben wir gründlich geprüft, ob es eine andere Verwendung für Sie gibt, aber offen gesagt, sehen wir für Sie keine Einsatzmöglichkeit. Deshalb müssen wir heute über eine Trennung sprechen.«

Ist das einmal ausgesprochen, sollte der Betroffene die Möglichkeit haben, über seine Empfindungen zu sprechen, die Begründung der Kündigung zu erfragen. Die Antwort sollte keine Auflistung der gesammelten Sünden sein. Der Mann, von dem sich das Unternehmen trennen will, hat in der Vergangenheit durchaus auch Verdienste erworben. Auch sie sollten genannt werden. Weil, so argumentieren Personalberater, die Schwachpunkte dadurch glaubhafter werden.

Diskussionen über die Berechtigung der Begründung gehören nicht in dieses Gespräch. Der Gekündigte ist in diesem Moment ohnehin am Boden zerstört. Er wird Probleme haben, sachlich zu argumentieren. Und die Gegenseite hat ihre Argumente lange genug festgezurrt. Sie läßt jetzt nicht mehr mit sich diskutieren. Besser ist es, gegenteilige Auffassungen vorerst einmal im Raum stehen zu lassen. Selbst wenn in Einzelpunkten später einmal eine Annäherung der unterschiedlichen Beurteilungen möglich sein sollte, in diesem ersten Gespräch wird sie mit Sicherheit nicht erreicht. Dazu ist es emotional zu stark aufgeladen. Besonders dann, wenn persönliche Gründe angeführt werden.

Nachstehende Platitüden möchten Personalberater ganz aus dem Drehbuch gestrichen sehen: »Ich weiß, was Sie empfinden.« »Sie werden sicher bald einen adäquaten Job finden.« »Sie werden die Kündigung noch als Befreiung einstufen.«

Selten klaffen Wunsch und Wirklichkeit so weit auseinander wie bei derartigen Gesprächen. Der Gekündigte stuft solche abgedroschenen Sätze als das ein, was sie für den Kündigenden sind: wohlfeile Phrasen. Sie verfolgen nur den Zweck, das Gewissen dessen zu beruhigen, der die Kündigung ausspricht. Nur in seinen Ohren klingen sie positiv. Darum sind sie wohl unausrottbar.

Ebenso auf die Streichliste gehören die Versuche, die Schuld an der Trennung auf einen abwesenden Vorstand oder Gesellschafter zu schieben. Die haben ihren Beschluß erst aufgrund der Argumente gefaßt, die ihnen zugetragen wurden. Der Zuträger aber ist das Gegenüber im Trennungsgespräch. Er erhält erst das Kommando »Feuer frei«, nachdem er das Geschütz geladen hat.

Das gleiche gilt für leere Versprechungen, mit denen die harte Entscheidung etwas weicher ausgepolstert werden soll. Beispielsweise, innerhalb der Firmengruppe nach einer anderen Aufgabe Ausschau zu halten oder sich bei anderen Firmen für einen neuen Job zu verwenden. Hätte ein solches Versprechen Substanz, wäre zumindest im ersten Fall bereits die Alternative überprüft und konkret zu benennen.

Nimmt der Personalchef an dem Trennungsgespräch teil, kann er die sachlichen Konsequenzen formulieren. Schon am Anfang eines gut vorbereiteten Abschieds sollten die Bedingungen schriftlich vorliegen. Das hilft dem Gekündigten. Die Eröffnung der Trennung löst immer einen Schock aus. Wer aus diesem Gespräch geht mit dem Wissen, daß er gehen muß, hat Probleme, sich an Einzelheiten zu erinnern.

Checkliste für die Trennung

In ein sauber vorbereitetes Papier gehören Angaben über

- die Laufzeit des bestehenden Vertrags und die sich daraus ergebenden Kündigungsfristen. Der Termin der Kündigung muß eindeutig benannt sein;
- die noch anstehenden Vergütungen und Ergebnisbeteiligungen;
- Angaben über die Höhe der Abfindung (gesetzliche oder freiwillig zu vereinbarende) und die Zahlungsweise;
- Zeitpunkt der Freisetzung (sofortige Freistellung oder erst dann, wenn eine neue Position gefunden wurde);
- Bereitschaft des Unternehmens, den Mitarbeiter vorzeitig gehen zu lassen, falls dieser vor Ablauf eine neue Anstellung findet;
- Festlegung einer Teilvergütung des bis zum Vertragsende noch zahlbaren Gehalts, falls der Mitarbeiter vorzeitig aus dem Vertrag ausscheiden möchte;
- weitere Nutzung des Büros;
- Feststellung von Wettbewerbsverbot und Zahlungsverpflichtungen;
- Fortbestand der betrieblichen Altersversorgung;
- Aussagen zur weiteren Verwendung des Dienstwagens (Kann er bis zum regulären Vertragsende weiter genutzt werden? Zu welchen Bedingungen kann er überschrieben werden?);
- Nutzung der Dienstwohnung;
- Übernahme der Kosten für einen Berater (nach eigener Wahl?) bei der Suche nach einer neuen Aufgabe;

- Referenzen, mit denen das Unternehmen den Weg in eine neue Aufgabe ebnen will;
- Zeitpunkt und Form der Bekanntgabe der Trennung;
- verbindliche Zusage eines qualifizierten Zeugnisses.

Sind diese Punkte geklärt, kann darüber gesprochen werden, ob die Trennung einseitig oder im beiderseitigen Einvernehmen erfolgen soll. Dem Mitarbeiter wird daran gelegen sein. Aber er kann sich darauf nur einlassen, wenn er seine rechtlichen Grundforderungen als erfüllt ansehen kann.

Und dann ist da noch die sogenannte Sprachregelung. Was sagt man dem staunenden Publikum? Wie soll es von dem bevorstehenden Abgang erfahren? Und welche gemeinsame Lesart der Trennungsgeschichte will man ihm vorlegen? Das muß abgestimmt sein. Differenzen oder gar Widersprüche in den Versionen machen mißtrauisch. Das kann dem freigesetzten Manager schaden, wenn er sich auf die Suche nach einer neuen Aufgabe macht.

Letzter Akt: der Abgang. So allein wie nach dem Kündigungsgespräch ist ein Mensch selten. Mit dem Gefühl, gescheitert zu sein, wird er in der Regel sich selbst überlassen. Soll er wieder in sein Büro gehen? Wie kann er den Kollegen und Mitarbeitern ins Gesicht sehen? Was soll er sagen, wenn er ohne Vorankündigung schon mittags das Haus verläßt? Vorgesetzte, die ein Kündigungsgespräch mit Anstand vorbereitet haben, haben auch an diesen Moment gedacht. Sie machen Vorschläge für die nächsten Stunden. So wird es ihnen jedenfalls empfohlen. Die Praxis sieht anders aus, wenn der Vorhang fällt.

Trotzdem: Ruhe bewahren

Die gepriesene Partnerschaft endet meist in dem Augenblick, in dem die Kündigung ausgesprochen wird. Jedenfalls erkennbar. Für den Betroffenen unsichtbar wurden die Fäden in der Regel schon früher zerschnitten. Beim nachfolgenden Feilschen sitzt der Betrieb immer am längeren Hebel. Ihn interessiert nicht mehr die Mappe mit den Belobigungsschreiben und Dankesbriefen, die alljährlich mit der Gratifikation kamen. Er will, daß der Mitarbeiter möglichst geräuschlos von der Bühne verschwindet. Für den Mitarbeiter aber geht es um die Sicherung der Existenz. Wenn auch nicht im bisherigen Unternehmen, so doch in einer unbekannten Zukunft. Er muß sich zwar verständigungsbereit zeigen, gleichzeitig aber darauf achten, daß seine Rechte gewahrt bleiben.

Durch das eigene Verhalten sind die Verhandlungen zu beeinflussen. Es setzt Maßstäbe, die auch die Gegenseite nicht unbeachtet lassen kann.

Ruhe, Loyalität und Distanz schaffen die besten Voraussetzungen. Wer damit droht, den Streit in die Öffentlichkeit zu tragen, schadet meist nur sich selbst. Er liefert der Gegenseite willkommene Munition. Die Pflicht zur Verschwiegenheit gilt bis zum letzten Tag und darüber hinaus. Anderenfalls kann aus der fristgerechten Kündigung eine fristlose werden.

Angestellte Manager dürfen sich nicht aus dem Gleichgewicht bringen lassen, wenn ihnen der abgelaufene Arbeitsvertrag unter die Nase gehalten wird. Das besagt nämlich in der Regel gar nichts. Auch bei leitenden Angestellten nicht, die selbständig einstellen und entlassen dürfen. Ihre Entlassung muß zwar nicht begründet werden, aber ein ordentliches Kündigungsverfahren ist in jedem Fall notwendig.

Ausnahmen bilden hier lediglich die Verträge von Organen, als Geschäftsführer einer GmbH oder eines Vorstands und dessen Stellvertreter. Das Bundesarbeitsgericht tat sich schon schwer, eine solche Ausnahme auch für die Stars unter den Sporttrainern zuzulassen. Den Vertrag eines schlichten Leistungsträgers hat bisher kein Bundesrichter in dieser Frage abgeklopft. Der Kölner Arbeitsrechtler Ulrich Weber begründete das im »manager magazin« drastisch: »Keiner hat bisher gewagt, diese Verträge bis zum Bundesarbeitsgericht kommen zu lassen. Das wäre wohl auch ein Mordversuch am Senat. Die würden sich totlachen.«

Lediglich wenn bei Abschluß des Vertrags ein Grund für die Befristung genannt wurde, gilt der Vertrag nur während seiner Laufzeit. Ist diese Begründung nicht gegeben, kann der Arbeitgeber nicht vor Ablauf kündigen. Und wenn die bei Abschluß des

Vertrags vereinbarte Frist erreicht oder überschritten ist, bedeutet das noch nicht zwangsläufig das Ende des Arbeitsverhältnisses. Ohne Widerspruch setzt er sich automatisch ohne jede Frist fort. Ist eine solche automatische Fortsetzung bereits im Vertrag zeitlich fixiert, sind die dort angegebenen Termine einzuhalten. In jedem Fall aber gilt die gesetzliche Kündigungsfrist. Gerade in diesem Punkt führt Unkenntnis auf beiden Seiten immer wieder zu problematischen Mißverständnissen.

Bis zum letzten Tag?

Herrscht hier Klarheit, muß darüber gesprochen werden, wie die Zeit bis zum endgültigen Ausscheiden gestaltet werden soll. Gerade bei Mitarbeitern mit großer Verantwortung wird der Arbeitgeber nicht erwarten, daß sie bis zum letzten Tag an ihrem Schreibtisch bleiben. Er wird es auch gar nicht wünschen. Denn so verschlossen ist keine Tür, daß nicht doch etwas von der bevorstehenden Trennung auf die Flure dringt. Der dadurch entstehende Schaden ist auch für das Unternehmen größer als der Nutzen durch den Einsatz der Arbeitskraft. Es ist also durchaus keine großzügige Geste, wenn die sofortige Freistellung angeboten wird.

Für den Mitarbeiter ist sie ohnehin eher schädlich. Denn er hat keine Chance mehr, sich aus dem bestehenden Arbeitsverhältnis heraus um eine andere Aufgabe zu bewerben.

Sollte er jedoch vorerst bleiben können, muß auch geklärt werden, ob der Mitarbeiter vorzeitig gehen kann, wenn er eine andere Aufgabe gefunden hat. Und wie lange das Unternehmen noch bereit ist, ihn zu bezahlen. Ohne Anrechnung auf die Abfindung.

Alle noch ausstehenden außerordentlichen Zahlungen, wie Tantiemen, müssen bereits zu Beginn der Kündigungsgespräche aufgelistet und dem Arbeitgeber vorgelegt werden. Geschieht dies nicht oder verspätet, besteht die Gefahr, daß sie nicht mehr anerkannt werden.

Der Arbeitgeber sollte um schriftliche Auskunft darüber gebeten werden, welche steuerlichen Folgen der Vergleich hat. Das gleiche gilt für die sozialrechtlichen Konsequenzen und für die Altersversorgung. Sollte der Arbeitgeber das nicht vorlegen, muß eine solche Auskunft über die zuständige Versicherung eingeholt werden. Das funktioniert meist nicht gleich beim ersten Anstoß und dauert eine Weile, aber soviel Zeit muß sein, bevor der Aufhebungsvertrag unterschrieben wird.

Die eigene Betroffenheit ist kein guter Ratgeber. Ein Anwalt sieht die Angelegenheit klarer. Und er hat mehr Erfahrung. Deshalb sollte ein Rechtsanwalt sofort eingeschaltet werden, sobald die Absicht der Trennung auf dem Tisch liegt. Die Gegenseite hat es mit einiger Sicherheit bereits vorher getan, auch wenn deren Rechtsbeistand beim ersten Gespräch noch nicht dabei ist.

Zudem gilt hier: Vertrauen ist gut, Zeugen sind besser. Nach Verhandlungen unter vier Augen kann das Unternehmen in einem Prozeß den Mitarbeiter, der in seinem Auftrag die Kündigung aussprach, als Zeugen aufführen. Der Gefeuerte aber steht ohne Zeugen da. Es sei denn, er hat einen Anwalt die Verhandlung für sich führen lassen.

Zur vollsten Zufriedenheit

Zur vollsten Zufriedenheit fällt das Zeugnis selten in der ersten Version aus. Jede Formulierung ist dabei auf die Goldwaage zu legen. Schließlich soll das Zeugnis das Entrée beim nächsten Arbeitgeber verschaffen. Wortklauberei aber ist nicht empfehlenswert. Denn leicht wird beim Stochern in abgegriffenen, aber gängigen Formulierungen der Gesamteindruck des Zeugnisses außer acht gelassen. Der entscheidet über die Wirkung wesentlich.

Es reicht nicht aus, wenn nur die Position im Zeugnis genannt wird. Etwas mehr Liebe zum Detail sollte schon erkennbar sein. Allerdings auch nicht so genau, wie in einer Stellenbeschreibung. Das verwirrt nur. Die wichtigsten Hauptaufgaben müssen aufgelistet sein. Und zwar so, daß auch erkennbar ist: Dieser Mitarbeiter handelt von sich aus aktiv. Er wickelt nicht nur die ihm übertragenen Aufgaben ab. Davon zeugen Worte wie »erledigte«, »lenkte«, »leitete«, »verbesserte«, »optimierte«. Das Gegenteil liest der Empfänger aus Formulierungen wie »wurde ihm übertragen«, »ihm oblag«. Das läßt sich nur noch steigern durch das bekannte »er hat sich stets bemüht«.

Vom Zeugnis erwarten der Beurteilte und der spätere Empfänger eine klare Einschätzung der erbrachten Leistung. Darum muß es erkennbar machen, wie stark die Leistungsbereitschaft ausgeprägt war, ob Initiative und Engagement entwickelt wurden, ob der Beurteilte zielstrebig arbeitete. Ein weiteres Kriterium sind die Fähigkeiten, die dem Beurteilten zugeschrieben werden: Belastbarkeit, Stabilität in Streßsituationen, Auffassungsgabe, die Bereitschaft zur Weiterbildung. Das Zeugnis muß ebenfalls Aussagen zur Arbeitsweise enthalten: Sorgfalt, Zuverlässigkeit, Systematik. Maßstäbe für den Erfolg der Arbeit sind Qualität, Quantität und letztlich Aussagen darüber, wie die Arbeit zu verwenden war. Und schließlich gehören in das Zeugnis Angaben über die Mitarbeiterführung, über die Leistung und die Zufriedenheit der geleiteten Gruppe oder des Bereichs.

Der Wunsch nach einer Änderung des Zeugnisses läßt sich leichter durchsetzen, wenn entsprechende Unterlagen vorhanden sind. Existiert ein Zwischenzeugnis, ist das nahezu ideal. Die Formulierung eines Zeugnisses gehört ohnehin zu den wenig geliebten Aufgaben. Deshalb wird gerne auf den Text eines Zwischenzeugnisses zurückgegriffen. Das erspart den neuerlichen Gedankenflug. Und da Zwischenzeugnisse meist freundlicher ausfallen – schließlich bleibt der Beurteilte noch im Unternehmen – wirkt sich die Übernahme des Textes positiv auf das Zeugnis aus. Auch früher geschriebene Dankesbriefe oder Belobigungen können den Anspruch auf eine Verbesserung des Zeugnisses untermauern.

Schließlich: Wer bereits weiß, für welche Aufgaben er sich mit dem Zeugnis bewerben will, sollte darauf achten, daß die Schwerpunkte herausgestellt werden, die aus der bisherigen Position förderlich für die angestrebte Aufgabe sind.

Das Wettbewerbsverbot

Wettbewerbsverbote legen etwa 25 Prozent der leitenden Angestellten in deren Arbeitsverträgen goldene Fesseln an. Besonders Mitarbeiter in Forschung und Entwicklung binden die Unternehmen gerne an die kurze Leine. Ihre Formeln und Kniffe der Entwicklung nutzen der Konkurrenz mehr als das Know how der über ihnen agierenden Bosse. Der Fachmann wird zwar schlechter bezahlt als der Generalist, aber sein Wissen ist kostbarer.

Dennoch wird gerade in diesem Punkt nichts so heiß gegessen, wie es gekocht wird. Besonders dann, wenn das Unternehmen den Mitarbeiter zum Aufbruch zu neuen Ufern veranlaßt. Die Unternehmen kommen in Beweisnot, wenn sie ein »schutzwürdiges Interesse« begründen sollen. Schließlich ist die Berufsfreiheit in Artikel zwölf des Grundgesetzes fest verankert. Um diese Freiheit einzuschränken, bedarf es schon sehr triftiger Gründe, die belegen, daß der Mann hochsensibles Wissen zur Konkurrenz trägt.

Zudem wird das Wettbewerbsverbot den Unternehmen rasch zu teuer. Sie müssen den gesperrten Mitarbeiter bezahlen, auch wenn sie ihn nicht beschäftigen. Den Preis bestimmt die Dauer des Wettbewerbsverbots. Unter 50 Prozent der letzten Gesamtbezüge darf er nicht liegen. Wenn tatsächlich einmal vor Gericht darüber gestritten werden sollte, hat der Entlassene meist die Richter auf seiner Seite.

Die große Enttäuschung

Enttäuschung ist die erste Reaktion auf die Eröffnung der Kündigung. 60 Prozent der gefeuerten Manager beschreiben ihren ersten Schock so. Sie verlassen die Stätte ihrer Niederlage mit dem Gefühl, hintergangen worden zu sein, tief verletzt und hilflos. Sie wissen: Sie gaben ihr Bestes. Und sie mußten erfahren, wie das mit wenigen Worten zunichte gemacht wird.

Wut löst die Kündigung bei 15 Prozent der Gefeuerten aus.

Zehn Prozent geben an, sogar erleichtert gewesen zu sein. Sie haben sich nicht dazu durchringen können, von sich aus zu gehen, obwohl sie schon länger spürten, daß es an der Zeit wäre. Bis ihnen dieser Schritt abgenommen wurde. Fünf Prozent bleiben auch in dieser Situation gelassen. Verzweiflung und Resignation schließlich gehören zu den Gemütslagen, zu denen sich kein Manager unmittelbar nach dem Trennungsgespräch voll bekennt. Zehn Prozent aber gestehen ein, daß sich derartige Empfindungen bereits in die erste Reaktion mischten.

Bis der Schock dieses Gespräches überwunden ist, vergehen Monate. Erst wenn sich eine neue Chance eröffnet, findet der Gekündigte wieder zu sich selbst.

Fast freiwillig: der Aufhebungsvertrag

Es muß nicht immer die Kündigung sein. Eine Trennung in beiderseitigem Einvernehmen ist für beide Seiten eleganter. Gelingt es, befriedigende Modalitäten auszuhandeln, ist einem Aufhebungsvertrag der Vorzug zu geben. Damit bleibt der Rausschmiß zwar ein Rausschmiß, aber die Flugbahn hat eine weichere Linie.

Als Vertrag zwischen zwei Parteien geht er vor dem Abschluß keinen Dritten etwas an, weder den Betriebsrat noch irgendwelche Ämter. Da eine gütliche Regelung jedoch häufig erst mit kräftigem Nachdruck zustande kommt, kann ein Aufhebungsvertrag auch das Ergebnis eines Vergleichs vor dem Arbeitsgericht sein.

Wer in einen Aufhebungsvertrag einwilligt, muß sich vorher über die rechtlichen Konsequenzen im klaren sein. Ist dem Vertrag erst einmal zugestimmt worden, ist er verbindlich. Ein Widerruf wirkt nur dann, wenn zuvor eine entsprechende Klausel vereinbart wurde. Einem vereinbarten Vertrag kann aber auch dann widersprochen werden, wenn ihm unter erheblichem Druck zugestimmt wurde. Der ist bereits gegeben, wenn für den Fall der Verweigerung mit der Kündigung gedroht wird. Und diese Keule schwingen die Arbeitgeber häufig, wenn nicht schon der erste vorbereitete Entwurf eines Aufhebungsvertrags akzeptiert wird.

Der Aufhebungsvertrag sollte folgende Punkte enthalten:

- Zeitpunkt der Beendigung des Arbeitsverhältnisses. Neben der Kündigungsfrist sollten dabei die Auswirkungen auf die Sozialversicherung und steuerliche Aspekte bedacht werden. Auch die optische Wirkung nach außen ist zu bedenken.
- Die Möglichkeit des vorzeitigen Ausscheidens auf Wunsch des Betroffenen. Sie kann jeweils zum Ende eines Monats mit einer Ankündigung von 14 Tagen vereinbart werden. Auf diese Weise ist der Weg offen, ein eventuelles Angebot einer anderen Firma kurzfristig anzunehmen.
- Bedingungen der Freistellung. Bei einer unwiderruflichen Freistellung für die Restlaufzeit des Vertrags werden die monatlichen Bezüge weiter bezahlt. Restliche Urlaubsansprüche werden durch die Freistellung nicht automatisch erfaßt. Soll das der Fall sein, müssen sie ausdrücklich erwähnt werden.
- Die Abfindung. Neben der Höhe der Abfindung sollten der Zahlungstermin und die steuerlichen Regelungen genau benannt werden. Ferner ist für den Fall eines vorzeitigen Ausscheidens die Erhöhung der Abfindung um die noch bis zum endgültigen Kündigungstermin anfallenden monatlichen Bezüge zu vereinbaren.
- Andere Bezüge. Nicht eindeutig geregelt ist, ob andere Bezüge wie Tantiemen auf den Zeitraum der Freistellung anzurechnen sind. Das muß ausgehandelt werden und, um späteren Ärger zu vermeiden, im Aufhebungsvertrag eindeutig formuliert werden.
- Wettbewerbsverbot. Ist im Arbeitsvertrag ein nachvertragliches Wettbewerbsverbot enthalten, sollte es mit dem Aufhebungsvertrag ausdrücklich aufgehoben werden. Damit verbunden ist dann der Verzicht auf die Karenzentschädigung.
- Betriebliche Altersversorgung. Die Unverfallbarkeit einer bestehenden betrieblichen Altersversorgung ist in den Vertrag aufzunehmen. Bei zehnjährigen und älteren Anwartschaften darf der Arbeitgeber sie nicht als Kapitalabfindung auszahlen. Es sollte geprüft werden, ob es sinnvoll ist, die durch den Betrieb abgeschlossene Direktversicherung fortzuführen. Ist das gegeben, ist eine entsprechende Vereinbarung in den Auf-

hebungsvertrag aufzunehmen. Auch über die anfallenden Übertragungskosten ist Einigung herzustellen.

- Büronutzung. Bewerbungen aus einem bestehenden Arbeitsverhältnis sind erfolgreicher. Die Nutzung des Büros und dessen Einrichtungen zu diesem Zweck bis zum endgültigen Kündigungstermin sollten vereinbart werden.
- Dienstwagen. Er sollte in dem bis dahin geübten Umfang auch für private Fahrten bis zum endgültigen Ausscheiden genutzt werden können. Enthält der Arbeitsvertrag einen Passus über die dienstliche und private Nutzung des Fahrzeuges, ist der Fall klar. Der Wagen muß bis zum Ablauf der Vertragsfrist überlassen werden. Einschließlich der Benzinkosten und der anfallenden Reparaturen. Es sei denn, im Vertrag wurde ausdrücklich festgelegt, daß der Wagen nach einer Abberufung oder Freistellung unverzüglich zurückzugeben ist.
- Dienstwohnung. Auch die Frist über das Wohnrecht in der eventuellen Dienstwohnung und die anfallenden Umzugskosten sind im Aufhebungsvertrag aufzunehmen.
- Zeugnis. Das Zwischenzeugnis sollte bereits vorliegen, wenn der Aufhebungsvertrag unterzeichnet werden soll. Die Ausstellung eines Schlußzeugnisses, das inhaltlich dem Zwischenzeugnis gleicht, ist zu vereinbaren. Das Unternehmen sollte sich im Aufhebungsvertrag verpflichten, Auskünfte nur im Sinne des Zeugnisses zu geben.
- Öffentliche Bekanntgabe. In welcher Form und mit welchem Wortlaut die Öffentlichkeit von der Trennung unterrichtet wird, ist zwischen den Vertragsparteien abzustimmen.

Ein guter Anwalt zahlt sich aus

Die Roben der Anwälte haben weite Ärmel. Darin ist Platz für manche gute Karte. Ein Rechtsanwalt sollte nicht erst zu Rate gezogen werden, wenn es zum letzten Gefecht vor das Arbeitsgericht geht. Wer von Beginn an einen Spezialisten an seiner Seite hat, vermeidet Fehler, die ihn teuer zu stehen kommen.

Das Honorar für den Anwalt errechnet sich nach dem Streitwert. Der beträgt bei Angestellten 25 Prozent des Jahreseinkommens. Aus einer Tabelle ist der einfache Gebührensatz zu ermitteln. Bei einem Gehalt von 200 000 Mark und einem Streitwert von 50 000 Mark beträgt die Gebühr 1239 Mark. Sie wird bei einem Vergleich mit drei multipliziert. In der ersten Instanz hat jede der Parteien ihren Rechtsvertreter selbst zu bezahlen. Das sind in dem genannten Beispiel 3717 Mark.

Unberücksichtigt bleibt dabei jedoch, wieviel Zeit der Anwalt investiert und welche Abfindung er für seinen Mandanten herausschlägt. Da die Rechtsanwälte ihrerseits das nicht gerecht finden, können sie bei solchen Größenordnungen von der Regel abweichen und Stundensätze in Rechnung stellen. Die sind dann bei den Spitzenanwälten ihres Fachs auch Spitze: 400 bis 500 Mark.

Das finanzielle Risiko eines solchen Streits läßt sich durch eine Rechtsschutzversicherung begrenzen. Bei Vertragsabschluß sollte allerdings darauf geachtet werden, wann für die Versicherung der Schadensfall eintritt. Häufig erkennen sie ihn erst dann an, wenn die Kündigung bereits vorliegt. Den vorsorglichen – und damit besseren – Rat zahlt der Mandant dann aus eigener Tasche.

Druck erzeugt Gegendruck

Wer einen anständigen Abschied bekommt, muß sein Recht nicht vor dem Kadi suchen. Aber beim Streit um die Abfindung haben häufig die Richter das letzte Wort. Was die Abfindung nicht unbedingt üppiger macht. Denn die Gerichte orientieren sich an den gesetzlichen Mindestabfindungen.

Wenn das Unternehmen nicht den Anstand hat, von sich aus eine Abfindung anzubieten, die den Verlust des Arbeitsplatzes einigermaßen ausgleicht, dann muß der Arbeitnehmer jenen Druck erwidern, der auf ihn ausgeübt wird. Dazu ein paar Kunstgriffe aus der Praxis:

- Geschäftsführer und Vorstände mögen die harten Stühle im Arbeitsgericht gar nicht. Sie werden auch nicht so gerne mit einem Rechtsstreit gegen einen ihrer Mitarbeiter in Verbindung gebracht. Werden sie zur Parteivernahme vor den Richter zitiert, kann das die Bereitschaft zu einem Vergleich erhöhen.

- Das gleiche gilt, wenn Kunden des Unternehmens geladen werden sollen, um Zeugnis abzulegen über die Leistung des Gekündigten. Das Unternehmen wird dies dem Kunden kaum zumuten wollen.
- Der Kündigung folgt vielfach die sofortige Freistellung. Rechtlich ist das nicht zulässig, es sei denn, ein solcher Fall ist ausdrücklich im Vertrag vorgesehen. Der sofortigen Freistellung kann mit einer einstweiligen Verfügung widersprochen werden. Das ist angeraten, wenn zwischen der Freistellung und dem Termin einer ordentlichen Kündigung noch eine erhebliche Frist liegt. Wird die Weiterbeschäftigung von dem Unternehmen als störend angesehen, fördert ein solcher Schritt die Bereitschaft zur Zahlung einer akzeptablen Abfindung. Die einstweilige Verfügung muß sofort nach der Freistellung beantragt werden. Allerdings erkennen nicht alle Gerichte die Eilbedürftigkeit an.
- Der Anspruch auf Weiterbeschäftigung besteht auch, wenn der klagende leitende Angestellte den Prozeß in der ersten Instanz gewonnen hat. Wird dieses Recht bereits mit der Kündigungsschutzklage gefordert, erhöht das den Druck auf den Arbeitgeber zu einer raschen Einigung.

Einer zahlt, zwei haben den Nutzen

Outplacement – der abgefederte Rauswurf

Ihre Dienstleistung ist häufig hilfreicher, als die Bezeichnung ihrer Arbeit vermuten läßt: Outplacement-Berater. Wenn nichts mehr geht, dann kommen sie. Mit der Verheißung eines Neubeginns aus den Trümmern einer gescheiterten Beziehung. Zur Begrenzung des Schadens im Unternehmen und als Starthelfer für das Opfer der Trennung.

Seriöse Outplacement-Berater wehren sich gegen das Image, Vollstrecker zu sein. Aber zweifelhafte Nachfrage fördert auch zweifelhafte Anbieter.

In der großen Entlassungswelle wittern einige ihr Geschäft. »Zunehmend«, so Jürgen Borgwardt, Hauptgeschäftsführer des Verbands der leitenden Angestellten, beobachte er »das Auftauchen von Outplacement-Beratern, die sich als Beerdigungsunternehmer betätigen.«

Selten allerdings formuliert ein Outplacer sein Angebot an die Unternehmen so eindeutig wie in diesem Fall: »Je mehr es gelingt (bei der Trennung), das Selbstwertgefühl der zu kündigenden Mitarbeiter zu erhalten, desto mehr läuft der Unternehmer Gefahr, Zugeständnisse zu machen und sich anzubiedern. Zunächst muß er aber die Interessen seines Unternehmens vertreten. Falsche Solidarität ist hier fehl am Platze: Und auch ein schlechtes Gewissen sollte er sich hier nicht leisten.«

Warum auch. Der Verfasser dieser Werbebotschaft für seine Dienste hatte schließlich auch kein schlechtes Gewissen. Und für den Zweifelsfall biedert er sich an, alles zu übernehmen, was dem Auftraggeber ein schlechtes Gewissen bereiten könnte.

Outplacer sprechen vorzugsweise über ihre Dienste am Opfer des Rausschmisses. Ihren Service für die Initiatoren lassen sie gerne unter den Tisch fallen. In ihrer intensiven Öffentlichkeitsarbeit wirbt die junge Branche mit der Trennung auf die sanfte Tour. Dabei übergeht sie geflissentlich den, der ihren Service bezahlt: das Unternehmen, das sich von einem gut dotierten Mitarbeiter trennen will. Das honoriert dafür nicht zu knapp.

Peitsche und Zuckerbrot

Die Dienstleister des internationalen Marktführers Drake Beam Morin Inc. (DBM) definieren ihre Aufgabe so: »Outplacementberatung hilft dem Unternehmen durch professionelle Betreuung des Mitarbeiters, von dem es sich zu trennen wünscht. Ziel der Beratung ist die berufliche Neuorientierung. Outplacement-Berater werden im Auftrag des Unternehmens aktiv, leisten den Personalverantwortlichen Hilfestellung beim Trennungsgespräch und unterstützen den freigestellten Mitarbeiter durch systematische Arbeit am Aufbauprogramm zur beruflichen Neuorientierung.«

Peitsche und Zuckerbrot liegen im Behandlungsbesteck der Outplacer traulich beieinander. So, als sei dies das selbstverständlichste Sortiment der Welt. Auch die Reihenfolge: erst abschießen, dann wiederbeleben.

Oder ist das doch nicht so selbstverständlich? Die Mehrzahl der Outplacer zieht es vor, in Deckung zu bleiben, bis der Rausschmiß offenkundig ist. Da werden Termine sorgsam abgestimmt: Erst das Kündigungsgespräch, dann taucht zwei Stunden später der zuvor engagierte Outplacer bei dem Opfer auf. Nichts wird als peinlicher empfunden, als die zufällige Begegnung auf dem Flur, wenn der Outplacer vom Auftraggeber kommt und der Klient in spe zu seinem Kündigungsgespräch geht.

Weil aber die Unternehmen die Dienstmänner entlohnen, dürfen sie auch mehr verlangen. Beispielsweise daß die Outplacer bei der unangenehmen Aufgabe der Kündigung Schützenhilfe leisten oder diese ganz und gar übernehmen. Einige Berater machen entsprechende Offerten. Gegen doppelten Honorarsatz erbieten sie sich, das erste Kündigungsgespräch zu führen. Wer feuern will, ohne Schmauchspuren an den Händen zu haben, läßt eben feuern. Wie das mit dem Vertrauen, das Outplacer bei ihrem späteren Klienten gewinnen sollen, in Einklang zu bringen ist, bleibt allerdings ihr Geheimnis. So lauter, wie in den Hausbroschüren ausgewiesen, können die Absichten solcher Outplacer wohl nicht immer sein.

In Deckung

Die Mehrzahl der Outplacement-Berater zieht es deshalb vor, sich den Delinquenten nach Verkündung der Trennung zuführen zu lassen. Eleganter, wenn auch nicht mit einer gesicherten Erfolgsquote gesegnet, ist das Verfahren, dem künftigen Klienten die Wahl des Beraters zu überlassen. Den bezahlt das Unternehmen dann zwar auch, das zu überwindende Mißtrauen aber ist geringer.

Denn der vom Beginn an eingeschaltete Outplacer hat bereits mit der Firmenleitung oder dem Personalchef gesprochen. Dort hat man ihm ein Bild der Persönlichkeit und der wirtschaftlichen Situation des künftigen Klienten gezeichnet. Es ist nicht unbedingt zu erwarten, daß es ausgesprochen neutral ausgefallen ist.

Der Outplacer seinerseits instruiert Firmenleitung oder Personalchef, gibt Tips für das Trennungsgespräch und die Modalitäten, die anschließend auszuhandeln sind.

Als Leistungen für die Unternehmen nennt der Outplacement-Berater Eberhard von Rundstedt (DBM Deutschland):

- Im Rahmen einer konsequenten Personalpolitik zeigt das Unternehmen eine interessante Perspektive für verdiente Mitarbeiter auf, die im Unternehmen keine Entwicklungsmöglichkeit mehr haben.
- Der »inneren Kündigung« altgedienter Mitarbeiter kann zuvorgekommen werden. Scheinlösungen wie Aufgabenreduzierung, Versetzung und Übertragung von Sonderaufgaben werden vermieden.
- Teure Fehlbesetzungen können problemlos korrigiert werden,

Aufstiegspositionen für erfolgversprechende Nachwuchskräfte werden freigemacht.

- Die Trennungssituation wird entdramatisiert. Der innerbetriebliche Arbeitsfrieden und das Arbeitsklima bleiben unberührt.
- Das Unternehmen kann durch Verkürzung der Restlaufzeiten Kosten einsparen.
- Unangenehme, langwierige und kostspielige Rechtsstreitigkeiten können vermieden werden.
- Das Unternehmen beweist den Mitarbeitern gegenüber soziale Verantwortung – auch über das Anstellungsverhältnis hinaus.
- Die Glaubwürdigkeit der Geschäftsleitung bezüglich ihrer sozialen Verpflichtung auch gegenüber den anderen Mitarbeitern wird gestärkt.
- Das Unternehmen vermeidet innerbetriebliche wie auch externe Imageschäden.
- Die Führungsstrukturen des Unternehmens können neuen Anforderungen angepaßt werden.

Zahlen und sparen

Übereinstimmend lieben die Outplacer ihre Berufsbezeichnung nicht. Dabei stammt sie von ihnen selbst. Und etwas wirksam Besseres ist ihnen bis heute nicht eingefallen. Eberhard von Rundstedt beklagt: »Wir müssen von dieser Bezeichnung wegkommen. Outplacement heißt herausplacieren. Damit bekommen wir ein Image, als machten wir mit den Personalchefs gemeinsame Sache. Dabei bieten wir Hilfe zur beruflichen Neuorientierung. Wir sind nicht die Dienstleister für die Großkopferten der Nation.« Tatsächlich beginnt die wesentliche Arbeit der Outplacer erst, wenn die Trennung vollzogen ist.

Für ihr Honorar aber müssen die Outplacer auch den Firmen etwas bieten. Nur aus Anstand oder schlechtem Gewissen blättert kein Unternehmen ein paar zigtausend Mark auf den Tisch. Die Honorare schwanken zwischen 15 und 35 Prozent des letzten Jahreseinkommens. Die 35 Prozent, die ein Frankfurter Berater in

Rechnung stellt, gelten in der Branche allerdings als unerhörte Ausnahme.

Doch auch so läppern sich erkleckliche Summen zwischen 15 000 bis 50 000 Mark zusammen. Weil jüngere Kräfte leichter zu vermitteln sind, berechnen einige Berater ihre Bemühungen nach einer Preisstaffel: Bis 45 Jahre 15 Prozent, für ältere Klienten 20 Prozent. Zudem stellen die Outplacer eine Sachkostenpauschale zwischen 3000 und 4000 Mark in Rechnung. Dafür darf der Klient ein Büro mit der guten Adresse des Beraters nutzen, die Sekretärin beschäftigen, telefonieren und bekommt auch schon mal mit freundlichem Lächeln einen Kaffee an den Schreibtisch. Es ist also beinahe wie ehedem im Büro.

Unternehmen, die ihrem verdienten Mitarbeiter von gestern den Vorzug einer Outplacement-Beratung zugestehen, werden niemals zugeben, daß sie hoffen, durch ihre Großzügigkeit in Wahrheit sogar noch zu sparen. Soziale Verantwortung für den Mitarbeiter klingt einfach besser als Verantwortung für das Sparschwein. Deshalb verweisen Outplacer auch verschämt, aber nachdrücklich auf ihren Sparbeitrag hin. Durch ihre Bemühungen, so argumentieren sie, lassen sich lange Restlaufzeiten der Verträge abkürzen, weil sie den Kandidaten schneller in eine neue Position hieven.

Nahezu jede Kündigung wirkt erst einmal schädlich. Sie schafft Unruhe unter den im Betrieb bleibenden Mitarbeitern und sorgt für negativen Gesprächsstoff bei Kunden und Lieferanten. So etwas setzt sich fest. Meist findet der Gekündigte eine neue Aufgabe in derselben Branche. Und er wird nicht immer schweigen, wenn er wieder in Lohn und Brot ist. Zu den Unternehmen, die daraus die Konsequenz gezogen haben, gehört Coca Cola. Dort hält man die Millionen, die jährlich für Image-Kampagnen ausgegeben werden, für vergeudet, wenn sich gleichzeitig herumsprechen sollte, daß das Unternehmen rücksichtslos mit geschaßten Managern umspringt.

Derartige Schäden des Images zu dämpfen, führen die Outplacer als wichtigstes Argument gegenüber den Unternehmen an. Mit nur langsam wachsendem Erfolg. Für Outplacer ist Deutschland immer noch Entwicklungsland. Offensichtlich sind die Personalverantwortlichen unerschütterlich in ihrer Überzeugung, die Verantwortung für den Mitarbeiter ende an der Türschwelle. Auch wenn er in dem Unternehmen seine besten Jahre verbrachte.

Weil nur Erfolg Erfolge schafft, geben Outplacer an, ihre Aufträge aus 30 bis 40 Prozent der deutschen Großunternehmen zu erhalten. Andere Untersuchungen kommen lediglich auf 25 Prozent. Die Firmen selbst aber hüllen sich in Schweigen. Als sei es ein peinliches Geständnis, bekennt kaum ein Personalchef, sich der Dienste eines Outplacers bedient zu haben. Es kündigen anscheinend immer nur die anderen.

Hinter dieser Mauer des Schweigens boomt die Branche trotzdem. Bis zu 30 Prozent Umsatzplus vermelden die Outplacer. Das ist zwar angesichts der großen Freisetzung von Führungskräften immer noch wenig, aber andere Personalberater müssen sich gegenwärtig weitaus bescheidener geben.

In den USA gehört Outplacement längst zum festen Bestandteil der Personalpolitik. In einigen Bereichen setzen fast alle Unternehmen Outplacer ein. Verhältnisse wie in Großbritannien scheinen hierzulande noch ferne Utopie. Dort bekannten sich 84 Prozent der bei einer Untersuchung befragten Unternehmen zum Outplacement. Die britischen Outplacer streichen denn auch 50 Prozent des Umsatzes ein, den die Branche in Europa macht. Der Gesamtumsatz wird auf 90 Millionen Mark jährlich geschätzt. Auch in den Niederlanden und in Frankreich sind die Entwicklungshelfer des Abschieds erheblich besser im Geschäft. Sie kassieren weitere 35 Prozent des europäischen Umsatzes. In den Niederlanden gehört Outplacement teilweise ausdrücklich zu den Bestandteilen von Sozialplänen.

Nimmt man nicht den Umsatz, sondern die Zahl der betreuten Klienten zum Maßstab, so wie es die Dachorganisation der Landesverbände europäischer Outplacement-Gesellschaften

(E.A.O.) tut, rücken die Niederlande sogar an die Spitze der Tabelle. Die Outplacer dort betreuen zwar nicht die teuersten Manager, aber die meisten. Mit 4800 Fällen pro Jahr oder statistisch berechnet 823 Beratungen auf eine Million Beschäftigte sind die dortigen Outplacer absolute Spitze. Diese Elle angelegt, folgen Großbritannien, die Schweiz, Frankreich, Belgien, Schweden, Norwegen, Dänemark, Finnland.

Und die Wirtschaftsnation Deutschland? Die dümpelt hinterher. Sie bringt es mal gerade auf 30 Beratungen bezogen auf eine Million Beschäftigte. Oder 750 konkrete Fälle 1992. Oder auf 15 Prozent des Umsatzes, den sich die heimischen Outplacer mit den Kollegen im restlichen Europa teilen müssen, nachdem die größten Stücke des Kuchens in Großbritannien, den Niederlanden und Frankreich aufgeteilt wurden.

Abstinenz der Personalmanager

Solche Abstinenz muß Gründe haben. Die offenbaren deutsche Personalmanager, wenn 96 Prozent von ihnen eingestehen müssen, für unfreiwillig scheidende Mitarbeiter keine Maßnahmen zur Betreuung über die Türschwelle hinaus parat zu haben. Sie sind sich zwar der Probleme bewußt, mit denen der einstige Kollege zu kämpfen hat, dennoch befanden es 90 Prozent nicht der Mühe wert, sich auch nur Gedanken über eine geordnete, systematische Betreuung zu machen.

Angesichts der großen Zahl gekündigter Leistungsträger kann etwas nicht stimmen, wenn die Zeitschrift »personal« eine Untersuchung veröffentlicht, nach der 48 Prozent der befragten Unternehmen antworteten, sie würden sich nicht für Outplacement entscheiden, weil sie zuerst die Möglichkeit der innerbetrieblichen Umsetzung überprüften. Mit Sicherheit wäre das der weitaus verantwortungsbewußtere Weg. Aber was ist, wenn sich die Möglichkeit nicht realisieren läßt? Dann hat man eben geprüft, ist nicht fündig geworden – und das war es dann?

Weitere 22 Prozent der Personalleiter gaben auf die gleiche Frage an, Outplacement sei zu aufwendig. Eigentlich können damit nur die Kosten gemeint sein. Denn Outplacer bieten ihre Dienste ja gerade mit dem Argument an, dem Unternehmen Arbeit abzunehmen. Das ist so wie bei Befragungen zum Inhalt von Tageszeitungen. Angeblich lesen nahezu alle den Leitartikel. Das macht einen guten Eindruck. Aber nur sehr wenige wissen, was drinsteht. Weil die Antworten bei einem Copy-Test selten der vollen Wahrheit entsprechen.

Der Vorwand, Outplacement sei zu aufwendig, darf deshalb wohl getrost mit zu teuer gleichgesetzt werden. Zu dieser klaren Aussage aber fanden sich nur 7,5 Prozent der Unternehmen bei einer Umfrage der Outplacer bereit. Beide Aussagen addiert, ergeben immerhin 30 Prozent. Das kommt der Wahrheit sicherlich nahe, denn schließlich sind Kündigungen von Führungskräften auch häufig ein Zeichen knapper Kassen. Für elf Prozent der Personalchefs schließlich macht Outplacement überhaupt keinen Sinn.

Ist das sträfliche Ahnungslosigkeit? Rücksichtslosigkeit? Inkompetenz? Gleichgültig, welcher Antwort der Vorzug gegeben wird, die Folgen sind gleich schlimm. Wenn Führungskräfte gefeuert werden, herrscht vielfach das Faustrecht der Steinzeit. Noch immer glaubt mancher Verantwortliche der Personalpolitik, eine fette Abfindung heile alle Wunden.

Eine grundlegende Änderung ist nicht in Sicht. Aber immerhin lassen doch einige Personalchefs Einsicht erkennen. Bei einer Untersuchung im Auftrag der Unternehmens-Beratung Dr. Stoebe, Kern & Partner befragt, warum ihr Unternehmer keinen Outplacer einsetzt, gestanden 13 Prozent ein, es mangele der Firma an Problembewußtsein gegenüber den Betroffenen. Weitere 16 Prozent personifizieren das Manko. Den Entscheidungsträgern, begründen sie die Enthaltsamkeit ihres Unternehmens, sei nicht klar, welche Probleme der Gefeuerte bei der Suche nach einer neuen Aufgabe zu überwinden habe. Das Eingeständnis an sich ist noch keine Besserung. Auch nach der Beichte wird weiter gesündigt.

Die überwiegende Zahl der Personalchefs jedoch zeigt sich ahnungslos. Entweder sie wissen nichts über Outplacement (22 Prozent) oder sie sind nur schlecht informiert (ebenfalls

22 Prozent). Die Kosten schließlich halten 18 Prozent davon ab, diesen Service einzusetzen.

Tatsächlich ist das Wissen über Outplacement gar nicht oder nur mangelhaft vorhanden. Auch bei Führungskräften, die meinen, diese Dienstleistung zu kennen. Wer weiß, daß er nichts weiß, weiß immerhin, daß er nichts weiß. Wer aber meint, etwas zu wissen, weiß vielfach noch nicht einmal, daß er nichts weiß.

Dienstleister für schwere Fälle

Outplacer mögen das ihnen nachgesagte Bild vom Vollstrecker nicht. Sie sind schließlich keine Jobkiller. Gekündigt wird auch ohne sie.

Die Berater selbst sehen sich eher in der gegenteiligen Position, als diejenigen, die den Gestrauchelten wieder aufrichten und zu einem neuen Job verhelfen. Dennoch schreibt Dieter Schulz, Geschäftsführer der Meta:Consult in Wiesbaden und seit 1979 als Outplacer im Geschäft in einer Abhandlung: »Generell ist wohl die Motivation für den Einsatz von Outplacement heute noch weitgehend eine negative, daß heißt, es dient als willkommene Unterstützung, vorhersehbare Schwierigkeiten zu vermeiden, unmittelbar drohenden Schaden abzuwenden.«

Einmal Outplacement heißt nicht immer Outplacement. Die Dienstleister werden vornehmlich gerufen, wenn es brennt, wenn es gilt, knifflige Fälle zu lösen. Wenn bei Fusionen oder Stillegung ganzer Bereiche saubere Schnitte anstehen, die das Gewissen weniger belasten, verzichtet das Personalmanagement oder die Betriebsführung gerne auf den Service.

Wer ohne Nachruf geht, geht auch ohne Dienstleistung. Den Unternehmen scheinen die Dienstmänner nur dann ihr Geld wert zu sein, wenn sie ein drohendes schlechtes Image in der Öffentlichkeit abwenden können. Oder wenn es keine ersichtlichen Gründe für die Trennung gibt.

Noch einmal Dieter Schulz: »Gerade wenn sich Dinge über einen längeren Zeitraum hinweg aufgebaut haben, ist der eigentliche Auslöser oft nur noch minimal. Wenn die Konflikte vorher aber nie angesprochen wurden, wenn das Unternehmen vielleicht sogar den Fehler gemacht hat, den Mitarbeiter bewußt oder unbewußt in Sicherheit zu wiegen, etwa durch den Versuch des ›Weglobens‹, den der Mitarbeiter als normale Beförderung in Anerkennung der Leistung interpretiert hatte, dann besteht im Fall der Trennung ein akuter Argumentationsnotstand. Der Mitarbeiter ›fällt aus allen Wolken‹, und Outplacement ist das einzige Mittel, ihm eine ›weiche Landung‹ zu ermöglichen oder anders gesagt, das Getöse, das ein harter Aufprall zwangsläufig mit sich bringt, zu verhindern.«

Die Gründe für das Anheuern eines Outplacers durch die Unternehmen sind damit offensichtlich. Vornehmlich geht es darum, Schaden vom Unternehmen abzuwenden. Oder komplizierte Fälle diskret und schnell zu einem Ende zu bringen. Die vielzitierte soziale Verantwortung gibt es zwar. Auch. Aber unter ferner liefen. Wieder einmal zeigt sich: Der Mensch ist Mittel. Punkt.

Die Unternehmen verkaufen das natürlich ganz anders. Meist sind es die Personalchefs, die die Betreuung durch einen Outplacer mit ins Angebot zur Trennung packen. Die würden es kaum schaffen, auch nur eine Mark locker zu machen mit dem Argument, damit sei das Gewissen zu beruhigen. Ins polierte Bild der Corporate Identity paßt die soziale Verantwortung sehr viel besser. Und so rangiert sie als von den Firmen genanntes Motiv ganz vorne an. Auch auf den beiden nächsten Plätzen folgen Begründungen, die den Gekündigten umsorgen: das Lebensalter und die lange Betriebszugehörigkeit.

Erst dann denkt der brave Personalmanager an die Firma selbst, an den vermiedenen Schaden für das Betriebsklima, an das Image. Richtig handfest wird es erst auf den drei letzten Plätzen der Skala, warum ein Outplacer ins Haus geholt wurde. Er erspart unter Umständen einen langen Rechtsstreit, ohnehin wickelt er die Trennung schneller ab und senkt am Ende auch noch Kosten dabei.

Die gefeuerten Manager sehen das anders. Sie sind überzeugt, daß doch so etwas wie ein Gewissen in dem Unternehmen schlägt, das sie verlassen mußten. Um das Gewissen des Unternehmers, Vorstandes oder Personalchefs zu beruhigen, wurde ihnen nach ihrer Auffassung der Sonderdienst des Outplacers zuteil. Gleich danach rangiert die Sorge um das Image, gefolgt vom Willen zur schnellen und billigen Trennung. Nur eine Minderheit ist fest davon überzeugt, daß das Unternehmen ihnen mit dem Outplacer helfen wollte.

Hirten der Wiederauferstehungsgemeinde

Die Väter des Outplacements erfanden ihre Dienstleistung zweimal. Das Erstgeburtsrecht liegt in den Vereinigten Staaten. Unabhängig davon wurde der Gedanke in Deutschland ein zweites Mal entwickelt. Mit verblüffenden Übereinstimmungen. Verwunderlich ist das jedoch nicht. Beide Väter des Outplacements waren ehedem hochdotierte Manager. Beide erlebten am eigenen Leibe den jähen Absturz aus der Karriere. Und beide erarbeiteten schließlich ein Konzept, nach dem die Opfer des Karriereknicks wieder in Lohn und Position zu führen sind.

Als erster Outplacer gilt Tom Hubbard. Der ehemalige Direktionspräsident gründete bereits 1969 in New York die Beratungsfirma »THinc«. Dabei konnte er auf Erfahrungen zurückgreifen, die bei der Standard Oil in New Jersey und in der amerikanischen Luftfahrtindustrie gemacht worden waren. Deren Personalabteilungen hatten bereits ein Konzept zur weiteren Betreuung ausscheidender Mitarbeiter erarbeitet. Sie nannten es »Outplacement«. Vorbild für diese Personalmanager wiederum waren Regierungsprogramme, mit denen nach dem Zweiten Weltkrieg aus der Armee ausscheidenden Soldaten der Start ins Zivilleben erleichtert werden sollte.

Nach den von Hubbard erprobten Rezepten arbeiten heute nahezu alle Hirten der Wiederauferstehungsgemeinde für Manager. Auch in Deutschland. Schwerpunkt aber blieben die USA. Der Größte der Branche, Drake Beam Morin, Inc. (DBM), ist dort beheimatet und operiert weltweit. Mit dreistelligem Millionenumsatz. Die Zahl der in den Staaten durch Outplacer betreuten Führungskräfte übersteigt 100 000.

Nestor des Outplacements

Als der Deutsche Fritz Stoebe im Keller seines Einfamilienhauses in München seine Unternehmens- und Personalberatung eröffnete, hatte er ein eigenes Konzept entwickelt. Nicht um sich zu unterscheiden, sondern weil er bis 1979 nichts von der Dienstleistung in den Staaten wußte. Davon hörte er erst, als seine Strategie für eine »Fachberatung für Positionswechsel im Management« stand.

Fritz Stoebe hat solche Positionswechsel mehrfach durchleiden müssen. Er berichtet darüber in seinem Buch »Outplacement«. Als Personalleiter der Annawerke bei Coburg mußte er gehen, nachdem sein Förderer gestorben war. Das Kabel- und Leitungswerk Neustadt bei Coburg mußte der Organisationsleiter Stoebe räumen, weil sich der Werksleiter übergangen fühlte. Stoebe hatte eine Denkschrift mit dem Titel »Gedanken zur Sozialpolitik im Hause Siemens – einige Erkenntnisse aus dem Metallarbeiterstreik« verfaßt, die im Vorstand kursierte. Als kaufmännischer Leiter bei der G. L. Rexrodt in Lohr am Main mußte er seinen Hut nehmen, nachdem es zwischen den beiden geschäftsführenden Gesellschaftern zu heftigen Auseinandersetzungen gekommen war. Dazwischen wurde Stoebe aufgerieben. Bei der Rheinadelgruppe in Aachen schließlich mußte er nach 15 Jahren als Geschäftsführer seinen Schreibtisch räumen. Seine Position war nicht mehr zu halten, als der Sohn des Unternehmers in die Geschäftsführung eintrat. In der Hierarchie stand Stoebe zwischen Vater und Sohn. Der Konflikt endete mit dem schmerzhaften Abschied Fritz Stoebes. Da war er 55 Jahre alt. Ein neuer Start, so konnte er sich leicht ausrechnen, war problematisch. Wenn nicht unmöglich.

Der Schock, plötzlich auf der Straße zu stehen, gehört zu den festen Lebenserfahrungen des Managers Stoebe. Nahezu jeden Anlaß, der zur Trennung von einem leitenden Mitarbeiter führt, hat er selbst erleben müssen: Verlust des Förderers, Eifersucht, Querelen zwischen Gesellschaftern, Generationenkonflikt. Er kennt das Leid des Verlusts. Er weiß um die Qual des unfreiwilligen Abschieds, er kennt die nagenden Selbstzweifel.

Stoebe machte aus seinen Erfahrungen eine Dienstleistung für andere in ähnlicher Situation. Heute betrachtet er den Verlust seines letzten Arbeitsplatzes als Manager als »die Chance meines Lebens.«

Seine Botschaft an Manager, denen der Boden unter den Füßen weggezogen wird, formulierte er so: »Ich will Ihnen helfen, die negative Erfahrung aus der Trennung schnell zu überwinden, Ihre Fähigkeiten und Talente zu entwickeln, damit Sie nicht als Bittsteller am Arbeitsmarkt auftreten müssen, sondern als ein selbstbewußter Leistungsanbieter und Problemlöser. Auch wenn die Firma die Kosten der Beratung übernimmt, sind Sie mein Klient, dem ich als Coach bis zum Abschluß einer neuen Berufsaufgabe und darüber hinaus zur Verfügung stehen werde.«

Doch auch gute Botschaften lassen sich nur schwer vermitteln, wenn ihre Aussage fremd klingt. Bei den Unternehmen stieß Stoebe anfangs auf Unverständnis, Desinteresse und krasse Ablehnung. Er mußte eine Durststrecke von zwei Jahren durchstehen, ehe er sich einen Markt geschaffen hatte. Auf dem er nicht lange allein blieb.

Fünf große Anbieter bestimmen inzwischen das Geschehen auf dem deutschen Markt:

- DBM Europe, Von Rundstedt und Partner, Düsseldorf
- Dr. Stoebe, Kern und Partner, Ahrensburg
- Meta:Consult, Wiesbaden
- EDW, Gesellschaft für Personalentwicklung und Outplacement, Frankfurt
- Dr. Claessens, Frankfurt

Heute trägt Stoebe den Titel »Nestor des Outplacements in Deutschland«. Auch nachdem er mit 70 Jahren aus dem aktiven Geschäft ausgeschieden ist, verbreitet er mit Nachdruck seine Botschaft von der sanften Trennung.

Mit Sorge sieht er aber auch, wie Unberufene auf den Zug springen. »Outplacement ist kein Beruf für verkrachte Existenzen oder für Manager, die mit ihren Talenten nichts besseres anzufangen wissen und meinen, für die Beratung würde es schon reichen«, wettert der Nestor, und er weiß auch, warum. Zwischen 10 000 und 20 000 Manager verlieren in jedem Jahr in der Bundesrepublik ihren Job, Tendenz steigend. Diese Wiese, auf der zu grasen ist, wirkt verlockend weit und fett. Stoebe will seine Idee nicht verkommen lassen: »Weil Unternehmensberatung ein Beruf ist, der ohne Nachweis einer Qualifikation ausgeübt werden kann, gibt es eine große Zahl sogenannter schwarzer Schafe, die das tun, ohne die Befähigung dafür zu besitzen. Es gibt auch zahlreiche Outplacement-Berater, die darin primär einen Job sehen, um das schnelle Geld zu machen. Ihnen würde man die Qualifikation von Chefberatern für die Humanisierung von Führungskonzeptionen und Vermeidung sozialer Konflikte nicht zusprechen.«

Ebenso scharf geht Nestor Stoebe gegen jene Personalberater vor, die auf zwei Klavieren gleichzeitig zu spielen versuchen, die sich einerseits als Headhunter betätigen und gleichzeitig Outplacement im Angebot haben. Der Interessenkonflikt steckt in der Versuchung, doppelt zu kassieren: Der freigesetzte Manager (für den das Unternehmen, das ihn loswerden will, zahlt) wird auf die freie Stelle vermittelt (für die das Unternehmen zahlt, das einen Manager sucht).

Allerdings machen Unternehmen gelegentlich die Vergabe eines Suchauftrags für einen neuen Manager davon abhängig, daß der alte anderweitig untergebracht wird. Die Kombination beider Dienstleistungen ist wirtschaftlich durchaus vorteilhaft. In den Handbüchern der Personalberater bietet denn auch jeder fünfte die Kombination zwischen Suche und Rausschmiß an. Mit dem »Code of Ethics«, den sich Outplacement-Berater gaben, läßt sich das nicht vereinbaren. Stoebe sieht zumindest dann die Treuepflicht gegenüber dem Auftraggeber nicht gewährleistet, wenn nicht eindeutig auf den doppelten Auftrag hingewiesen wird: »Outplacer müssen Fachgeschäft bleiben und dürfen nicht Gemischtwarenladen werden.«

Unter den seriösen Outplacern finden sich auffallend viele ehemalige Manager, die die traumatische Erfahrung des Rausschmisses selbst erlebt haben. Für den sensiblen Umgang mit den Klienten ist das eine gute Voraussetzung. Das Schreiben von Lebensläufen und der aufrechte Gang ins Bewerbungsgespräch lassen sich auch ohne große Sensibilität mit den Kandidaten trainieren. Outplacer sind aber zudem für einen kurzen, sehr kritischen Moment im Leben ihrer Klienten in der Rolle eines Seelsorgers.

Den Staub vom Spiegelbild weggewischt

Sechs Wochen feilte Peter Kreuzberg an seinem Lebenslauf. Den Rahmen setzten die unabänderlichen Daten zwischen Geburt 1946 und dem Ende der bis dahin letzten Anstellung 1993. Dazwischen die Stationen einer erfolgreichen Karriere vom Ingenieur für Maschinenbau bis zum Bereichsleiter. Das war vorgegeben. Peter Kreuzberg erfand sich nicht neu, als er seinen Lebenslauf schrieb. Aber er empfand sich neu. Jedes Wort klopfte er auf seine Wirkung ab, jeden Punkt, jedes Komma überprüfte er. Zwischen Schrifttypen sortierte er, gestaltete das Layout mehrfach um.

Peter Kreuzberg wollte einen erfolgreichen Lebenslauf. Er sollte für ihn sprechen, ihm neue Chancen eröffnen. Und es war der erste, den er zu schreiben gezwungen war. Bis zu seinem 48. Lebensjahr hatte er keine Bewerbung absenden müssen. Obwohl er mehrfach das Unternehmen wechselte. Jedesmal war er gefragt worden. Mann wollte ihn, und er kam. So einfach war das gegangen. Bis er vor dem Scherbenhaufen seiner Karriere stand und selbst den schmerzvollsten Bruch seines Lebens kitten mußte.

Während der sechs Wochen, die Peter Kreuzberg vor seinem Computer über die Formulierungen seiner Vita grübelte, passierte etwas Unerwartetes: Der Mann entdeckte sich neu. Zum ersten Mal beschäftigte er sich mit sich selbst, dachte darüber nach, warum alles so gekommen war. »Ich habe den Staub von meinem eigenen Spiegelbild weggewischt«, beschreibt er in der Rückschau die Entdeckung seines Ichs. »Zwar wußte ich, daß ich viele Erfolge gehabt hatte, aber ich hatte sie nie sortiert in wichtige und unwichtige. Es war mir nie klargeworden, warum ich diese Erfolge erreicht hatte. Und welche Fehler ich trotz allem gemacht hatte.«

Den Mann, der ihn morgens beim Rasieren aus dem Spiegel anblickte, meinte er zu kennen. Erst in diesen sechs Wochen merkte Kreuzberg, wie wenig er über ihn wußte.

Wahrscheinlich hätte er sich selbst niemals so gründlich befragt, hätte er nicht einen professionellen Trainer zur Seite gehabt. Peter Kreuzberg überwand den Verlust seines Arbeitsplatzes mit Hilfe eines Outplacement-Beraters.

Karriereplanung kannte Peter Kreuzberg nicht, als er in den Beruf startete. Noch nicht einmal gehört hatte er davon. Karriere, das war etwas für Leute mit Abitur und Studium. Aber nicht für so einen wie ihn, der über einen holperigen Pfad stolpern mußte. Ehrgeiz hatte er. Etwas erreichen wollte er. Aber die Voraussetzungen fehlten. So dachte er damals jedenfalls, als er mit dem Zeugnis der Mittleren Reife die Realschule verließ. Mehr hatten seine Eltern nach der Flucht aus Pommern nicht bezahlen können. Für seinen älteren Bruder nicht und damit zwangsläufig auch für ihn nicht.

So einer muß etwas Ordentliches lernen. Für Maschinenschlosser entschied sich Peter Kreuzberg. Warum Maschinenbau, das weiß er heute nicht mehr. Vielleicht, weil sein Stabilbaukasten das einzige Spielzeug war, mit dem er sich als Kind gerne beschäftigt hatte. Erst sehr viel später erkannte er: »Eigentlich bin ich gar kein Techniker.« Was aber seinen weiteren Werde gang vorläufig nicht beeinträchtigte. Vermutlich strebte er schon damals unbewußt zu Höherem. Der zweite Bildungsweg war damals noch keine planierte breite Schneise. Eher ein schmaler Pfad, auf den nur wenige gelassen wurden. Techniker zum Beispiel. Die durften auch ohne kleines Latinum vom Blaumann ins weiße Hemd des Ingenieurs wechseln. Das wollte Peter Kreuzberg.

Er schaffte es. An der Fachhochschule studierte er Maschinenbau, heiratete noch vor dem Abschluß und holte nach dem Studium das Abitur nach. Nur so, um sich selbst zu bestätigen.

Das Gehalt bleibt aus

Alles lief reibungslos. Erste Anstellung in einem Konzern, erster Dauereinsatz im Vertrieb in Spanien, erste Erfolge. Dann das Angebot einer neuen Position aus Deutschland, eine neue Aufgabe als Verkaufsleiter in einem Familienunternehmen. Peter Kreuzberg fühlte sich, als habe er das große Los gezogen. Bis er nach einigen Monaten mehrmals zur Bank gehen mußte, um sich nach dem Eingang seines Gehalts zu erkundigen. Dort zuckte die Kundenberaterin bedauernd die Schultern. Nein, eine Gehaltsüberweisung sei nicht verbucht. Die Firma hatte unterdessen Konkurs anmelden müssen.

Der Schrecken währte nicht lange. Noch ehe Peter Kreuzberg so richtig begriffen hatte, was sich abspielte, hatte eines der großen Unternehmen der Branche die bankrotte Firma übernommen, mit Mann und Maus. Und Peter Kreuzberg. Und weil seine Zahlen gut waren, durfte er bleiben, aufgestuft zum Vertriebsleiter. Da schien die Sonne des Erfolgs noch freundlicher auf den jüngsten Prokuristen der Unternehmensgruppe.

So einer bleibt nicht lange unentdeckt. Gleich zwei Konkurrenten klopften bei ihm an. Einen erhörte er. Der wünschte sich einen Vertriebsleiter in den USA. Sein Auftrag: den Markt der neuen Welt für neu entwickelte Spezialmaschinen erschließen. Mit gehöriger Unterstützung der in Deutschland arbeitenden Manager. Peter Kreuzberg siedelte mit Hilfe des Unternehmens über den großen Teich, aber das war dann auch schon beinahe der Höhepunkt des Engagements, das sein neuer Arbeitgeber einbrachte. Anschließend folgte eine Sendepause der anderen. Von den großen Zusagen blieb nichts.

Drei Monate benötigte Kreuzfeld, um festzustellen, daß er bei der Wahl zwischen zwei Angeboten wahrscheinlich auf das falsche Pferd gesetzt hatte. Sein Gaul lahmte. Kreuzberg beschloß, umzusatteln. Er fragte bei jener Firma, der er ein Jahr zuvor einen

Korb gegeben hatte, ob man ihn noch wolle. Man wollte. Mit Kußhand sogar. Und stellte ihm eine Position als Hauptabteilungsleiter in Aussicht.

Vorerst aber erhielt er einen Posten als Vertriebsbereichsleiter. Er legte sich mächtig ins Zeug und steigerte innerhalb von zwei Jahren Umsatz und Ergebnis um Klassen besser als seine Kollegen. »Das war eine unwahrscheinliche Erfolgsstory«, blickt er heute mit Stolz auf diese Zeit zurück. »Wir waren eine tolle Truppe. Menschlich anständig, immer fair miteinander. Das Klima machte den Erfolg. Da mußte man sich einfach wohl fühlen.«

Unter den Großen

Wohlgefällig ruhte das Auge des für seinen Bereich zuständigen Geschäftsführers auf ihm. Er förderte ihn, ebnete ihm Wege, zeigte ihm Perspektiven für die Zukunft auf. Und Kreuzberg dankte es mit Zuneigung. »Ich hatte zu diesem Vorgesetzten immer ein besonderes Verhältnis. Er war eine Persönlichkeit, die ich in jeder Hinsicht akzeptierte.«

Peter Kreuzberg im Glück setzte sich ein Ziel: Einen eigenen Geschäftsbereich wollte er verantwortlich leiten. Wenn nicht im Stammhaus, dann bei einer Tochter. Aber solche Doppelsprünge sind etwas für Ausnahmebiografien. Auch erfolgreiche Karrieren kommen gemeinhin nur Schritt für Schritt voran. Die nächste Stufe, für die Kreuzberg ausersehen war, hieß Spartenleiter. Das genügte vorerst, um den Appetit auf persönlichen Erfolg zu stillen. »Ich fühlte mich unheimlich toll, als man mir das in Aussicht stellte. Ich sollte zwar in einem anderen Geschäftsbereich und damit nicht mehr in der Zuständigkeit meines bisherigen Chefs arbeiten, aber das schien mir keine Rolle zu spielen.«

Letztes Rüstzeug für die höheren Weihen erhielt Peter Kreuzberg beim Senior Management Programme der Harvard-Universität. Als sein Unternehmen ihn dafür vorschlug, ging er wie auf Wolken. Die Namen der anderen Teilnehmer lasen sich wie ein exklusiver Auszug aus dem »Who is who«. Die besten Adressen der internationalen Wirtschaft entsandten ihre Hochkaräter aus dem Topmanagement. Und Peter Kreuzberg ganz locker unter ihnen. Beinahe, als gehöre er bereits dazu. Aber eben auch nur beinahe. »Ich habe da bald meine Grenzen erkannt. Ich mußte feststellen, daß manche der anderen besser waren als ich. Zu Hause habe ich das nicht gemerkt. Da war ich der King. Ich war ein gefragter Mann, hatte sehr gute Erfolge. Aber in Harvard war ich nicht mehr unangefochten an der Spitze. Schließlich bin ich einmal zum Ingenieur ausgebildet worden. Alle kaufmännischen Kenntnisse, alle Fähigkeiten als Manager habe ich mir selbst angeeignet. Und jetzt sollte ich mit diesen Leuten mithalten, die die beste Ausbildung genossen hatten.«

Ein Kulturschock

Peter Kreuzberg kehrte nicht mehr an seinen alten Schreibtisch zurück. Frisch getrimmt im Senior Management, bezog er ein neues Büro in seinem neuen Aufgabenbereich. Aber noch nicht als dessen Leiter. Sein Vorgänger war noch im Amt. Der Nachfolger sollte sich warmlaufen.

Statt dessen aber erlebte Kreuzberg »einen Kulturschock. Die Mitarbeiter des Bereichs waren introvertiert, verunsichert. Da war nichts mehr von der offenen Atmosphäre, in der ich bis dahin gearbeitet hatte. Vom ersten Tag an habe ich mich dort nicht wohl gefühlt. In der Sparte bin ich nie warm geworden.«

Hinzu kamen bald die Gerüchte des Flurfunks: Kreuzberg solle Leiter der Sparte werden. Das war an sich nicht falsch, nur offiziell durfte darüber nicht gesprochen werden. Die Gerüchte hielten sich hartnäckig, und das Schweigen der Geschäftsleitung war ebenso hartnäckig.

Auch gegenüber Kreuzberg. Nach einem Jahr in neuer Sparte, aber alter Funktion fragte er, wann denn nun sein Vorgänger in Pension gehe. Seine Frage stieß auf Unverständnis. Wovon er überhaupt spreche. Von welchem Ruhestand? Von welcher Nachfolge?

Das Verständnis besserte sich auch kaum, als Kreuzberg den Brief mit der Zusage hervorholte, den sein jetziger Geschäftsführer unterschrieben hatte. »Das, ach ja«, räumte der ein, »dazu hat mich der Senior überredet.«

Den Senior aber, den alten Inhaber, den hatten sie vor einem halben Jahr zu Grabe getragen.

Als ihm das gesagt wurde, erkannte Kreuzberg, »daß ich in dem Unternehmen keine Zukunft mehr hatte«. Deutlich stand das vor ihm. Und er mochte sich doch nur die halbe Wahrheit eingestehen.

Kampf in Chicago

Er wandte sich an seinen früheren Förderer, und der bot ihm an, ihn aus der Schußlinie zu bringen. In Chicago habe er einen Platz für ihn frei. Nicht an der Spitze, aber immerhin als Vice President. Drei Wochen später saßen Peter Kreuzberg und seine Frau wieder einmal im Flugzeug.

Doch was wie ein Zwischenspurt aussah, war nichts als ein Aufschub des Abschieds. President und Vice President gerieten nach kurzer Zeit aneinander. Zu unterschiedlich waren die Ziele, die sie verfolgten. Während Kreuzberg den klaren Auftrag hatte, den Markt für ein langfristiges Engagement vorzubereiten, setzte sein President kompromißlos auf den kurzfristigen Erfolg. Er sollte nur noch ein Jahr in den Staaten bleiben. Alles, was danach kam, interessierte ihn nicht. Kreuzbergs Arbeit aber forderte Investitionen, die sich erst nach Jahren auszahlen würden. Er bekam das Geld nicht, das er benötigte: »Wie ein Stiefkind habe ich mich da gefühlt.«

In die Ecke hat er sich nie leicht drängen lassen. Die gemeinsame Arbeit entartete zum täglichen Machtkampf. Zwei starke Charaktere gerieten aneinander. Schadlos blieb das für keinen. Doch Peter Kreuzberg, der schon angeschlagen nach Chicago gekommen war, steckte mehr ein: »Ich habe da meine Souveränität und mein Selbstvertrauen weitgehend verloren. Bis dahin habe ich immer geglaubt, so eine Auseinandersetzung kann man mit

Argumenten austragen. Aber es kam der Punkt, da zählten keine Argumente mehr. Nur noch die reine persönliche Macht. Und die Millionen, die er nach Deutschland überweisen konnte. Denn auf der kurzen Distanz hatte er Erfolg. Da konnte ich nur der Verlierer sein.«

Bis über die Grenze des Erträglichen steigerte sich der Streit. Körper und Seele streikten. Kreuzberg brach zusammen. Nach zwei Jahren kehrte er ins Stammwerk zurück, mit verschlissenem Selbstbewußtsein.

Wie tief ihn die Enttäuschung vor seinem Wechsel nach Chicago und der Streit dort verletzt hatten, spürte er nur manchmal. Aber er verdrängte alle Anzeichen. Er wollte sich nicht bewußtmachen, welche Niederlagen er innerhalb der letzten Jahre hatte einstecken müssen.

Neue Herausforderung

Mit neuen Aktivitäten schmierte er die alten Wunden zu. Das wurde ihm leicht gemacht. Peter Kreuzberg erhielt eine Herausforderung. Eine wirkliche.

Betriebe stehen immer vor einer Herausforderung. Jedes neue Jahr ist eine. Jede kleine Änderung ist eine. Jede kleine Steigerung. Jeder kleine Einbruch.

Diese Herausforderung aber verdiente die Bezeichnung. So empfand es Peter Kreuzberg jedenfalls. Sein Unternehmen war mit der Treuhand handelseinig geworden und hatte einen Betrieb in Chemnitz gekauft. Viel war das nicht. Ein paar verrottete Hallen voller unbrauchbarer Maschinen. Aber viele gute Leute. Die wie Peter Kreuzberg den Willen hatten, von vorne zu beginnen.

Das tat ihm gut nach seinen Niederlagen. Aus dem Nichts etwas aufbauen. Wie Phönix aus der Asche steigen. Wenn Zeit, persönliche Betroffenheit und Aufgabe zusammenpaßten, dann jetzt. Und einen Teil einer nationalen Aufgabe sah Kreuzberg auch in diesem Auftrag.

Er war begeistert, manchmal auch euphorisch. Gedankenfragmente von Aufbauarbeit, Pionierarbeit schossen ihm durch den Kopf. Von der Umwandlung der neuen Bundesländer in blühende Landschaften hatte der Bundeskanzler gesprochen. Und er, Peter Kreuzberg, wollte einer der Gärtner sein. Dafür war er bereit, Entbehrungen auf sich zu nehmen, sie noch nicht einmal als solche zu empfinden. Der drückende Qualm der Braunkohle aus tausend Schornsteinen, er roch ihn nicht und dachte an die reine Luft im Sommer. Das Büro mit dem süß-scharfen Geruch des allgegenwärtigen Desinfektionsmittels und dem nicht funktionierenden Telefon sah er als Keimzelle des Aufbruchs. Die muffigen Geschäfte störten ihn nicht. Er sah die ersten schönen Läden der Fleischer und Bäcker. Die Wohnung im Plattenbau, in der kein Fenster richtig schloß, auch die akzeptierte er.

So dachte Peter Kreuzberg. Aber so dachten nicht diejenigen, die er bat, mit ihm zu gehen. 20 sollten ihm aus dem Stammwerk folgen: Konstrukteure, Ingenieure, Meister, Spezialisten, Techniker, Vorarbeiter. Aber nur vier fanden sich bereit, gegen ein sattes Aufgeld und gefördert von kräftigen Zuschüssen, die heimatliche Scholle im Westfälischen vorübergehend zu verlassen, um in Sachsen in die Hände zu spucken. Nur vier. Und auch die überzeugte Kreuzberg erst nach vielen Mühen und Überredungen.

Der Manager, dem es nicht gelang, sein Trüpplein um sich zu scharen, suchte Unterstützung bei anderen Kollegen im Stammwerk, bei der Personalabteilung. Vergebens. Die Kollegen zogen nicht mit, die Personalabteilung mauerte. Kreuzberg ärgerte sich über diesen Mangel an Einsatzbereitschaft. Erst sehr viel später, als die Karre an der Wand saß, kam er hinter die wahren Ursachen.

Sein Auftrag lautete, den Betrieb in Chemnitz zu einer selbständigen Einheit aufzubauen. Von der Fertigung bis zum Vertrieb. Doch inzwischen hatte die Unternehmensleitung den Kurs geändert. In Chemnitz sollte nur noch produziert werden. Alles andere wollte das Stammhaus ferngelenkt betreiben. Das war dort inzwischen als rationeller ausgemacht worden. Wahrscheinlich wußten das bis zum Pförtner alle. Und handelten entsprechend. Nur der Mann, der den Betrieb aufbauen sollte, der wußte es nicht: »Die haben mich gegen die Wand laufen lassen. Ich habe die Sache nicht hingekriegt, aber ich habe nicht gemerkt, warum.«

Immer drückender spürte Peter Kreuzberg, daß er die gestellte Aufgabe nicht bewältigen würde, daß er weder Unterstützung noch Rückendeckung hatte. Er verbohrte sich in die Aufgabe und sah nicht mehr die Zeichen links und rechts.

Erst als er später über sich und seinen Lebenslauf nachdachte, erkennte Peter Kreuzberg die damalige Situation: »Ich habe den Mindestabstand, der zwischen Person und Job immer sein sollte, sträflich unterschritten. Ich hatte mich so in die Aufgabe verbissen, daß ich nichts mehr richtig im Zusammenhang gesehen habe. Und ich habe dann auch nicht gemerkt, wie ich auf andere wirke.«

Ausgebrannt

Schwerer und schwerer wurde ihm die Arbeit. Weil kein guter Fortschritt sichtbar wurde. Weil das ständige Pendeln zwischen Stammwerk und Chemnitz zusätzliche Kraft kostete. Anfangs gestand er es sich nicht ein, dann entschuldigte er es als vorübergehende einmalige Schwäche: Es fiel im schwerer, sich beim Lesen zu konzentrieren, er benötigte auch für einfache Texte immer längere Zeit, er hatte Mühe, sich klar und präzise auszudrücken, mitten im Gespräch riß ihm der Faden. Und er begann an sich zu zweifeln. Hielt sich nicht mehr für fähig.

Peter Kreuzberg war ausgebrannt. Viele merkten es, niemand sagte etwas. Einzig seine Frau. Die warnte ihn schon frühzeitig. Doch er hörte nicht auf sie. Auch da stellte er sich blind und taub. Bis sie nicht mehr mitspielte und ihren Mann zum Arzt zwang. Der schrieb ihn auf der Stelle krank. Zwangspause für drei Wochen. Und dann müsse man weitersehen.

Als er nach den drei Wochen wieder an seinem Schreibtisch saß, war von Chemnitz nicht mehr die Rede. Jedenfalls nicht mehr in Verbindung mit seiner Person. Man fragte ihn, ob er sich auch vorstellen könne, für eine Weile, so vielleicht zwei oder drei Jahre, nach Lagos zu gehen.

Da wußte Peter Kreuzberg: Die wollen nicht mehr. Mich nicht.

In den folgenden Auflösungsverhandlungen ist Peter Kreuzberg niemals gesagt worden, warum man ihn nach Lagos haben wollte. Oder ersatzweise nach Ulan-Bator. Oder schlicht einfach los.

Es war dennoch keine von diesen schmutzigen Scheidungen. Eineinhalb Jahre lief sein Vertrag noch. Für diese Zeit stellte ihn das Unternehmen frei und zahlte. Plus Abfindung. Plus Outplacement-Berater.

Suche nach einem Berater

Davon hatte Peter Kreuzberg schon mal gehört. Irgendwie so. Oder gelesen. Aber mehr als das Wort kannte er nicht. Wer kennt das schon, bevor man den Outplacer braucht.

Gründlich, wie er ist, hörte sich Peter Kreuzberg bei Bekannten um, besorgte sich Bücher, und dann machte er sich auf die Reise. Ihm war es freigestellt, sich seinen Outplacer zu suchen. Er mußte nicht, er durfte.

Er fuhr nach Düsseldorf, nach Ahrensburg bei Hamburg, sprach, hörte sich an und war am Ende überzeugt, daß diese Sprößlinge der Personalberater hilfreich sein könnten. Zwei Überlegungen nahmen ihn für das Angebot ein:

»Ich wollte nicht isoliert sein. Alleinsein macht mich rappelig. Auf einmal war ich allein. Sonst immer unter Menschen, fühlte ich mich ausgeschlossen. Ich wollte einfach mit Menschen sprechen.« Und: »Ich suchte schließlich einen Job zwischen 150 000 und 300 000 Mark. Da sollte mir ein Profi helfen. Schließlich habe ich mich nie beworben, sondern wurde immer gefragt.«

25 Jahre lang hatte Peter Kreuzberg seine Streicheleinheiten erhalten. Bei jeder passenden Gelegenheit. Er war ein Winner. Und auf einmal sollte das nicht mehr wahr sein? Über Nacht war er zum Verlierer geworden. All die Korsettstangen des Selbstbewußtseins fielen heraus.

Als die Arbeit des Outplacers mit Kreuzberg abgeschlossen war, bedurfte er dieser äußeren Anerkennung durch andere nicht mehr. Auf der Spur des eigenen Lebens im Outplacement erfuhr sich Kreuzberg neu, lernte sich zu akzeptieren. Bis dahin, so erkannte er, baute er sein Selbstbewußtsein auf der Anerkennung anderer auf. Das Schulterklopfen der Kollegen, der Vorgesetzten, der Geschäftspartner war überlebenswichtig. Ohne das meinte er nicht sein zu können. Blieb es einmal aus, wurde er unsicher, suchte sich unbewußt eine Aufgabe mit sicherem raschen Erfolg, der ihm den Joint der schnellen Anerkennung sicherte.

Peter Kreuzberg, das war der Erfolgsmann. Der mit dem feinledernen Aktenkoffer, mit dem Overhead-Projektor und den Flipcharts. Der mit dem aufmerksamen Service in der Businessclass. Der mit den Duzfreundschaften mit Topmanagern vom gemeinsamen Lernen in Harvard. Der mit dem verdoppelten Umsatz. Der immer Einsatzbereite. Der immer Optimistische. Der immer Ausgeglichene. Der, den alle brauchen.

Was er war, war er durch den Job. Und sonst wenig, zu wenig.

Mit sich selbst war er damit längst nicht im Reinen. Aber das spürte er erst, als er in das schwarze Loch der Trennung stürzte.

Zu sich selbst finden

Der Aufbau eines neuen Selbstbewußtseins war wahrscheinlich das wesentliche Stück Arbeit, das die Outplacer an und mit Peter Kreuzberg leisteten. Nicht das Training der Bewerbungen, das Arbeiten am Lebenslauf, der Aufbau eines Kontaktnetzes, nicht die Vorbereitung auf eine konkrete neue Aufgabe. Das alles wirkt nachträglich nur wie Mittel zum Zweck. Als sei alles nur auf ein Ziel gerichtet: den Kandidaten zu sich selbst finden zu lassen. Und das, was da vorgefunden wird, auch zu akzeptieren. Ja, gut zu finden.

Die Voraussetzungen dafür sind vorhanden. Das aus fremder Anerkennung zusammengestückelte Selbstbewußtsein liegt in Trümmern. Jetzt muß der Schutt zur Seite geschaufelt werden.

»Beim ersten Gang zum Berater kam ich mir ziemlich nackig vor«, erinnert sich Peter Kreuzberg. »Da war kaum noch etwas.«

Um bestehen zu können, hüllte er sich in das Mitleid für das

Opfer: »Ich stellte mich dar als der zu Unrecht herausgedrängte Manager. Als das Opfer von Unkenntnis und Unfairness.«

Beinahe drei Monate lang ging das so. Erst dann begannen aus Angst und Mutlosigkeit neue Hoffnungen zu wachsen. Um zu sich selbst zu finden, ist ebensoviel Zeit notwendig, wie die Demontage dauert. Psychologen kennen diese gleich langen ab- und aufsteigenden Linien.

Heute stellt Peter Kreuzberg die Frage nach Schuld oder Nichtschuld nicht mehr. Für ihn gibt es Konstellationen, die zum Scheitern von Beginn an bestimmt sind. Die mit Sicherheit in der Trennung enden. Weil die Chemie nicht stimmt. Weil sich auch einst harmonische Beziehungen verschleißen. Am Ende sind sie zerrüttet wie in einer verbrauchten Ehe. Auch da trägt niemand allein die Schuld.

Bevor er mit dem Verfassen seines Lebenslaufes den neuen Start vorbereiten mußte, durfte Peter Kreuzberg Pause machen. »Ein viertel Jahr habe ich gelebt. All das gemacht, wozu ich sonst nicht gekommen bin: Yoga, Wanderungen quer durch Sachsen, historische Romane lesen.«

Die 20 wichtigsten beruflichen Erfolge sollte Peter Kreuzberg aufschreiben, als es dann ins Training ging. Das ist eine Aufgabe aus dem Standardrepertoire der Outplacer. Nichts besonderes eigentlich. Vielleicht ein wenig dadurch erschwert, daß am Ende aus diesen Erfolgen ein klares berufliches Profil erkennbar sein soll.

Je länger Kreuzberg über diese Aufgabe nachdachte, desto mehr verwarf er, ergänzte er, fiel ihm ein. Und desto überzeugender fand er seine Erfolge in der Retrospektive. Das Gefühl, ein Versager zu sein, ließ sich nicht in logische Verkettung mit diesen Erfolgen bringen. Gezwungen, die eigene Leistung zu beurteilen und nicht auf das Urteil anderer zu hören, »begann alles ganz anders auszusehen«. Unmerklich entwickelte sich das neue Selbstbewußtsein, das in der eigenen Überzeugung wurzelte.

Die Unterstützung des Outplacers empfand Kreuzberg in drei Punkten als besonders hilfreich:

- »Es war wie die Wiederaufnahme in eine menschliche Gemeinschaft. Ich bin kein Einzelkämpfer. Ich brauche die Gespräche mit anderen. Es ist gut, morgens ins Büro gehen zu können. Einfach, um Kontakt zu haben. Bevor ich zur Outplacement-Beratung ging, fühlte ich mich wie ausgestoßen.«
- »Zum ersten Mal in meinem Leben konnte ich mich mit mir selbst auseinandersetzen. Ich wurde gefragt, und ich konnte mich selbst fragen. Das hat mich letztlich wieder zu mir gebracht.«
- »Der Outplacement-Berater begleitete meine Arbeit positiv kritisch. Ohne ihn hätte ich mich wahrscheinlich verrannt. Oder ich wäre nicht ans Ziel gekommen, weil ich mir nur bequeme Fragen gestellt und bequeme Antworten gesucht hätte. Am Ende wäre das aber nur eine Ausflucht gewesen, ohne daß ein einziges Problem wirklich bewältigt worden wäre.«

Nur wenn es zwischen dem Kandidaten und dem Outplacer menschlich stimmt, ist eine solche Zusammenarbeit möglich. Peter Kreuzberg schaffte es nicht im ersten Anlauf, den richtigen Partner zu finden. Schon bei der Wahl des Unternehmens schwankte er zwischen Beratern, die etwas mehr auf eine menschliche, verständnisvolle Atmosphäre setzten, und dem Konkurrenten, der etwas verschärft und schneidiger zur Sache kam. Selbst Typ Macher, entschied sich Kreuzberg für die schneidige Gangart.

Sachlich begründen kann er diese Entscheidung schwer. Vielleicht war es die Kladde mit den rundgebogenen Ecken, aus der der Outplacer die Stichworte für den Ablauf der Beratung pickte, die Kreuzberg beeinflußte, sich gegen die etwas behutsamere und für die forschere Beratung zu entscheiden. Vielleicht stimmte ihn einfach eine blitzsauber gedruckte Broschüre positiv, die ihm in der anderen Agentur in die Hand gedrückt wurde. Handwerklich überzeugte ihn das mehr.

Trotzdem kamen ihm anschließend Zweifel an seiner Wahl. Zwischen dem ihm zugeteilten Berater und ihm funkte es nicht. Da war keine gemeinsame Wellenlänge. Er fühlte sich dem Berater überlegen, verhedderte sich in der langen Leine, an der dieser ihn laufen ließ. Erst als der Coach ausgewechselt wurde, fand er die erhoffte Unterstützung.

Aufgetaucht

Drei Monate dauerte die Aufbauarbeit. Danach fühlte er sich fit, Bewerbungen zu schreiben, Bewerbungsgespräche zu bestehen. Ein halbes Jahr suchte Peter Kreuzberg, schrieb er Personalberater an, reagierte er auf Anzeigen im Stellenmarkt. In dieser Zeit sortierte er noch stark. Nicht alles, was für ihn gepaßt hätte, schien ihm auch passend. Mit neun Firmen kam er ins Gespräch, fünf Offerten lehnte er nach dem ersten Kontakt ab.

Jede Einladung war wichtig für ihn. Jede gab ihm das Gefühl, noch gefragt zu sein. Und jeder Kontakt stabilisierte sein zerbrochenes Selbstbewußtsein ein Stück mehr: »Die ersten Einladungen taten sehr gut. Aus jedem Gespräch ging ich überzeugter in das nächste.«

Andererseits reduzierten die erfolglos verstreichenden Monate wieder das neu gewonnene Vertrauen: »Wenn ich nach dieser Zeit nichts gefunden hätte, dann hätte ich begonnen, Abstriche zu machen.« Das ging ohnehin immer auf und ab. Bevor er mit den Outplacern arbeitete, hatte er wirr daran gedacht, seine Brötchen auch als Taxifahrer oder mit einem Zeitungskiosk verdienen zu können. Im Outplacement blieb er dann bei seinem Leisten.

Doch er begann mit dem Gedanken zu spielen, als Regionalverkaufsleiter etwas zurückzuschalten. Als ihm diese Vorstellung zunehmend akzeptabler schien, da hatte er Erfolg. Nach 19 Bewerbungen endete die zwanzigste mit dem Abschluß eines neuen Vertrags.

Die neue Position bescherte ihm nicht die ausgeklügelte Suchstrategie des Outplacers. Sondern der Stellenmarkt der

F.A.Z. Dennoch ist Peter Kreuzberg sicher: »Ohne die Beratung wäre ich noch nicht soweit gewesen, mich erfolgreich um diese Position zu bewerben und von 200 Bewerbern als Nummer Eins durchs Ziel zu gehen.«

Die Bezeichnung Outplacement benutzt er nicht: »Das Wort habe ich nie in den Mund genommen. Es klingt so nach Scheitern, nach Versagen und Rausschmiß. Nur durch Krisen hat man die Chance, etwas zu verändern. Das gilt für Firmen, und das gilt für Personen. Für mich ist Karriereberatung der passende Begriff.«

Peter Kreuzberg hat sich verändert. Heute fühlt er sich sicherer und freier als je zuvor: »Das hat nichts mit dem Bankkonto zu tun. Abgesichert bin ich nicht. Aber ich bin unabhängig. So kann ich jetzt leben. Früher habe ich nicht zu mir selbst finden können. Da ging es immer nur um die Probleme anderer. Das hat alles andere verdeckt.«

Sein persönliches Fazit aus Verlust und Wiederaufbau schrieb er nicht in seinen offiziellen Lebenslauf. Dafür steht für ihn um so unverrückbarer fest: »Heute kann ich mir für mein Leben nichts besseres vorstellen, als das, was in diesem einen Jahr zwischen Kündigung und Neubeginn mit mir geschehen ist. Das war dringend notwendig. Meine Lebenswerte haben sich geklärt und verändert. Ich bin souveräner, ausgeglichener. Über meine neue Aufgabe bin ich glücklich. Aber ich brauche sie nicht mehr, um mich selbst zu bestätigen. Ich fühle mich so wohl in meinem Leben, wie ich es mir nicht hätte vorstellen können.«

Mit Trainer zurück ins Spiel

Am Anfang ist der Schock. Über Nacht ist alles weg: Position, Einkommen, Einfluß. Das Selbstbewußtsein humpelt an Krükken. Tausendmal wurde der Manager gefragt. Tausendmal hat er entschieden. Und plötzlich ist er nicht mehr gefragt.

Über diesen Verlust wollen die Outplacer hinweghelfen. Auch wenn das Ziel eine neue Aufgabe ist, sehen sie ihre hauptsächliche

Aufgabe darin, den Klienten für den Weg dorthin aufzurüsten. Sie wollen ihn mit neuem Selbstbewußtsein ausstatten, ihm Wege in neue Positionen zeigen und ihn für diesen Weg trainieren. Denn auch hochdotierte Profis werden zu Amateuren, wenn sie sich bewerben sollen.

Vor allem aber bietet die Outplacement-Beratung eine positive Heimstatt. Sie fängt den Manager beim Sturz aus dem Netz sozialer Kontakte, in dem er sich bis dahin geborgen glaubte, auf. Wenn die Firma zur Tabuzone wird, reißt das Netz. Kollege und Geschäftspartner sind plötzlich nicht mehr ansprechbar. Das Vakuum macht die Betroffenen zusätzlich verwundbar. Ein bißchen Freundlichkeit und Anerkennung baut Depressionen und Ängste ab.

Das Gros der Klienten in den Büros der Outplacer hat zwischen 150 000 und 160 000 Mark verdient. Wer über 200 000 Mark verdient, verirrt sich nur selten zu den Beratern. Der ganz eisige Wind weht eine Etage tiefer. Über den Wolken scheint die Sonne länger. Vor allem aus den Bereichen Maschinenbau, Automobilindustrie und Chemie kommen die Kunden. Dort, wo bei größerer Konkurrenz die Ellbogen massiver eingesetzt werden, massieren sich auch die Klienten. Frankfurt ist solch ein freundlicher Platz. Der Durchschnittsklient ist 48 Jahre alt.

In der Arbeitsweise der einzelnen Outplacer gibt es Unterschiede. Doch Konzept und die Strategie für den einzelnen Klienten gleichen sich in den wesentlichen Punkten. Ähnlich wie das nachstehend zitierte Leistungspaket von DBM Von Rundstedt sieht auch das anderer Dienstleister aus (Zitat):

- Bessere Verarbeitung der Trennungssituation.
- Stabilisierung des Selbstvertrauens und des Selbstwertgefühls durch Orientierungsgespräche mit dem persönlichen Berater.
- Fundierte Testphase zur Analyse der Persönlichkeitsstruktur, Stärken- und Schwächenanalyse zur Ausrichtung der zukünftigen beruflichen Möglichkeiten und Zielsetzungen.
- Erstellen marktgerechter Bewerbungsunterlagen unter Berücksichtigung der individuellen Fähigkeiten und Kenntnisse.

- Gezielte Karriereplanung mit Hilfe eines systematischen Beratungsprogramms.
- Vermitteln sämtlicher Möglichkeiten und Techniken, sich erfolgreich zu bewerben.
- Bereitstellen von Büro- und Sekretariatsservice im Beratungsunternehmen.
- Aufrechterhaltung des gewohnten Arbeitsrhythmus.
- Nutzen der internen Bibliothek. Zugriff auf Branchen- und Unternehmensdaten.
- Kommunikations- und Interviewtraining mit Audio- und Videounterstützung.
- Umfassende Begleitung bei allen Bewerbungsaktivitäten und damit Vermeiden von Fehlentwicklungen und Frustrationserlebnissen.
- Beratung bei den Vertragsverhandlungen, Hilfe bei der Auswahl des passenden Angebots.
- Wettbewerbsvorteil gegenüber Mitbewerbern bei der Neuorientierung.
- Betreuung während der Probezeit.

Auch wenn das Angebot so oder so ähnlich auch bei anderen Beratungen zusammengesetzt ist, ist es sorgfältig zu prüfen. Der kleine Unterschied ist eben zeitweilig bedeutsam. Auch menschlich sollten Klient und Berater auf der gleichen Wellenlänge funken. Im Idealfall überläßt also das Unternehmen die Wahl des Beraters. Da aber in der Regel die Firma zuvor den Outplacer einschaltet und sich von ihm beraten läßt, wird solch eine freie Wahl des Outplacers die Ausnahme bleiben. Vorerst jedenfalls.

Suche nach der Persönlichkeit

Viele Fragezeichen markieren den Beginn der Gespräche zwischen dem Klienten und dem Outplacer. Ganz langsam versuchen die Outplacer und die für sie arbeitenden Psychologen den gestürzten Manager seiner Rüstung zu entkleiden. Die zog er sich im Laufe seiner Karriere an, in ihr fühlte er sich sicher. Aber stimmt das Bild, das er von sich selbst aufgebaut hat, wirklich?

Hat er nicht nur auf die Forderung anderer reagiert, seine frühen Hoffnungen und Wünsche in eine nicht von ihm bestimmte Ecke drängen lassen?

So wie jener Manager, der dem Outplacer Eberhard von Rundstedt begegnete. Der Mann schlief jedesmal schlecht, wenn ihm am nächsten Tag ein wichtiges Gespräch mit einem Kunden bevorstand. Er ängstigte sich. Und er konnte sich nicht vorstellen, daß andere Verkäufer sich auf solche Gespräche geradezu freuen.

Von Rundstedt: »Viele Manager müssen etwas machen, was sie eigentlich gar nicht machen mögen. Sie wurden innerhalb ihrer Karriere plötzlich an einen Platz gestellt, dessen Aufgabe ihnen überhaupt nicht liegt. In ihrer vorhergehenden Position hatten sie Erfolg. Darum vertraut man ihnen eine neue Aufgabe an. Sie lehnen sie nicht ab, weil die Änderung mit einer Beförderung verbunden ist. Und plötzlich sind sie weit weg von dem, was sie eigentlich machen wollten. Da wird der Ingenieur Personalleiter, der Jurist landet im Verkauf. Erst wenn dann die Kündigung ins Haus steht, weil sie in der neuen Aufgabe versagt haben, beginnen sie nachzudenken.«

Also fragen die Outplacer die Kandidaten, die sich ihnen anvertrauen: Wovon träumen Sie? Was möchten Sie gerne machen? Was änstigt Sie? Was macht Sie wütend? Was macht Ihnen Freude?

Die Situation akzeptieren

Das erste Gespräch ist immer das schwierigste. Wer zum Outplacer geht, weiß, daß die Leute, die ihn rausgeschmissen haben, die Prozedur bezahlen. Schlechte Erfahrungen machen mißtrauisch.

Gemeinsam mit dem Klienten versucht der Outplacer, den Schutt der Kündigung beiseite zu räumen. Dazu muß analysiert werden, warum dem Betroffenen gekündigt wurde. Nicht die nach außen genannten Gründe sind gefragt, sondern die tatsächlichen. Auch die, die in der Person des Gekündigten liegen. Das ist schmerzhaft, weil mühsam eingestandene Schwächen auf dem Tisch liegen und akzeptiert werden müssen. Diese Trauerarbeit ist unumgänglich.

Die Empfehlung der Outplacer lautet entsprechend: Akzeptieren Sie die Situation. Zu ändern ist sie nicht. Bei der Beurteilung der Gründe werden Unternehmen und Gekündigter niemals auf den gleichen Nenner kommen.

Erst wenn die Seele massiert ist, kommt das Fitnesstraining. Niemand sollte wieder ins Rennen gehen, ohne die Seele vom Leidensdruck gereinigt zu haben. Er würde Fehler machen oder sich auf den falschen Weg begeben.

Outplacer ändern die Persönlichkeit ihrer Klienten nicht. Allein das fortgeschrittene Lebensalter setzt Grenzen. Aber sie können Wege zur Selbsterkenntnis weisen. Und sie können ihnen die formalen Mechanismen einer Organisation deutlich machen. Denn die Manager lenkten zwar in einem Unternehmen die Geschicke, durchschauten aber nicht die zwischenmenschlichen Spielregeln. Meist ist es dies Rollenspiel, an dem die Führungskräfte scheiterten.

Die Lebensläufe zahlreicher Manager, die vor ihrem Rauswurf viele Jahre in einem Unternehmen arbeiteten, geraten ins Stottern. Erst sind sie bis zur Silberhochzeit mit einem Unternehmen verheiratet, und dann haben sie mehrere rasch wechselnde Beziehungen. Die neue Aufgabe endet bereits vor Ablauf der Probezeit oder überdauert diese nicht lange. Nach Einschätzung von Beratern sind diese Manager zu früh gestartet, hatten ihre Situation noch nicht aufgearbeitet, als sie in einem neuen Job anheuerten.

Stärken und Schwächen

Die Outplacer setzen an den Anfang ihres Trainingsprogramms eine Stärken-Schwächen-Analyse.

Welche Erfolge hatte der Klient bisher?

Und welche Mißerfolge?

Zwei schwierige Fragen. Die Erfolge fallen den Managern zwar schneller ein als die Mißerfolge, dennoch bringt sie nur die Hartnäckigkeit der Berater durchs Ziel.

Der Manager steht noch unter dem Schock der Kündigung, meint, versagt zu haben. Und da sollen ihm Erfolge einfallen? Doch nach einer Weile stellen sie sich ein. Immer rascher. Erfolge lassen Stärken erkennen. Daraus entwickeln Berater und Klient ein neues Leistungsprofil.

Noch schwieriger wird es mit den Mißerfolgen. Auch weil hinter Mißerfolgen Schwächen stehen. Und diese Schwächen benannt werden sollen. Viele Klienten versuchen sich und den Berater zu täuschen. Nach dem Sturz empfinden sie diesen Teil der Analyse als zusätzliche Demontage. Dennoch zieht der Berater eine Schutzschicht nach der anderen von der Seele. Denn die Summe der Mißerfolge läßt ahnen, wo in der Vergangenheit ein falscher Kurs gesteuert wurde, wo etwas verändert werden muß.

Den beruflichen Werdegang arbeiten Klient und Berater noch einmal gründlich durch. Das ist im Grunde nichts als eine schlichte Faktensammlung für den später zu schreibenden Lebenslauf. Doch die Berater beobachten immer wieder, daß ihre Klienten anfangs Probleme haben, die einzelnen Positionen zu sortieren und die wesentlichen Merkmale herauszuheben. Besonders die Erfolge, die anschließend den Lebenslauf zum Glänzen bringen sollen. Dazu gehören auch Aktivitäten in den Randbereichen des Berufs, Vorträge und Veröffentlichungen.

Das Profil des Wissens und der Erfahrungen wird parallel angelegt. Gefragt sind die Kenntnisse, die im Laufe des Berufslebens erworben wurden. Und die Probleme, die mit diesen Kenntnissen gelöst wurden. In diesem Stadium der Beratung steht zwar noch nicht eindeutig fest, welchen Kurs der Berater einschlägt, aber erstmals ist eine ungefähre Richtung zu erkennen.

Peilmarken

Die überwiegende Zahl der Klienten befindet sich in einem Alter, das freundlich als Mitte des Lebens bezeichnet wird. Beruflich hätten sie in der Zielgeraden sein müssen. Aber statt nach dem Dauerlauf im Endspurt ins Ziel zu gehen, wird von ihnen verlangt, Haken zu schlagen.

Alle bisherigen Schwerpunkte des Lebens sind in Frage zu stellen. Der Beruf, der Wohnort, der Tagesablauf. Es ist Zeit zum Nachrüsten. Nachdenklichkeit vorausgesetzt. Die Pflichten des Alltags schütteten die Gedanken bis zu diesem Moment zu. Vielfach bestimmten andere den Kurs. So kann die unfreiwillige Trennung auch zur Chance werden, wenn auch zur vorerst schmerzlichen.

Die Flexibilität im Berufsleben ist in Deutschland gering. Sie wird zwar immer wieder gefordert, aber große Unternehmen fördern die Seßhaften. Wer nach zehn Jahren Betriebszugehörigkeit unter erheblichen Verlusten des sozialen Status und der Altersversorgung wechseln kann, klammert sich an seinen Schreibtisch. Schlichte Rechnungen unterdrücken jeden Gedanken an eine Abwanderung. Beamte sitzen nicht nur in Amtsstuben.

Outplacer schürfen bei ihren Klienten tief nach der Bereitschaft, etwas Neues zu beginnen. Anfangs denken diese nahezu ausschließlich an einen neuen Start im vertrauten Aufgabenfeld. Hier fühlen sich die Manager sicher, hier können sie ihre Fähigkeiten einschätzen. Sie übersehen dabei: Die von anderen gestellten Anforderungen haben sie vielfach in einen Arbeitsbereich driften lassen, der mit ihren wirklichen Begabungen und Fähigkeiten nur noch am Rande zu tun hat. Die wirklichen Wünsche und Fähigkeiten müssen erst wieder freigeschaufelt werden.

Das soll neue Peilmarken setzen. Eine gut bezahlte Position garantiert noch lange nicht die berufliche Erfüllung. Aus Wünschen formulieren Klient und Outplacer neue Ziele. Soll die Branche gewechselt werden? Oder das Aufgabenfeld? Muß noch voll gearbeitet werden? Ist die Selbständigkeit eine Alternative? Kann es statt eines großen Unternehmens auch ein kleines sein? Ist der Klient an eine Region gebunden? Will er in Linie oder Stab arbeiten?

Aus Fähigkeiten und Wünschen filtern Berater und Klient Alternativen zur bisherigen Tätigkeit. Dabei berücksichtigen sie die bisher im Berufsleben gemachten Erfahrungen, die erworbenen Kenntnisse und die gelösten Probleme. Gleichzeitig werden jene Zielgruppen ausgewählt, in denen das Profil des Klienten die besten Chancen zur Vermittlung hat. Ausschlaggebend sind dabei die Neigungen des Klienten. Sind sie realistisch, arbeitet sie der Outplacer in die spätere Bewerbungsstrategie ein. Wünsche, die am Markt keine Chance haben, versucht der Berater seinem Klienten auszureden. Nicht immer mit Erfolg. Fünf bis zehn Alternativen strebt der Berater an.

Aus der Summe der Antworten entwickeln die Outplacer mit dem Klienten die Strategie des Suchens. Ein klar angesprochenes Ziel vermeidet Streuverluste.

Anschließend werden die Probleme der Zielgruppen aufgelistet. Eine Leistung läßt sich im Wettbewerb mit anderen Bewerbern nur dann erfolgreich anbieten, wenn der Empfänger den Nutzen deutlich erkennt.

Der Bewerber soll nicht Bittsteller sein. Selbstbewußt muß er seine Leistung anbieten. Das kann er nur, wenn er die Probleme seiner künftigen Partner kennt und ihnen Lösungen offerieren kann.

Netz der Kontakte

Sind diese Vorarbeiten geleistet, wird der Weg in den Markt gesucht. Den Anfang machen persönliche Briefe an die Entscheidungsträger in jenen Firmen, für die der Bewerber nützlich sein könnte. Entweder der Bewerber schreibt offen unter seinem Namen oder er hält sich bedeckt und benutzt unter einer Kennziffer die Adresse seines Beratungsbüros. Auf diese Weise schont er seinen Namen, falls seine Anfrage ohne Erfolg sein sollte. Die Trefferquote ist auch bei guter Argumentation selten höher als fünf bis 20 Prozent.

Gleichzeitig wird ein Netz persönlicher Kontakte aufgebaut. Viele geschaßte Manager neigen dazu, sich nach ihrem vermeintlichen Scheitern in ein Mauseloch zu verkriechen. Sie meiden die Begegnungen mit Persönlichkeiten, die sie aus ihrer früheren Karriere kennen. Das ist zwar menschlich verständlich, aber falsch. Deshalb ermuntern Outplacer dazu, solche Personen, von denen Hilfe oder helfende Hinweise kommen könnten, anzuschreiben. Briefe sind besser als Anrufe. Bei einem Telefongespräch kann niemand sicher sein, daß der Kontaktpartner gerade Zeit hat. Ein Anruf im falschen Moment schadet mehr, als er nutzt.

Im ersten Moment fühlen sich die Klienten häufig überfordert, wenn sie solch eine Liste von Kontaktpersonen zusammenstellen sollen. Sie glauben vielfach nicht daran, daß aus einer alten Verbindung Hilfe entstehen kann. Erst wenn der Outplacer ihnen etwas auf die Sprünge hilft, fallen ihnen auch Namen ein von guten Bekannten und persönlichen Freunden, die sie um einen hilfreichen Hinweis bitten können. Oder von Geschäftsfreunden, ehemaligen Kollegen, von Steuerberatern, Rechtsanwälten, Leitern von Verbänden oder Fachgremien. Sie alle haben ihrerseits ein Kontaktnetz, das nützlich sein kann.

Ein gut formuliertes Stellengesuch öffnet in der Regel mehr Chancen als die Antwort auf ein Stellenangebot. Wer über 50 Jahre alt ist, hat bei einem Stellenangebot nur noch selten Aussicht auf Erfolg. Die Konkurrenz der Jüngeren ist zu groß.

Wer auf viele Stellenangebote reagiert, macht sich zwar viel Arbeit, handelt aber häufig nicht sehr vernünftig. Jede Absage belastet das Selbstbewußtsein. Flächendeckende Bewerbungen beruhigen nur vorübergehend das Gewissen, weil sie das Gefühl vermitteln, alles versucht zu haben, um wieder in eine neue Position zu kommen. Die Fakten aber sprechen eine andere Sprache. Outplacer empfehlen deshalb, die Anforderungen sehr genau mit dem eigenen Profil zu vergleichen. Erst wenn in einem halben Dutzend Punkten Übereinstimmung herrscht, sollte die Bewerbung abgesandt werden.

Auch wenn in Stellenangeboten der Personalchef als Kontaktperson angegeben ist, sollte das Gespräch nicht über ihn eröffnet werden. Auf seinem Schreibtisch stapeln sich die Bewerbungen. Jeder Kandidat ist einer unter vielen. Um den Suchauftrag vom Tisch zu bekommen, urteilen Personalmanager nach der Schablone. Bessere Aussichten hat jener Bewerber, der den Namen seines möglichen künftigen Vorgesetzten herausfindet und sich direkt mit ihm in Verbindung setzt. Der urteilt nach anderen Kriterien. Entsteht in einem solchen ersten Gespräch Sympathie oder werden die übermittelten Erfahrungen und Leistungen positiv eingestuft, mündet dies eventuell in eine Empfehlung an den Personalmanager, der ihr entsprechen wird.

Bei der direkten Bewerbung auf ein Stellenangebot sind schon viele gute Leute durch den Rost gefallen. Entweder weil sie zu alt erschienen oder weil andere vordergründige Anforderungen nicht erfüllt wurden. Da kann der beste Mann im ersten Anlauf scheitern. Outplacer raten ihren Klienten darum immer zum persönlichen Kontakt.

Das Bewerbungsgespräch

Bevor der erste Besuch in einem Unternehmen gemacht wird, trainieren Outplacer und Klient das Bewerbungsgespräch vor der Videokamera. Fit soll der Kandidat in das Gespräch gehen. Redet er zuviel? Spricht er zuwenig? Kann er zuhören? Versteht er die Probleme des anderen? Kann er seine Lösungen gut unterbreiten?

Und weiß er seine bisherigen Erfolge gut zu verkaufen? Sie sind seine Visitenkarte. Auf seiner gedruckten Visitenkarte steht ja außer dem Namen und der Adresse nichts mehr. Jetzt muß er sich selbst präsentieren. Damit er dabei nicht ins Stocken gerät oder Wesentliches vergißt, hat er zuvor mit seinem Trainer die einzelnen Punkte festgelegt.

Im Gegensatz zu ihren amerikanischen Kollegen sind deutsche Manager im Bewerbungsgespräch harmlose Waisenknaben. Sie haben nicht im College, in Spezialseminaren oder auf der Abendschule gelernt, wie man sich richtig verkauft, welche Antwort wann gegeben werden muß. In den Staaten verdienen Experten ihr Brot damit, jeden harmlosen Techniker zum Experten hochzustilisieren, jeden belanglosen Wechsel als Zwischenspurt der Karriere zu vermarkten, aus kleinen Angestellten Manager zu machen. Es bewirbt sich immer nur Superman.

Beim Training des Bewerbungsgesprächs hierzulande stellen Outplacer immer wieder die gleichen Fehler bei ihren Schützlingen fest: Sie sprechen zuviel von sich selbst und wirken damit auf ihren Gesprächspartner egozentrisch. Dabei sollten sie eigentlich wissen: Herren der obersten Führungsetage neigen dazu, selbst gerne zu reden. Doch vielen Bewerbern fehlt die Fähigkeit, sich auf den anderen einzustellen. Sie sprechen über die eigene Tüchtigkeit, um sich während des einstündigen Gesprächs von der strahlendsten Seite zu zeigen, und merken nicht, daß sie ihr Gegenüber in den Schatten stellen. Der nächste Fehler entsteht damit zwangsläufig: Zu sehr mit der Selbstdarstellung beschäftigt, hat der Bewerber keine Antenne für die Probleme, die der andere gelöst haben möchte. Dabei bietet sich der Bewerber doch gerade deshalb an.

Jedes Vorstellungsgespräch analysieren Berater und Klient anschließend gemeinsam. Wenn es nicht geklappt hat, suchen sie nach den Ursachen, damit der nächste Anlauf besser gelingt.

Der Weg in eine neue Position ist mit Enttäuschungen gepflastert. Mit und ohne Outplacer. Der Outplacer hilft allerdings, die Mißerfolge wegzustecken.

Stützen bis ins Ziel

Wer anderen wieder zu einem Job verhelfen will, muß ein geduldiger Mensch sein. Je älter der Klient ist, desto mehr Geduld müssen er und der Outplacer aufbringen. Mit einer Frist von sechs bis acht Monaten rechnen die Berater, bis sie einen Kandidaten wieder ins Boot gehoben haben. Auf der nach oben offenen Outplace-Skala sind auch längere Wartezeiten möglich. Insbesondere in wirtschaftlich schwierigen Zeiten. Rezession und Lean Management verlängern die Wegstrecke.

Gesucht wird, bis der Kandidat findet. Das ist die Regel bei der Mehrzahl der Outplacer. Sie haben mit dem Auftrag eine Verantwortung übernommen. Die endet erst, wenn ihr Schützling einen sicheren Hafen erreicht hat.

Keine Regel jedoch ohne Ausnahme. Bei einigen Outplacern fallen die Schotten nach einem halben Jahr zu. Als werde dann aus dem nützlichen Kandidaten ein teurer, aber hoffnungsloser Fall.

Wer sich mit einem Outplacer einläßt, sollte zuvor fragen, wie weit der gemeinsame Weg führt. Sonst steht er im Regen, wenn es zu schütten beginnt.

Outplacer verweisen gerne darauf, daß ihre Kundschaft zunehmend jünger wird. Das liegt schon im eigenen Interesse. Jüngere Klienten machen weniger Arbeit. Ein 30jähriger kann schon nach drei Monaten in einer neuen Firma anheuern. Je geringer jedoch die Restlaufzeit des Arbeitslebens wird, desto schwieriger wird der Spätstart.

Der typische Betreuungsfall zählt zwischen 40 und 50 Lenze und hat es zu einem Jahresverdienst von 150 000 Mark gebracht. Wer die Erfahrung von mehr als 50 Lebensjahren auf dem Buckel hat, muß sich auf eine Suche von einem Jahr und länger einstellen. Outplacer sehen die Lage dieser Altersgruppe zwar als ernst, aber keineswegs hoffnungslos. Nach einer Erhebung des Outplacers von Rundstedt stehen Führungskräfte zwischen 46 und 50 Jahren nach einem halben Jahr, zwischen 51 und 55 Jahren nach knapp sieben Monaten und über 55 Jahren nach knapp acht Monaten wieder in Lohn und Brot.

Das muß jedoch nicht bedeuten, daß diese älteren Manager wieder einen festen Vertrag in der Tasche haben. Auch der Wechsel in die Selbständigkeit zählt als Positionierung. Wenn die Erfahrung auf der Gehaltsliste nicht mehr gefragt ist, bieten sich viele Manager als Gelegenheitsposten an. Sie suchen sich ihren Markt als Berater. Dann wird ihr Wissen unter Umständen auch wieder von jenen erworben, die es zuvor auf den Müll warfen.

20 Prozent der von Outplacern betreuten Führungskräfte wechseln in die Selbständigkeit. Insgesamt geben die Berater Vermittlungserfolge an, die sich Wahlergebnissen in der einstigen DDR annähern. 95 Prozent ihrer Klienten fanden mit Hilfe der Outplacer eine neue Aufgabe.

Rosinen aus dem Kuchen

Kritiker meinen allerdings, eine solche Erfolgsquote habe ihre Ursache vor allem in der sorgfältigen Auswahl der Kandidaten.

Die Fürsorge der Outplacer wird beileibe nicht jedem zuteil. Wer als absolut hoffnungsloser Fall gilt, beispielsweise Alkoholiker, scheidet von vornherein aus.

Andererseits machen die Unternehmen auch selten den Versuch, den Beratern solche Kandidaten unterzujubeln. Nieten werfen sie die teure Beratung nicht hinterher. So gibt es auch unter den Geschaßten eine positive Auslese.

Die Berater bekennen sich sogar ausdrücklich dazu, die Rosinen aus dem Kuchen zu picken, nur Kandidaten zu akzeptieren, bei denen auch Aussicht auf Erfolg besteht. Im gegensätzlichen Fall machten sie dem Klienten falsche Hoffnungen, belasteten sie ihre Arbeitskraft und schädigten sie den Ruf ihrer Beratungsfirmen.

Dennoch bleiben fünf Prozent, bei denen auch nach kritischer Vorauswahl ein Neubeginn nicht gelingen will. Meist sind es menschliche Schwächen, die einen neuen Start verhindern. So wie bei jenen Kandidaten, die bei jeder Gelegenheit darauf pochen, etwas für das Geld verlangen zu dürfen, das der ehemalige Arbeitgeber gezahlt hat. Und die nicht begreifen, daß sie selbst spielen müssen, daß der Outplacer nur Trainer ist.

Der Outplacer streicht für seine Bemühungen ein gut bemessenes Honorar ein. Dafür hilft er seinem Klienten wieder auf die Beine. Aber laufen muß er selbst. Sonst war das gesamte Training wertlos.

Aus der Praxis kennen Outplacer auch jene Fälle, in denen der Klient nicht mitspielt. Entweder weil er sich vor dem Sprung ins Ungewisse fürchtet. Oder weil er, durch eine stattliche Abfindung weich gepolstert, keine Veranlassung zu sonderlichen Anstrengungen sieht.

Und dann gibt es noch die Erbsenzähler. Und jene, die nicht auf den Punkt kommen können. Und diejenigen, die die Fehler immer nur bei anderen sehen. Bei diesem Bodensatz passen die Berater. »Wir können niemanden vollkommen umkrempeln«, stellt Eberhard von Rundstedt fest. »Nur beeinflussen. Aber das setzt die Bereitschaft zur Mitarbeit voraus. Es gibt Leute, die waren schon eine Zumutung für ihren alten Betrieb.«

Bleiben die anderen, jene 95 Prozent, denen Outplacement

wieder zu einer neuen Aufgabe verhilft. 31 Prozent von ihnen übernehmen eine vollkommen andere Aufgabe, als sie bis dahin hatten. 27 Prozent machen in dem Bereich weiter, in dem sie auch zuvor tätig waren. Sieben Prozent landen wieder beim gleichen Arbeitgeber, der sie zuvor feuerte. Die schon erwähnten 20 Prozent machen sich selbständig.

Die Angaben der Outplacer über den Verdienst der durch sie in die neue Aufgabe gebrachten Manager sind unterschiedlich. Aber übereinstimmend hoch. Zwischen 80 und 90 Prozent verdienen mindestens soviel wie in der bisherigen Aufgabe, teilweise sogar deutlich mehr. Nahezu jedem dritten unter ihnen, so ermittelte die Schweizer Consultex, gelang es, aus dem Absprung einen Aufsprung zu machen. Sie gehen mit höheren Bezügen als zuvor nach Hause. Ob sich solche Erfolgsmeldungen angesichts der Sparwelle halten lassen, ist fraglich.

Die Fürsorge der Outplacer endet nicht, wenn der Klient einen neuen Anfang macht. Sie beraten ihn bei den Vertragsverhandlungen, begleiten ihn während der Probezeit. Denn die Berater wissen: Die ersten zwölf Monate sind besonders kritisch. Da hat der Neue zwar noch einen Bonus dessen, der ihn einstellte, aber er hat nicht unbedingt die Unterstützung seiner Kollegen. Er stolpert durch ein Minenfeld von Mißtrauen und Eifersucht. Wer nur weiß, daß neue Besen gut kehren, wird selbst bald wieder ausgekehrt. Die Probezeit jedoch bestehen nur vier Prozent der Klienten nicht. Wer das erste Jahr nicht übersteht, darf wieder beim Outplacer anklopfen. Das gehört gewissermaßen zur Garantieleistung.

Arbeitslos

Der Versicherer ist knapp bei Kasse

Im Herbst 1993 bemerkte der Kassenwart der Bundesanstalt für Arbeit in Nürnberg einen verblüffenden Schwund auf den Konten. Er mußte erheblich mehr Geld an Arbeitslose auszahlen, als zuvor veranschlagt worden war. Dabei hatten doch die Statistiker die Zahl der Arbeitslosen einigermaßen genau berechnet, trotz der einsetzenden großen Entlassungswelle in vielen deutschen Unternehmen. Und dennoch stimmte die Kasse nicht. Weil vermehrt Arbeitslose mit höheren Ansprüchen Einlaß begehrten.

Die Tendenz ist weiter steigend. Ende des Jahres 1994 zahlte die Bundesanstalt im Schnitt bereits 2000 Mark Arbeitslosengeld im Monat pro Beschäftigungslosen. Das sind über 300 Mark mehr, als sie noch zu Beginn 1993 veranschlagt hatte, und 200 Mark mehr, als sie Ende 1993 zahlen mußte. Die Ausgaben für den Versicherten steigen beschleunigt, 1993 um 100 Mark im Monat, 1994 um 200 Mark im Monat. Denn immer mehr Besserverdienende – mittlere und leitende Angestellte sowie Facharbeiter – zwingt die Arbeitslosigkeit zum Gang zum Arbeitsamt. Sie haben in ihren guten Jahren mehr eingezahlt, jetzt haben sie Anspruch auf höhere Leistungen.

700 000 Mitarbeiter verloren 1993 ihren Arbeitsplatz. Auf der Spitze des Eisbergs stehen 62 000 Automobilbauer, 20 000 Stahlwerker bei Thyssen, 15 000 bei Krupp Hoesch, 13 000 bei Siemens, 10 000 bei Veba, 6000 Mitarbeiter bei Bayer in Leverkusen, bei Klöckner Humboldt Deutz 2400, bei dem Autozulieferer Zahnradfabrik Friedrichshafen 2300. Und und und. Mehr als die Hälfte der westdeutschen Industriebetriebe reduzierte die Belegschaft. Jeder dritte mittelständische Betrieb plant weiteren Ab-

bau. Kaum eine Branche, in der nicht der Rotstift beim Personal angesetzt wird.

Der Bundesverband des deutschen Groß- und Außenhandels schreckt nicht vor großen Zahlen zurück. Die Einbußen in diesem Geschäft, so der Verband, gefährden 270 000 Stellen.

Die Bekleidungsindustrie fädelte für 40 000 Mitarbeiter im Westen Deutschlands die Freisetzung ein. Im Osten halbierte sie die Zahl der Beschäftigten, nachdem sie bereits ein Jahr zuvor 50 Prozent abgebaut hatte. Und so geht es weiter. Daimler Benz allein entläßt 51 000 Mitarbeiter, davon 43 000 im Inland. Bereits 1992 waren 20 000 Stellen gestrichen worden. Macht 70 000 Stellen, die binnen drei Jahren fortfielen. Die Deutsche Aerospace (DASA) allein will bis 1996 16 000 von 80 000 Arbeitsplätzen streichen. Mit der Viertagewoche kamen bei VW 30 000 Mitarbeiter gerade noch einmal um die Entlassung herum. Mit 7000 eingedampften Stellen gibt sich Opel vergleichsweise bescheiden. Die Werftindustrie, seit langem erfahrener im Streichen von Stellen als von Schiffsrümpfen, setzt noch einmal den Rotstift bei mehr als 3000 Stellen an. Der Elektronikkonzern Alcatel SEL hat angekündigt, bis Ende 1995 insgesamt 5300 Stellen zu streichen.

Zwar hat die Wirtschaft wieder Tritt gefaßt, aber die Mitarbeiter straucheln weiter. Obwohl die Wirtschaft kräftig Fahrt macht, halten sich Entlassungen und Einstellungen lediglich die Waage. Noch sind die Schlankheitskuren nicht beendet. Im Westen der Republik gingen 1994 noch einmal 87 000 Stellen verloren.

Das Europäische Zentrum für Wirtschaftsforschung, Prognos in Basel, erkennt die Zeichen an der Wand als noch erheblich düsterer. Danach muß sich die Bundesrepublik auf sieben Millionen Arbeitslose einrichten. Realistisch gerechnet sind wir heute schon bei nahezu fünf Millionen. Denn die Teilnehmer an Umschulungskursen, die Unbeschäftigten mit Null-Kurzarbeit und die Beschäftigten in Arbeitsbeschaffungsmaßnahmen, sie alle sind in die Reihen der Arbeitslosen zu rechnen, werden aber aus der Statistik herausgeschönt.

McKinsey-Chairman Herbert Henzler glaubt aufgrund von Gesprächen mit Klienten, weitere zwei bis 2,5 Millionen Beschäftigte im verarbeitenden Sektor ausfindig gemacht zu haben, für die es eigentlich nichts mehr zu tun gibt. Diese übertünchte Arbeitslosigkeit, ist Henzler sicher, »bleibt nicht mehr lange verdeckt.«

Mittlerweile kursieren Prognosen, die jedem im mittleren Management das Fürchten lehren müssen. Zwischen 60 und 80 Prozent aller Positionen in diesem Bereich seien eigentlich überflüssig, verbreiten Berater und finden dafür offene Ohren. Die eigentliche Entlassungswelle steht demnach erst noch bevor. Wie viele Manager anschließend bei der Bundesanstalt für Arbeit anklopfen müssen, weiß heute noch niemand. Weder verfügt die BfA für diesen Bereich über gesicherte Statistiken aus der Vergangenheit, noch gibt es verläßliche Vergleichszahlen aus den USA, wo im mittleren Management bereits sehr viel größere Kahlschläge sichtbar sind.

Nur noch ein Vorgang

Das Gedränge auf den Fluren der Arbeitsämter verdichtet sich, das Warten auf den Aufruf der Platznummer dauert länger. Unter die Opfer der Schlankmacher reihen sich zunehmend Damen im Kostüm und Herren mit Schlips und Kragen ein.

Wer sich gestern noch Gedanken um die Gestaltung seiner Visitenkarte machte, sieht sich plötzlich zur Nummer aus dem Rollenautomaten degradiert. Dann sitzt der dynamische Manager zur Untätigkeit verurteilt im Drahtgeflecht des Stuhles auf dem Korridor und stiert auf die elektronische Anzeige, bis seine Nummer endlich rasselnd fällt und er in das Zimmer des Sachbearbeiters hasten kann. Immer voller Angst einer peinlichen Begegnung auf dem Flur mit einem Nachbarn, Geschäftsfreund oder Partner aus besseren Tagen.

Solche Befürchtungen lassen manchen Leitenden von gestern schamvoll zögern, sich beim Arbeitsamt zu melden. Zu sehr sorgen sie sich, nach dem Sturz nunmehr vollends zum Vorgang abgestempelt zu werden. Manager, deren Lebensläufe durchaus einige Dellen aufweisen, sind stolz darauf, sich auch in Zeiten der Arbeitslosigkeit nicht bei der Anstalt gemeldet zu haben. Sie hätten das als Makel empfunden.

Oder aber sie haben sich nicht getraut. Sie glaubten, den Rest ihrer angeschlagenen Würde zu verlieren, wenn sie den Antrag auf Arbeitslosengeld stellten. Die verzweifelte Bitte eines entlassenen Hauptabteilungsleiters wird sich mit Sicherheit nicht erfüllen lassen. Der Mann flehte: »Kann denn das Arbeitsamt keinen Mitarbeiter zu mir schicken?« Da hilft nichts. Nur wer sich persönlich beim Arbeitsamt meldet, gelangt an die Nürnberger Spardose.

Nüchterne Kaufleute, kühle Wissenschaftler verläßt die sonst so bestimmende Distanz. Mit ihrer Bank haben sie um jedes Viertel Prozent für Kredit oder Festgeld gefeilscht. Den Anspruch aus jeder Versicherung haben sie sich genau errechnen lassen. Doch auf die Versicherung gegen die Finanzklemme bei vorübergehender Arbeitslosigkeit möchte mancher selbst dann verzichten, wenn der Versicherungsfall eingetreten ist. Ein Jahr und mehr läßt jeder fünfte Manager verstreichen, ehe er sich überwindet, den Gang zum Arbeitsamt anzutreten. Ein erheblicher Teil der Ansprüche ist dann bereits verfallen.

Unverständlich ist das Zögern keineswegs. Wer jahrelang die landläufige Ansicht vertrat, jeder, der Arbeit suche, finde auch welche, der hat Probleme, sich zur eigenen Arbeitslosigkeit zu bekennen. Je länger die Sachbearbeiter den gewesenen Boß leiten, desto mehr verändert sich allerdings seine Einstellung. Das Bild von der selbst verschuldeten Arbeitslosigkeit anderer wankt, bis es fällt.

Alles unter Kontrolle

Der besonderen Aufmerksamkeit forschender Psychologen und Soziologen erfreuten sich die leitenden Angestellten am Tropf der Bundesanstalt für Arbeit bisher nicht. Zu wenige verkrümelten sich in den Dateien.

Leitende Angestellte bewältigen in der Mehrzahl die Arbeitslosigkeit unbeschadet. Zu diesem Ergebnis kam eine Untersuchung der Fachhochschule Nordostniedersachsen. Jedenfalls gaben das die befragten Manager vor. Ihre Selbsteinschätzung scheint nicht sonderlich zu leiden. Auch bei längerer Arbeitslosigkeit nicht. Sie wirken psychisch resistenter als die Mehrheit ihrer Leidensgenossen ohne Job. Wer längere Zeit ohne Arbeit ist, beginnt an sich zu zweifeln, neigt zu Pessimismus. Nicht so die Leitenden, fand Ullrich Günther, Professor im Fachbereich Wirtschaft an der Fachhochschule Lüneburg, heraus: Auch nach längerer Zwangspause zeigt sich das Selbstbewußtsein unerschütterlich. Und der Blick in die Zukunft bleibt optimistisch.

Dabei hätten einige der von Günther Befragten durchaus Anlaß, mit sich und dem Schicksal zu hadern: 29 Prozent von ihnen suchten seit mehr als zwei Jahren nach einer neuen Aufgabe (30 Prozent zwischen fünf und 24 Monaten, 41 Prozent weniger als vier Monate).

»Ich habe alles unter Kontrolle, und die Arbeitslosigkeit kann mich nicht erschüttern.« Diesen Satz machen ehemalige Leitende, die erst vor kurzem ihre Aufgabe verloren, zur Standardaussage. Und: »Ich gehöre noch nicht zu den seelisch angeknacksten Arbeitslosen.«

Nach Auffassung Günthers neigen Manager in dieser kritischen Lebensphase dazu, ihr Problem zu bagatellisieren. Wer bereits längere Zeit vergeblich nach einer neuen Aufgabe Ausschau hielt, wer Dutzende von Absagen erlitt, formuliert die Summe seiner Enttäuschungen anders: »Ich habe alles getan und tue alles, um Arbeit zu finden. Ich kann mir nichts vorwerfen. Und andere auch nicht.« In dieser Phase wird um die Hilfe anderer gebeten, weil die Betroffenen spüren: Allein können sie ihre Schwierigkeiten nicht mehr lösen.

Denn auch Erfolgreiche destabilisiert der Mißerfolg. Der Lorbeer der Vergangenheit welkt rasch. Der Glanz früherer Leistungen wird bald stumpf.

Dennoch bleiben die ehemaligen Leitenden in ihrer überwiegenden Mehrheit von ihrer Qualifikation überzeugt. 86 Prozent lassen keinen Zweifel an ihren Fähigkeiten aufkommen. Sie schätzen ihre Leistungen in der Vergangenheit und auch für die Zukunft als gut ein. Nur 14 Prozent fürchten, durch die Dauer der Arbeitslosigkeit fachlich den Anschluß zu verpassen.

Die finanzielle Situation der Leitenden von gestern ist in der Arbeitslosigkeit besser als die der Frauen und Männer, die ihnen auf den Fluren der Arbeitsämter begegnen. Zwar bezeichnen 70 Prozent der Manager die finanzielle Lage als angespannt, aber immerhin 30 Prozent sind nicht klamm. Eine Untersuchung zur finanziellen Lage der Arbeitslosen allgemein kam zu einem deutlich anderen Ergebnis: Nur 18 Prozent spüren nichts von der Ebbe in der Kasse.

Es sind nicht nur die Abfindungen, die die Phase der Arbeitslosigkeit der Manager ohne Einkommen auspolstern. Die gut verdienende Ehefrau hilft vielfach, auf gehobenem Standard über die Runden zu kommen. Dennoch: Je höher die eigene Schuld am Verlust des Arbeitsplatzes eingeschätzt wird, desto größer sind die finanziellen Probleme. Wem Fehler nachgewiesen wurden, der zahlt sehr schnell drauf.

Versperrte neue Welt

Das Cover einer Schallplatte mit Sprung hat Kai Brockmann (49) auf einen dicken Aktenordner geklebt: Antonín Dvořák, Symphonie Nr. 9 e-moll op. 95 »Aus der Neuen Welt«. In dem Ordner liegen sorgsam abgeheftet Bewerbungen. Und Absagen. Wenn sie denn eingingen. Auf zwei Bewerbungen erhielt er eine Einladung zum Gespräch. Mehr als ein Dutzend Bewerbungen blieben ohne Antwort. Die verschollenen Fälle nennt Brockmann sie.

Seit einem Jahr ist er arbeitslos. Den Ordner mit dem Cover »Aus der Neuen Welt« nimmt er immer seltener zur Hand. Als er das Bild mit den roten Felsen des Monument Valleys auf den Hefter klebte, glaubte er noch, bald auch in einer neuen Welt zu sein. Allein, er fand den Zugang nicht. Die Türen blieben ihm verschlossen. Je länger er draußen vor der Tür steht, desto verzagter klopft er an.

Manchmal sagt Kai Brockmann: »Ich bin raus. Ich stehe neben der Gesellschaft. Weil ich einen Fehler gemacht habe. Den kann ich mir nicht verzeihen.«

Sein Fehler: Er hat sich zwischen alle Stühle gesetzt. 17 Jahre lang arbeitete er für ein Unternehmen im technischen Krankenhausservice. Dort hatte der Absolvent einer Technischen Fachhochschule in der Konstruktionsabteilung begonnen und schließlich die Techniker des Unternehmens im Außendienst geleitet. 200 Spezialisten reisten nach seiner Regie durch die Republik, installierten, warteten, reparierten. Der Service des Unternehmens galt als vorbildlich. Und so war auch der Ruf Kai Brockmanns.

Alles hätte in Ordnung sein können, wenn da nicht eine Kleinigkeit gewesen wäre. Das Unternehmen hatte seinen Sitz in Stuttgart. Und Brockmann war Hamburger. Mit Leib und Seele. Und all seinen Sehnsüchten. Mit denen kokettierte er immer etwas.

Er fühlte sich wohl im Unternehmen. Er kam mit den Schwaben ganz gut zurecht. Die Familie hatte sich ein schönes Haus gekauft, einen großen Freundeskreis aufgebaut, seine Frau arbeitete halbtags in einer Galerie, die Kinder hatten nur die üblichen Probleme in der Schule. Die Brockmanns wären gut gewesen für jeden Spot mit glücklicher Familie im Werbefernsehen.

Wenn da nicht diese durch den Abstand romantisch gefärbte Sehnsucht nach Hamburg gewesen wäre, nach Hafen und Möwengekreisch, nach Schafen auf dem Elbdeich und dem weiten Himmel der Marsch. Und dann, fügte Brockmann nach solch einer Aufzählung entschuldigend hinzu, lebte auch noch die Mutter seiner Frau in Hamburg.

Im Grunde aber dachte Brockmann nicht daran, Stuttgart zu verlassen. Es war nur ein kleines Hintertürchen für die Seele, das er sich offen hielt.

Dennoch sprach er immer wieder gerne darüber, und wer ihn kannte, kannte auch sein Heimweh nach dem Norden. Auf jeder Messe der Medizintechnik und des Krankenhausservices war der Stand einer Hamburger Firma sein bevorzugtes Ziel. »Heimatluft schnuppern«, nannte er das. Anfangs war er ein willkommener Gast, im Laufe der Zeit wurden daraus freundschaftliche Beziehungen: »Unsere Angebote ergänzten sich. Wir hatten auch ein paar sehr erfreuliche Geschäfte miteinander gemacht. Aber

Hauptsache war doch, daß der Geschäftsführer und ich uns gut verstanden. Wenn ich kam, steppte der Bär.«

Die Arbeit wird zur Last

Und dann kam der Tag, an dem der Geschäftsführer ihn fragte, ob er nicht wirklich Lust habe, nach Hamburg zu wechseln. Demnächst werde die Position des Vertriebsleiters frei, und einem Mann wie ihm ständen alle Türen offen.

Brockmann hat sich nicht sofort entschieden. Das war nicht notwendig. Es hätte ohnehin noch eine Weile gedauert, ehe der Vertriebsleiter in den Ruhestand ging. Brockmann sprach mit seiner Frau über den Wechsel nach Hamburg, und die dachte an ihre Mutter. Frau Brockmann gefiel der Gedanke an einen Umzug. Sie dachte aber auch an die Kinder, an das schöne Haus, an die Freunde. Darum sagte sie vorsichtig etwas von dem Spatzen in der Hand und der Taube auf dem Dach. Kai Brockmann aber war viel zu optimistisch, um auf solche Warnungen zu hören. Je länger er sich die Sache überlegte, desto mehr stand für ihn fest, daß er das Angebot annehmen werde.

»Irgendwie hat mich das verändert«, erinnerte sich Brockmann. »Das ging ganz langsam. Ich fing an, mich über Sachen in meiner Firma zu ärgern, die ich vorher gar nicht wahrgenommen habe. Oder über die ich einfach hinweggegangen bin. Das war ein schleichender Prozeß. Und der war gefährlich. Denn wenn ich mich einmal über eine Sache geärgert hatte, dann saß sie fest. Die bekam ich dann nicht mehr aus dem Kopf. Aber ich konnte mich ja trösten. Ich hatte eine neue Aufgabe in Aussicht. Mit größeren Kompetenzen und mit mehr Gehalt.«

Noch etwas anderes passierte. Kai Brockmann, der dafür bekannt war, Probleme mit leichter Hand beiseite zu räumen, begann sich an den Problemen festzubeißen. Nicht die Suche nach einer Lösung stand für ihn im Vordergrund, sondern der Ärger und die Mühe. Davon gab es bei 200 Mitarbeitern im technischen Außendienst genug. Brockmann verspürte zunehmend weniger Vergnügen daran, die Fehler anderer auszubügeln. Der sonst immer ausgeglichene Mann reagierte mürrisch: »Wahrscheinlich war ich mit meinen Gedanken schon ganz woanders und hatte mich innerlich bereits verabschiedet.«

Auch anderen fielen die Veränderungen auf. Ihnen wahrscheinlich sogar stärker als Brockmann selbst. Seine Vorgesetzten hatten ihn bis dahin mit den positiv gestanzten Betriebsvokabeln versehen: engagiert, motiviert, belastbar, leistungsstark, innovativ. Sie änderten ihr Urteil zwar nicht, aber der Umgang mit Brockmann erschien ihnen zunehmend schwieriger. Das gute Verhältnis zueinander kühlte ab.

Und dann kam der Tag, von dem Kai Brockmann inzwischen sarkastisch sagt: »Es war der Urknall.«

Es ging um ein sachliches Problem, bei dem Brockmann nicht weiterkam. Gestandene Meister mit entsprechender Prüfung leiteten seine Montagegruppen. Betriebsmeister setzte die Firma nicht ein. Unter den Monteuren befanden sich jedoch etliche, die das Zeug dazu gehabt hätten. Brockmann wollte sie zu Betriebsmeistern machen, denn erstens kannten sie besser als alle anderen die zu betreuenden Geräte und zweitens wanderten die Besten von ihnen ab, weil sie keine Zukunft in dem Unternehmen sahen. Doch er scheiterte mit diesem Vorschlag am Inhaber der Firma, der selbst in grauer Vorzeit seine Meisterprüfung gemacht hatte und für den eine solche Qualifizierung zum Aushängeschild des Betriebs gehörte.

Darum also ging es wieder einmal. Weil Brockmann sich erneut eine Abfuhr holte, vergaß er alle Diplomatie: »Wenn Sie das nicht wollen, kann ich das auch woanders machen. Ich habe da ein sehr lukratives Angebot aus Hamburg.«

Damit war es raus, und Brockmann war auch raus. Nicht sofort, aber nach einer Weile. Er machte sich nichts vor, denn die Antwort des Unternehmers war eindeutig: »Reisende soll man nicht aufhalten. Wenn Sie gehen wollen, werden wir Ihnen keine Steine in den Weg legen.«

Im Gegenteil. Der Unternehmer machte den Weg zur Rutschbahn. Er legte Brockmann die Trennung nahe, weil das Vertrauensverhältnis maßgeblich gestört sei. Brockmann ging.

Doch der Weg führte nicht nach Hamburg. Denn dort war

inzwischen der Geschäftsführer entlassen worden. Für Brockmann hatte man keine Verwendung.

Peinliche Begegnungen

Der Weg führte zum Arbeitsamt. Nicht sogleich. Warum denn auch? Brockmann glaubte, lediglich zu kurz gesprungen zu sein. Wenn nicht in Hamburg, dann würde er in kurzer Zeit woanders landen. Es dauerte eine Weile, bis er sich eingestehen mußte, hilflos in der Luft zu hängen. Nach zwei Monaten ging er zum Arbeitsamt.

Es war ein schwerer Gang. Unsicher ließ er sich durch das organisierte Labyrinth gängeln. Anmeldung, Aushändigung der Laufnummer, Warten auf dem Flur. Alle Blicke fühlte er auf sich gerichtet. Der Neuzugang, der nicht hierher gehörte. Nicht zu diesen grauen Frauen und Männern, die so ganz selbstverständlich im Treppenhaus ihre Zigaretten rauchten, sich auf den Korridoren unterhielten. Nummer 311, das war er. »Bestimmt nicht das große Los«, witzelte er für sich. Als die Nummer endlich auf der Anzeigetafel erschien, flüchtete er in das Zimmer der Sachbearbeiterin und meldete sich arbeitslos.

Anfangs glaubte er dennoch, sein Problem schnell lösen zu können, nach kurzer Zeit wieder eine neue Aufgabe zu finden. Damals klebte er voller Optimismus das Cover »Aus der Neuen Welt« auf den Ordner.

Als sich seine Hoffnungen auf eine neue Aufgabe nicht erfüllten, begann er unter der Arbeitslosigkeit zu leiden: Magen- und Darmstörungen, Schweißausbrüche am ganzen Körper. Kai Brockmann, der bis dahin auf seine robuste Gesundheit stolz gewesen war, lernte die Wartezimmer der Ärzte kennen. Die verschrieben ihm Pillen, die nicht halfen. Er schluckte und litt. Die wahre Diagnose hätte lauten müssen: psychosomatische Störungen. Sein Körper zeigte ihm, wie tief die Seele verletzt war.

Anfangs tat es noch wohl, wenn Freunde und Nachbarn ihn fragten, wie es denn nun weitergehen solle, welche Pläne er habe. Dann sagte er leichthin: »Erstmal mache ich jetzt Pause. Die habe ich verdient. Und dann sehe ich mich um, was der Markt zu bieten hat.«

Das sagte er glaubhaft, und jeder war damit zufrieden. Aber je länger die Pause dauerte, desto schwerer fiel es ihm, diese genormten Sätze zu benutzen. Er mußte sich eingestehen, daß sie nur eine Ausflucht waren. Daß er in Wahrheit hätte antworten müssen: »Ich schreibe mir die Finger wund, ich telefoniere mit allen möglichen Leuten, ich versuche es außerhalb der Branche, aber ich finde nichts.«

Die wohlmeinenden Fragen wurden ihm unangenehm: »Unendlich peinlich ist das. Mir ist jedesmal, als müßte ich mich ausziehen und trüge nichts darunter. Und den Leuten fällt auch nichts anderes ein, was sie mich fragen könnten. Immer dies: Wie geht es Ihnen? Was machen Sie denn jetzt? Da kann ich ihnen doch nicht erzählen, daß ich jetzt Hausmann bin. Bestenfalls kann ich ihnen noch sagen, daß die Kinder jetzt endlich einmal etwas von ihrem Vater haben.«

Kai Brockmann spürt aber auch, daß die Bekannten die Begegnung mit ihm als peinlich empfinden. Sie weichen ihm aus, wechseln die Straßenseite in der Hoffnung, nicht bemerkt worden zu sein. Am Anfang hat er noch ab und zu mit Kollegen telefoniert. Die machten dann Mut: »So einer wie du, der findet doch gleich wieder was. Du hast schließlich gute Arbeit geleistet. Wenn ich mal was von einer interessanten Aufgabe höre, dann sage ich dir das gleich.«

Sie hörten offensichtlich nichts, und sie ließen immer weniger von sich hören. Bis das Telefon verstummte. Brockmann ging wieder auf Messen, besuchte Bekannte und Geschäftspartner von ehedem. Die anfängliche Herzlichkeit glitt langsam ab in Höflichkeit.

Abgehängt

Der Optimismus, den Bekannte und Kollegen ihn so plakativ spüren ließen, schlug in Pessimismus um. Die vorgestanzten Sätze wie »Das kann jedem mal passieren« blieben aus. Mit der Dauer der Arbeitslosigkeit wurde sie mehr und mehr mit der

Person Kai Brockmanns in Verbindung gebracht. Als er nach einem halben Jahr keine neue Aufgabe gefunden hatte, fühlte er sich abgehängt.

»Ich habe weiter versucht, mein Leben so ordentlich wie möglich zu gestalten. Ich bin immer früh aufgestanden, und das mache ich auch weiter. Ich helfe meiner Frau, soweit ich es kann und sie mich läßt. Aber da fehlt etwas Wesentliches. Ich habe kein Einkommen mehr. Nicht, daß es uns schlecht ginge. Da ist die Abfindung, das kleine Gehalt meiner Frau und das Arbeitslosengeld. Große Ansprüche haben wir nie gestellt. Wir kommen ganz ordentlich zurecht. Aber ich habe einfach nicht mehr das Gefühl, für meine Familie sorgen zu können. Das macht mich krank.«

Nach einem halben Jahr ohne Aufgabe, ohne Perspektive begann Kai Brockmann an sich selbst zu zweifeln. Alle Erfolge, alle Bestätigungen, die er bis dahin in seinem Beruf gefunden hatte, fielen in sich zusammen. Er machte sich Vorwürfe, von seinem unausgereiften Wechsel nach Hamburg gesprochen zu haben. Er gab sich die Schuld, leichtfertig eine sichere und anerkannte Position aufs Spiel gesetzt zu haben. Je mehr Vorwürfe er sich machte, desto unsicherer wurde er. Er grübelte sich ins Abseits, verstieg sich zu der Frage, welche Berechtigung zum Dasein er eigentlich noch habe. Und er fragte sich, wie lange er noch das Recht habe, so zu leben, auf Kosten seiner Frau und der Allgemeinheit: »Ich bin abhängig von anderen und von Dingen, die ich nicht beeinflussen kann. Aber ein vollwertiges Mitglied der Gesellschaft kann ich doch nur sein, wenn ich meine Angelegenheiten selbst regele.«

Das blieben keine flüchtigen Gedanken. Sie setzten sich tiefer in Brockmann fest. Und sie wurden immer quälender: »Wenn ich jetzt etwas mache, dann für meine Familie und für mich. Ich kaufe ein, putze, koche manchmal. Aber ich muß arbeiten, um an der Gesellschaft teilhaben zu können. Alles andere zählt nicht. Was ich ausgebe, habe ich nicht selbst verdient. Das bedrückt mich.«

Nahezu 20 Jahre lang hat er seine Beiträge zur Arbeitslosenversicherung bezahlt. Manchmal hat er über die hohen Sozialabgaben gemosert. Jetzt sagt er: »Ich will aus diesem Topf nicht leben.«

Um den Abschluß nicht zu verpassen, deckt sich Brockmann mit Fachlektüre ein. Er kauft Fachzeitschriften, von denen er bisher noch nicht einmal Kenntnis hatte. »Aber«, sagt er, »ich kann nicht immer nur in mich reinstopfen. Ich will das auch mal wieder anwenden können.«

Er will wieder zeigen, was er kann. Der Verdienst spielt dabei nicht die Hauptrolle. Für Brockmann ist das nicht mehr als die Anerkennung der Leistung: »Viel wichtiger ist, daß ich wieder ein paar Dinge bewege, auf die ich anschließend auch ein bißchen stolz sein kann.«

Aus der Neuen Welt? Kai Brockmann hat Antonín Dvořáks 9. Symphonie e-moll op. 95 schon lange nicht mehr gehört.

Wenn das Arbeitsamt zahlen soll...

Gemessen an der Stabilisierung des Ichs während der Arbeitslosigkeit ist der Umgang mit dem Arbeitsamt ein Kinderspiel. Denn auch dem unerfahrensten Arbeitslosen bleibt gar keine andere Wahl, als sich am Laufgitter der Anstalt entlang zu hangeln. Die dort tätigen Damen und Herren haben ihre gesetzlichen Vorgaben, an die sich jeder zu halten hat.

Darum an dieser Stelle ein paar Grundregeln für den Fall, den niemand will:

Nur wer sich persönlich meldet, kann Arbeitslosengeld beantragen. Diese Anmeldung kann auch die freundlichste Sekretärin ihrem scheidenden Chef nicht abnehmen. Erst wenn der Verlust des Jobs in den Akten vermerkt ist, besteht frühestens Anspruch auf das Geld aus Nürnberg. Wer sich meldet, bevor er das letzte Mal ins Büro fuhr, spart Wartezeit.

Allerdings kann das Arbeitsamt Sperrzeiten verhängen. Die unverzügliche Bewilligung des Arbeitslosengeldes scheitert, wenn das Unternehmen vor Ablauf der Kündigungsfrist verlassen oder ein Aufhebungsvertrag geschlossen wurde. Das ist beim Aushandeln der Bedingungen des Ausscheidens zu berücksichtigen. Schließlich kann die Zeit ohne Einkünfte mehrere Monate dauern. Zudem verringert sich der Zeitraum, in dem

Anspruch auf Arbeitslosengeld besteht, um die Dauer der Sperrzeit.

Seit die Neufassung des Paragraphen 110 des Arbeitsförderungsgesetzes (AFG) in Kraft trat (1. 1. 1995), wirkt sich die Zahlung einer Abfindung spürbar auf die Leistungen der Bundesanstalt für Arbeit aus. Wenn eine derartige Zahlung im Aufhebungsvertrag vereinbart wurde, schränkt das die Dauer des Anspruchs auf Leistung um 25 Prozent ein. Das erste Geld der BfA wird dann nicht nach zwölf Wochen, sondern teilweise erst acht Monate nach dem Kündigungstermin gezahlt. Arbeitsrechtler raten deshalb, im Aufhebungsvertrag formulieren zu lassen, das Arbeitsverhältnis sei aus betrieblichen Gründen zur Vermeidung einer sonst unumgänglichen Kündigung beendet worden.

Vertragswidriges Verhalten gegenüber dem Arbeitgeber führt ebenfalls zur Sperrzeit.

Bei wichtigem Grund allerdings verzichtet die Bundesanstalt für Arbeit auf eine Sperrzeit. Dieser Fall tritt ein, wenn unter Berücksichtigung der gesamten Umstände eine Fortsetzung des Arbeitsverhältnisses nicht zugemutet werden kann.

Vier Dinge braucht der Mann

Beim ersten Besuch des Arbeitsamtes sind Personalausweis, Lohnsteuerkarte, Sozialversicherungsausweis und Arbeitsbescheinigung mitzubringen.

- Arbeitsbescheinigung: Selbst Personalabteilungen, in denen Entlassungen zur traurigen Routine gehören, vergessen leicht, sie auszustellen. Sie versäumen das um so eher, je mehr Wirbel mit einem Rausschmiß verbunden ist. Rechtzeitiges Mahnen erspart die Wartezeit.
  Die gleichen Personalabteilungen zeigen sich beim Ausfüllen der Arbeitsbescheinigung häufig noch unerfahrener als der Betroffene. Peinlich genaue Überprüfung der Angaben ist also notwendig, um Nachteile zu vermeiden.
- Sozialversicherungsausweis: Ohne den läuft nichts. Schließlich muß die klamme Bundesanstalt höllisch aufpassen, daß nie-

mand mit Schwarzarbeit Kohle macht. Oder zweimal kassiert: Arbeitslosengeld und ein zweites Einkommen. Darum bleibt der Sozialversicherungsausweis in der Obhut des Arbeitsamtes. Nur wer ihn abgibt, kann auch seine Kontonummer angeben.

Ein Neuzugang, der aus irgendwelchen Gründen noch nicht im Besitz dieses Ausweises sein sollte, kommt auch über die Runden, wenn er den Ausweis über die Versicherungsnummer in der Sozialversicherung aus dem Sozialversicherungsnachweisheft hinterlegt. Wer an dieser schlichten Forderung scheitert, muß zumindest, wie es in einem erläuternden Merkheft heißt, »gegenüber dem Arbeitsamt glaubhaft machen, daß bei der zuständigen Krankenkasse ein Sozialversicherungsausweis beantragt« wurde. Sollte das alles noch nicht weiterhelfen, beantragt das Arbeitsamt einen Sozialversicherungsausweis und hinterlegt ihn bei sich.

Aber das kostet Zeit und Geld. Besser ist es, den Ausweis bereits beim ersten Besuch des Arbeitsamtes mitzubringen. Spätestens aber, wenn der ausgefüllte Antrag abgeliefert wird.

- Lohnsteuerkarte: Aus der Lohnsteuerkarte ergibt sich, in welche Leistungsgruppe der Arbeitslose eingestuft wird. Ausschlaggebend ist dabei die Steuerklasse, die zu Beginn des Jahres eingetragen wurde. Allerdings sind spätere Änderungen möglich. Wenn Ehegatten die Steuerklasse wechseln, so berücksichtigt das Arbeitsamt dies von dem Termin an, an dem die Voraussetzungen für den Wechsel vorlagen. Die neu eingetragenen Steuerklassen müssen aber den tatsächlichen Verhältnissen der Einkommen beider Ehegatten entsprechen.

Bei der Berechnung des Höchstsatzes ergeben sich nachstehende Differenzen (Stand 1994) der wöchentlichen Beträge (erste Summe mit, zweite Summe ohne Kind): Steuerklasse I = 636,–/569,40 Mark, II = 669,–/598,80 Mark, III = 744,–/666,– Mark, IV = 636,–/569,40 Mark, V = 465,–/416,40 Mark, VI = 450,–/403,20 Mark.

Bei einem leitenden Angestellten, der auf die Nürnberger Empfängerliste gerät, darf unterstellt werden, daß alle Voraussetzungen für den Höchstsatz erfüllt sind. Dann erhält der Arbeitslose mit Kind 67 Prozent und ohne Kind 60 Prozent des pauschalierten Nettoarbeitsentgelts.

Für den Betrag an das Arbeitsamt gibt es eine Obergrenze. Entsprechend gibt es sie auch für die Leistung des Arbeitsamts. Daraus errechnet sich gegenwärtig bei einem Kind ein Höchstsatz von 3324,– Mark monatlich.

Das Arbeitslosengeld ist steuerfrei. Zur Ermittlung des Steuersatzes muß es jedoch gegenüber dem Finanzamt angegeben werden, wenn andere Einkünfte, beispielsweise der Verdienst der Ehefrau, vorhanden sind. Der Leistungsnachweis ist so sorgfältig aufzuheben wie alle anderen Belege für das Finanzamt auch.

Alle Zeit bereit

Wer auf der Payroll der Nürnberger Anstalt als Leistungsempfänger steht, begibt sich gänzlich in die Obhut der Behörde. Die Verfügbarkeit ist eine der wenigen Pflichten, die von dem Arbeitslosen erwartet wird. Die aber rigoros. Der Arbeitslose »muß jederzeit erreichbar sein und das Arbeitsamt auch täglich aufsuchen können«. In der Praxis verlangt das natürlich niemand. Es genügt, einen eventuellen Brief in Empfang nehmen zu können. Dafür erwarten die Vermittler eine rechtzeitige Abmeldung, falls aus zwingenden Gründen eine längere Abwesenheit notwendig sein sollte.

Zu den Vorschriften des Arbeitsamts gehört die Meldepflicht. Wie häufig sich der Betroffene zu melden hat, legt der Vermittler fest. Mindestens alle drei Monate. Wer den vereinbarten Termin nicht einhalten kann, tut gut daran, sich rechtzeitig vorher abzumelden. Mit Begründung. Unterbleibt das, droht eine Säumniszeit. Das bedeutet, die Leistung kann für zwei Wochen gestrichen werden. Wenn es berechtigte Gründe gibt, kann sich der Entzug auch auf eine Woche reduzieren.

Bei ganz sturen Kandidaten schaltet das Arbeitsamt dann eine verschärfte Gangart ein. Wer sich innerhalb der Säumniszeit trotz erneuter Aufforderung binnen zwei Wochen nicht meldet, wird von der Empfängerliste gestrichen. Bis er sich wieder meldet. Ohne neue Aufforderung. Auf jeden Fall aber ist er mindestens für vier Wochen gestrichen.

Eine solche Pause vom Arbeitsamt ist nicht gleichbedeutend mit einer Verlängerung des Zeitraums, während dessen Arbeitslosengeld empfangen werden kann. Säumniszeiten rechnet die Anstalt an, reduziert also die Anspruchszeit entsprechend. Allerdings höchstens um 48 Tage.

Urlaub vom Arbeitsamt gibt es auch. Drei Wochen im Jahr billigt der Gesetzgeber zu. Ein Anspruch darauf besteht jedoch nicht, wenn die Vermittlung in eine andere Aufgabe dadurch beeinträchtigt würde. Die Abfindung auf einer langen Kreuzfahrt zu verjubeln, während die Stütze aufs Konto kleckert, das ist nach den Spielregeln nicht drin.

Nach den Regeln der Bundesanstalt ist das so: Auch die drei Wochen Urlaub dürfen nicht ohne Abmeldung angetreten werden. Jedenfalls nicht, wenn damit eine Reise verbunden ist. So früh wie möglich ist der Arbeitsvermittler von einem längeren Aufenthalt außerhalb des Wohnorts zu informieren. Eine Woche vor Reiseantritt, so das von der Bundesanstalt herausgegebene Merkblatt für Arbeitslose, wird der Vermittler mitteilen, »ob auch während der Zeit Ihres auswärtigen Aufenthalts die Weiterzahlung des Arbeitslosengeldes möglich ist. Verreisen Sie ohne vorherige Unterrichtung und Zustimmung Ihres Arbeitsvermittlers, wird die Bewilligung der Leistung rückwirkend vom Reisebeginn an aufgehoben.«

Der Urlaub kann auf sechs Wochen verlängert werden. Drei Wochen davon sind dann allerdings unbezahlter Urlaub.

Auch Krankmeldungen verlangt das Arbeitsamt. Jedenfalls wenn der Kranke nicht arbeitsfähig ist. Dann ist mit ärztlichem Attest die Dauer der Krankheit zu belegen. Auch wenn sie länger dauert, als anfangs vermutet. Wenn die Gesundheit wieder hergestellt ist, erwartet das Arbeitsamt abermals Meldung.

An kranke Versicherte zahlt das Arbeitsamt nur sechs Wochen lang Arbeitslosengeld. Dann müssen die Kollegen von der Krankenkasse einspringen, die Krankengeld zahlen. Damit ändern sich zwar Absender und Bezeichnung, unterm Strich aber bleibt die

Summe die gleiche. Das Krankengeld entspricht dem Arbeitslosengeld.

Da jedoch beide Versicherungen chronisch unter Geldmangel leiden, passen sie genau auf, wer wann zu zahlen hat. Automatisch läuft deshalb gar nichts. Wenn das Arbeitsamt nach überstandener Krankheit die Zahlungen wieder übernehmen soll, erwartet es einen erneuten Antrag.

Wer sich mit dem Arbeitsamt einläßt, läßt sich auch auf dessen Bedingungen ein. Und darauf, was die Bundesanstalt für Arbeit als zumutbar ansieht. Das Arbeitsamt erwartet:

»daß Sie bereit sind, jede zumutbare Beschäftigung anzunehmen. Bei der Frage der Zumutbarkeit ist zu bedenken:

- daß die neue Beschäftigung nicht unbedingt Ihrer Ausbildung oder Ihren bisherigen beruflichen Tätigkeiten entsprechen muß,
- daß die neue Arbeitsstelle weiter als die bisherige von Ihrer Wohnung entfernt sein kann,
- daß die Arbeitsbedingungen ungünstiger sein können als die bisherigen,
- daß die Dauer, Lage und Verteilung der Arbeitszeit anders als bei Ihrer bisherigen Beschäftigung sein kann.«

Ein Merkblatt mit diesen Bestimmungen erhält jeder Arbeitslose schon beim ersten Besuch in die Hand gedrückt. Für arbeitslos gewordene Leitende wirken solche Angaben wie Nachrichten aus einer anderen Welt.

Die Bereitschaft, eine Aufgabe unter dem bisherigen Niveau anzunehmen, nimmt bei arbeitslosen Managern mit der Dauer der Arbeitslosigkeit zu. Dies um so rascher, wenn kleine Zwischenerfolge ausbleiben. Nach mehreren Monaten ohne Aufgabe ist die Mehrheit bereit, eine Arbeit unter der bisherigen Qualifikation und vor allen Dingen unter dem bisherigen Ansehen anzunehmen.

In gleichem Maße wächst auch der Wunsch, sich mit der Abfindung auf einem Arbeitsplatz einzukaufen. Die Beteiligung an einem kleinen Unternehmen ist so ein Weg.

Je mehr Absagen gesammelt werden, desto deutlicher formuliert sich der Wunsch nach Selbständigkeit. Beim Weg in die Selbständigkeit kann das Arbeitsamt nach den Bestimmungen des Paragraphen 55a des Arbeitsförderungsgesetzes (AFG) behilflich sein.

Krankenkasse und Rente

Den Betrag für die Krankenversicherung übernimmt die Bundesanstalt für Arbeit während des Bezugs von Arbeitslosengeld. Das Mitglied einer gesetzlichen Krankenkasse kann in dieser Kasse bleiben. Private Versicherungen werden nicht übernommen.

Das Arbeitsamt zahlt in der Regel erst die Beiträge an die Kasse, wenn es auch das Arbeitslosengeld auszahlt. Da zwischen dem Stellen des Antrags und der ersten Zahlung eine Sperrzeit liegen kann, in der das Arbeitsamt in den ersten vier Wochen die Beiträge zur Krankenkasse nicht übernimmt (ab der fünften Woche wird auch bei einer Sperrzeit gezahlt), muß rechtzeitig über den Fortbestand der Krankenversicherung mit der Kasse gesprochen werden. Einen Monat nach dem Ausscheiden aus dem Arbeitsverhältnis wirkt die Krankenversicherung noch automatisch weiter.

Die Rentenversicherung übernimmt die Bundesanstalt für Arbeit ebenfalls, wenn im letzten Jahr, bevor das Arbeitslosengeld bezahlt werden muß, pflichtgemäß Beiträge entrichtet wurden. Das Arbeitsamt übernimmt die Zahlung allerdings nur in Höhe des Pflichtbeitrags. Bestand keine Versicherungspflicht und wurden keine Beiträge entrichtet, kann beim Träger der Rentenversicherung ein Antrag auf Versicherungspflicht gestellt werden. Geschieht dies innerhalb der ersten drei Monate, nachdem das Arbeitslosengeld gezahlt wird, besteht die Versicherungspflicht rückwirkend. Wird dieser Zeitpunkt versäumt, beginnt die Versicherungspflicht erst mit dem Vorliegen des Antrags.

Eine Verzögerung kann sich später negativ auf die Höhe der Rente auswirken. Rechtzeitiges Handeln schützt vor bösen Überraschungen. Die Rentenversicherungsnummer gehört deshalb auf jeden Fall zu den Angaben, die gegenüber dem Arbeitsamt gemacht werden müssen.

An welchen Rententräger gezahlt wird, teilt das Arbeitsamt im Bewilligungsbescheid mit.

Auch wenn keine Versicherungspflicht bei einem gesetzlichen Rententräger bestand, übernimmt die Bundesanstalt für Arbeit bis zu einer festgesetzten Höhe die Beiträge für die Altersversorgung. Das kann der Fall sein, wenn Beiträge an berufsständische Versicherungen oder Versorgungseinrichtungen gezahlt wurden. Oder aber auch bei einer Lebensversicherung.

Sonderservice ab 100 000 Mark

Für ihre volkswirtschaftlich teuren Kunden richtete die Bundesanstalt für Arbeit bereits 1954 einen besonderen Service ein. Führungskräfte ab 100 000 Mark Jahreseinkommen können sich seiner Dienste erfreuen.

Mitten im Wirtschaftszentrum Frankfurt, zwischen Alter Oper und Hauptbahnhof, residiert die Zentralstelle für Arbeitsvermittlung (ZAV). 50 Spezialisten widmen sich dort dem exklusiven Arbeitsmarkt der Führungskräfte. Die Kundschaft ist ausgesucht. Schließlich gehören gerade 3,7 Prozent der Arbeitnehmer der kleinen Schicht zwischen Betriebsleiter und Abteilungsleiter an. Und das sind die Klienten der ZAV, gleichgültig ob im Job oder nach Verlust des Jobs.

Die ZAV versteht sich als Vermittler zwischen Unternehmen und Führungskräften. Sie stellt die Verbindungen zu Konzernen und zu mittelständischen Unternehmen ebenso her wie zu Ministerien, Stiftungen und Verbänden.

Die ZAV ist in drei Bereiche gegliedert:

- Managementvermittlung national
- Managementvermittlung international
- Büro Führungskräfte der Wirtschaft (BFW)

Die Anschrift der ZAV:

Zentralstelle für Arbeitsvermittlung
Feuerbachstraße 42–46
60325 Frankfurt
oder

Postfach 17 05 45
60079 Frankfurt
Telefon 0 69/71 11-0
Teletex 6 997 421
Telefax 0 69/71 11-5 55

Führungspersönlichkeiten vom Abteilungsleiter bis zum Geschäftsführer betreut die Managementvermittlung national im inländischen Bereich. Das Schwergewicht liegt dabei auf der Vermittlung von Abteilungsleitern und Stabskräften, gefolgt von Bereichs- und Hauptabteilungsleitern. Etwa 20 Prozent der Positionen vermittelt die ZAV in diesem Teilgebiet auf der Ebene der Vorstände und Geschäftsführer.

Als ihr Leistungsangebot gibt die Managementvermittlung national an:

- Individuelle Karriereberatung für Führungskräfte aus der Wirtschaft
- Markttransparenz und aktuelle Informationen über den Führungskräftebedarf und die üblichen Konditionen in den einzelnen Branchen und Funktionen
- Hinweise zur Bewerbungsstrategie
- Stellenangebote aus allen Zweigen der Wirtschaft
- Plazierung von Stellengesuchen in hauseigenen Medien, Fachzeitschriften und Zeitungen
- Präsentation der Bewerbung bei Arbeitgebern in Abstimmung mit dem Kandidaten
- Information und Beratung über Möglichkeiten der beruflichen Fortbildung
- Information und Beratung über Beschäftigung im Ausland.

Gegenwärtig werden hauptsächlich Positionen in Handel und Dienstleistung vermittelt. Diese Bereiche haben weniger unter der Abschwächung der Konjunktur gelitten als das produzierende Gewerbe. Vertriebs- und kundenorientierte Kräfte haben die besten Vermittlungschancen. Weniger gute Aussichten bestehen in Werbung und Marktforschung, für Ingenieure und strategisches Marketing.

Der zweite wichtige Vermittlungsbereich ist die Industrie, deren Anteil jedoch nur noch ein Drittel ausmacht. Die Vermittlung kann nur ein Spiegelbild der gesamten wirtschaftlichen Situation sein. Und in der tun sich die Vermittler in den Bereichen Werkzeugmaschinenbau, im gesamten Maschinenbau, bei Kfz-Zulieferern, in der Elektro- und Elektronikindustrie und in der chemischen Industrie schwer. Vor allem Aufgaben in Forschung und Entwicklung gehen zurück.

Klasse statt Masse verheißen die ausgehandelten Gehälter. Nahezu 40 Prozent der 1993 abgeschlossenen 633 Verträge lagen über 140 000 Mark im Jahr. 23 Prozent hingegen lagen unter der 100 000-Mark-Grenze.

Für die Positionen ganz oben im Topmanagement richtete die ZAV das »Büro Führungskräfte der Wirtschaft (BFW)« ein. Wer in diese Kartei gelangen will, muß zu den Spitzenkräften zählen. Nur Vorstände, Direktoren und Geschäftsführer für mittlere und große Unternehmen werden hier auf den Weg gebracht.

Die Managementvermittlung international baut die Brücke ins Ausland. Deutschland ist Exportland. Auch bei durch die ZAV vermittelten Führungskräften. Im internationalen Bereich ist die Erfolgsquote der Frankfurter Jobmakler mehr als doppelt so hoch wie im Inland. Deutsche Unternehmen, die Projekte im Ausland starten, Niederlassungen oder Tochterfirmen jenseits der Grenzen haben, rekrutieren Führungskräfte aus der Kartei der ZAV.

Zu den Kunden gehören auch Beratungsunternehmen und ausländische Firmen, die sich deutsches Know-how an Land ziehen wollen. Verstärkt werden Experten für Osteuropa gesucht.

Auch die Managementvermittlung international hat ein Büro für besondere Anforderungen. Das heißt »Büro Führungskräfte zu internationalen Organisationen«. Die Vertreter deutscher Organisationen werden dort gesucht. Das ist ein kleiner, hochkarätiger Zirkel. Nur 2500 deutsche Führungskräfte arbeiten in den 150 internationalen und supranationalen Organisationen, in denen die Bundesrepublik Mitglied ist. Immerhin gingen mehr als ein Viertel der durch die ZAV expedierten Kandidaten in eine derartige Organisation. Wenn auch nicht immer als Spitzenkraft. Auch der akademische Nachwuchs erhält seine Chance über die ZAV.

Das Schwergewicht der vermittelten internationalen Aufgaben liegt in der Entwicklungshilfe, gefolgt von der Wirtschaft.

Seit 1991 unterhält die ZAV eine Dependance in Berlin. Sie ist für Vermittlungen in Berlin und den neuen Bundesländern zuständig. Die Adresse lautet:

Zentralstelle für Arbeitsvermittlung
Dependance Berlin
Kurfürstendamm 206
10719 Berlin
Telefon 0 30/88 59 06-0
Telefax 0 30/88 59 06-49

Die Boomjahre auf dem von der Dependance betreuten Arbeitsmarkt sind jedoch schon vorüber. Die Vermittlungschancen sind mies.

Inzwischen sind die Gehälter auch für die Manager im Osten Deutschlands erheblich niedriger als im übrigen Bundesgebiet. Die Sibirienzulage schmolz schneller als der Schnee in der Taiga. Und weil viele Unternehmen sich nach negativen Erfahrungen scheuen, sich längerfristig festzulegen, besetzen sie Aufgaben vornehmlich mit Leuten aus den eigenen Reihen. Oder mit Bewerbern aus der Region.

Die Alten werden immer jünger

Wenn Erfahrung nicht mehr gefragt ist

»Vierzig Jahre sind das Alter der Jugend, fünfzig die Jugend des Alters.«

Als Victor Hugo das formulierte, wußte er nichts von Jugendkult und Vorruhestand. Gegenwärtig muß ein Manager es mit 40 bis oben geschafft haben, um nicht als Versager zu gelten. Die 50 markiert bereits den Anfang vom Ende. Jenseits des feierlichen Geburtstags lebt es sich gefährlich. Jungmanager, während des Studiums auf Karriere getrimmt, drängen mit Nachdruck auf die vermeintlich weichen Chefsessel. Und die vorzeitig rausgedrückten Alten stehen vor verschlossenen Türen, wenn sie eine neue Aufgabe suchen.

Dabei werden die Alten immer jünger. Schon mit 45 Jahren zählen sie dazu. Dann beginnen die gefährlichsten Jahre. Für die Anhänger des Jugendkults wirkt die Führungskraft schon verbraucht. Und der Weg bis zur Rente ist noch lang.

Der vorzeitige Ruhestand entwickelt sich zum gängigen Instrument der Unternehmen, um in der Hierarchie unmittelbar unter den Topetagen Luft zu schaffen. Große und kleine Unternehmen verhalten sich da gleichermaßen. Allerdings bereiten große Konzerne die Strategie besser und langfristiger vor. Sie planen mit einem Vorlauf bis zu fünf Jahren.

Ab 50 setzen die großen Unternehmen die Frühpensionierung als Mittel der Personalplanung ein. Die permanente Verjüngungskur auf Kosten der Allgemeinheit erfreut sich bei Personalleitern wachsender Beliebtheit, die öffentlichen Kassen bezahlen den vorzeitigen Abschied von der Arbeit mit Milliarden. Die 100 größten in Deutschland haben nahezu alle ein System entwickelt, um sich von den in die Jahre gekommenen Mitarbeitern vorzeitig zu trennen. Offen gesprochen wird darüber jedoch nicht. Noch nicht einmal in Arbeitspapieren werden solche Strategien festgehalten. Würden sie bekannt, ließen sich daraus unter Umständen Ansprüche ableiten. Das soll verhindert werden. Zwischen 70 und 85 Prozent der Nettobezüge zahlen die Unternehmen, bis der früheste Zeitpunkt des Rentenanspruchs erreicht ist.

Bei IBM kann mit 57,5 Jahren Schluß sein, bei BASF bereits mit 55 Jahren, und bei BP und Ford kann die Führungskraft bereits mit 50 Jahren in den zweifelhaften Vorzug kommen.

Wer auf diese Weise das Unternehmen verlassen hat, muß sich keine neue Perspektive aufbauen. Nach der bitteren Erfahrung, in voller Schaffenskraft bereits zum alten Eisen zu zählen, bleibt dann zumindest die zweite negative Erfahrung erspart: keinen Zugang mehr in eine neue Aufgabe zu finden. Einige Unternehmen stellen grundsätzlich niemanden ein, der älter als 50 Jahre ist.

Fit und verbraucht?

Zwar werden die Menschen immer älter und die Leistungsfähigkeit verschiebt sich immer weiter in das Alter hinein, aber bis zu den Verantwortlichen der Personalführung scheint sich das noch nicht herumgesprochen zu haben. Oder sie verdrängen dieses Wissen erfolgreich.

In einigen Bereichen der Wirtschaft ist grundsätzlich mit 60 Schluß. Dabei belegen Studien, daß die Menschen hierzulande langsamer altern. Sie sind heute mit 70 biologisch um zehn Jahre jünger als noch vor 20 Jahren.

Dennoch urteilt der oberste Bertelsmann Reinhard Mohn in einem Interview mit dem »manager magazin«: »Wer bei uns im Topmanagement hart gearbeitet hat, der hat's mit 60 hinter sich. Irgendwann fehlen Kraft, Härte, Einsatzbereitschaft, Durchsetzungsvermögen und Aggressivität – Dinge, die zum Erfolg gehören.«

Die im Laufe eines langen Arbeitslebens gesammelten Erfahrungen, gepaart mit Zuverlässigkeit und Verantwortungsgefühl, wiegen dagegen offensichtlich sehr viel leichter.

In einer Untersuchung in einem Zeitraum über fünf Jahre weisen die Klienten der Outplacement-Beratung DBM von Rundstedt ein Durchschnittsalter von 47 Jahren auf. Zur Problemgruppe der über 49jährigen zählen 41 Prozent. Die Mehrzahl gehörte zu den Altgedienten, bevor das Unternehmen sie vor die Tür setzte. Durchschnittlich arbeiteten sie zwölf Jahre für den Betrieb. Dienstältester war ein Manager, der nach 35 Jahren unfreiwillig gehen mußte.

Freiwillig verläßt jenseits des 40. Geburtstages nur noch selten jemand eine sichere Position. Die geringen Aussichten auf eine gleichwertige Aufgabe sind nur zu gut bekannt. Zudem weiß jeder, daß er in einer neuen Firma mit dem Rücken zur Wand den Start überstehen muß. Deshalb zieht es die Mehrzahl vor, auf bekanntem Terrain zu bleiben. Dort sind die Reviere abgesteckt und die Fallen gekennzeichnet. Dem Ansehen ist das allerdings nicht förderlich. Abfällig wird von den Elefantenfriedhöfen gesprochen, von der Beamtenmentalität, die sich die älteren Mitarbeiter angeeignet haben sollen. Die Jungen unterstellen den Alten, keine Perspektive mehr zu haben, sich nur noch an den Erfolgen der Vergangenheit zu orientieren.

Entsprechend werden sie behandelt. Als lohne es sich nicht, in ihre Fortbildung noch zu investieren, taucht ihr Name immer seltener auf den Teilnehmerlisten der Seminare auf. Sie werden nicht mehr gefragt. Die Älteren reagieren darauf, wie es ihnen unterstellt wird: Sie lehnen ab, wenn sie ausnahmsweise doch einmal ins Training geschickt werden sollen. Damit bestätigen sie das verhängnisvolle Vorurteil.

Rasche Reue

Der Weg in den vorzeitigen Abschied ist mit Enttäuschungen gepflastert. Voller Überzeugung und glücklich stimmt kaum jemand seiner Frühpensionierung zu. Es ist eher die Resignation vor dem Unabänderlichen. Zwar erklären Personalmanager, die von ihnen mit Blumenstrauß und warmem Händedruck in die Dauerfreizeit geschickten Manager träten diesen Weg voller

Freude an, aber selbst, wenn es danach aussieht: Beide Seiten machen sich etwas vor.

Am Anfang sind viele noch froh, endlich aus der Tretmühle heraus zu sein. Das ändert sich. Spätestens nach einem halben Jahr wird den Rausgedrängten der Abschied in die Leere bewußt. In ihrer aktiven Zeit hat der Beruf das Privatleben bestimmt. So intensiv dominierte die Arbeit das persönliche Leben, daß nach der Verabschiedung nichts mehr bleibt. Sehr viele, die fröhlich winkend ausschieden, möchten nach sechs Monaten das Rad noch einmal zurückdrehen können. Sie bereuen ihre Entscheidung. Nicht wegen des schmaler gewordenen Einkommens. Ihre Haushaltslage konnten sie sich ausrechnen. Die Langeweile eines Müßiggängers nicht. Ihnen fehlt die Aufgabe.

Nur wer innerlich längst aus Frustration kündigte, wer im Gatter im Kreis trabte, weil alle Wege nach vorn versperrt waren, kann den vorzeitigen Ruhestand vorübergehend als Erlösung empfinden. Die Anerkennung, die in früheren Jahren zum Sprung über die Hürden ins Ziel motivierte, wird den Älteren systematisch entzogen. Dieser fortwährenden Demotivation wollen sie durch die Flucht nach vorn entgehen.

Auch im Umgang mit dem Alter lebt die Bundesrepublik heute über ihre Verhältnisse. Bereits im Jahr 2000 ist die Hälfte der Deutschen über 40 Jahre alt.

Doch nur vereinzelt sind Ansätze einer veränderten Personalpolitik zu erkennen. Personalmanager, die in ihre Überlegungen die über 50jährigen nicht als erste Manövriermasse beim Stellenabbau einbeziehen, sondern sie als Aktivposten sehen, schwimmen gegen den Strom.

Noch ist der Jugendkult in den Etagen des Managements ungebrochen. Noch weiß jeder, was gemeint ist, wenn ein arbeitsloser Maschinenbauingenieur jenseits der 50 in seinem Stellengesuch formuliert: »Suche Job – biete Niere.«

Erst die Blumen, dann die Kündigung

Weißblau ist der Himmel über Bayern. Weißblau ringelten sich die Girlanden über Rainer Jenner. In den gleichen Farben flatterten Fähnchen im Wind eines großen Ventilators. Aus einem Kessel voller Weißwürste waberte der Dampf auf, sanftbraun lag der Leberkäse auf den Platten neben Weißkraut und Kartoffelsalat. In den gläsernen Maßkrügen schäumte das Bier. Musikanten in Lederhosen spielten. Rainer Jenner feierte seinen 50. Geburtstag zünftig bayrisch. Und mit ihm feierten 123 Gäste, Kollegen und Kunden.

Niemals zuvor hatte die Firma eine solche Geburtstagsparty erlebt. Nicht einmal, als der Senior seinen 60. feierte. Aber dessen Fest hatte auch nicht Rainer Jenner ausgerichtet. Das konnte er wie kein anderer. Seine Feste waren die besten. Schließlich war er Profi. »Da müssen die Puppen tanzen«, lautete seine Devise als Leiter der Öffentlichkeitsarbeit und Werbung eines Spielwarenherstellers. Für den ließ Jenner die Puppen seit 13 Jahren tanzen.

Auch auf seinem 50. Geburtstag. Es war ja sonst nichts los in jenem Jahr. Es bot keinen anderen Anlaß, mit engeren Mitarbeitern, Kollegen, besonders guten Kunden und Vertretern der Medien ein Faß aufzumachen. So hatte Jenner seinen Geburtstag der Geschäftsleitung angedient. Mit durchaus gutem Gewissen. Wenn die Firma einen Teil der Kosten übernähme, werde er den Rest aus eigener Tasche bezahlen. So hätten beide Seiten etwas davon. Das Unternehmen könne nach innen und außen das Klima verbessern und er auch diejenigen einladen, denen er sich nur geschäftlich verbunden fühle.

Der Vorschlag war zwar ungewöhnlich, aber er stieß auf freundliche Zustimmung. Er solle nur machen, wurde ihm gesagt, und man freue sich schon auf das Fest. Nur die Einladungsliste möge er bitte mit der Geschäftsleitung absprechen. Das tat Jenner. Einige Namen mußte er streichen, einige hinzufügen. Ansonsten hatte er freie Hand. Weil er im Oktober Geburtstag hat, machte er daraus ein Oktoberfest. Die Idee mit der bayerischen Gaudi nördlich der Mainlinie fand er witzig, und die Gäste fanden das auch.

Alle lobten den Gastgeber. Das war Jenner etwas peinlich. Schließlich hatte die Firma kräftig zu dem Fest beigesteuert. Er sagte das in einer kurzen Dankesrede. Aber als der Geschäftsführer seinerseits dann in einer launigen Laudatio das Geburtstagskind hochleben ließ, Jenners Wahlspruch aufgriff und sagte: »Wo Jenner ist, da tanzen die Puppen« und: »Er öffnet nicht nur Kinderherzen, er macht auch uns von Herzen fröhlich«, da vergaß er die für einen Moment aufgekommenen Befürchtungen, ließ sich feiern und feierte kräftig mit.

Am nächsten Morgen erwachte Rainer Jenner mit einem mächtigen Kater.

Die Sprache der Kinder

Drei Wochen später bat der Geschäftsführer den Leiter für Öffentlichkeitsarbeit und Werbung zu einem Gespräch. Ob er sich etwas vorgenommen habe, ob er etwas ändern wolle, nun, nachdem er 50 geworden sei?

Die Frage erstaunte Jenner: »Nein, eigentlich nicht. Man denkt an so einem Tag schon mal darüber nach. Aber genaugenommen ist es auch nur ein Geburtstag wie andere auch. Nur besonders schön war es diesmal. Aber deshalb muß sich doch nichts ändern. Es läuft doch alles ganz prima.«

»Das sehen aber nicht alle so«, antwortete der Geschäftsführer. »Sie müssen mal überlegen, ob Sie nicht ein bißchen zu alt für das sind, was Sie hier bei uns machen.«

In der Erinnerung an das Gespräch sagt Jenner heute: »Der kam unheimlich schnell zur Sache. Ganz sachlich. Ohne eine Gefühlsregung. Ich saß da und wußte nicht, worauf er hinaus wollte. Ich begriff nichts. Für einen Moment dachte ich: Der will dir eine neue Aufgabe zuschanzen. Vielleicht sogar eine Beförderung. Ich habe ihn nur verständnislos angesehen.«

Der Geschäftsführer beendete die Ungewißheit mit einem Satz: »Ja, ich finde wirklich, daß Sie zu alt sind. Die Plüschhasen und Puppenküchen nimmt Ihnen keiner mehr ab.«

»Aber ich soll doch nicht mit ihnen spielen«, bäumte sich

Jenner auf, dem schlagartig klarwurde, welches Ziel das Gespräch ansteuerte. Heute sagt er: »Das war natürlich eine blöde Antwort, aber es war auch eine blöde Begründung.«

»Sie sprechen die Sprache der Kinder nicht mehr«, sagte der Geschäftsführer noch und: »Wir empfehlen Ihnen, daß Sie sich nach etwas Neuem umsehen. So binnen eines halben Jahres. Sie können aber auch früher gehen. Sie haben schließlich Ihre Fähigkeiten. Da wird es Ihnen nicht schwerfallen, eine neue Aufgabe zu finden. Wir wollten Ihnen das nur rechtzeitig sagen. Die Branche ist schließlich nicht so groß. Da besteht immer die Gefahr, daß Sie etwas von draußen hören, bevor ich es Ihnen sagen konnte. Das wäre nicht gut.«

Da wußte Jenner, daß darüber bereits gesprochen wurde. Nur er war ahnungslos. Wie viele der Gäste, die noch vor drei Wochen seinen Geburtstag gefeiert hatten, kannten bereits die Absicht des Unternehmens, sich von ihm zu trennen, als sie ihm Glück wünschend die Hand drückten?

Jenner fragte: »Warum sagen Sie das jetzt erst? Warum erst nach meinem Geburtstag? Den haben Sie doch noch mit mir gefeiert.«

Alle bösen Worte hatte der Geschäftsführer bis dahin mit freundlicher Miene gesagt. Jetzt verschwand dieser Anflug des trainierten Lächelns aus seinem Gesicht: »Der Geburtstag ist eine andere Sache. Ich weiß, daß ich Geld dafür zugesagt habe. Aber das war für eine Firmenfeier, nicht für Ihren Geburtstag. Solche Präzedenzfälle kann ich gar nicht genehmigen. Wenn ich gewußt hätte, was das für eine Feier wird, hätte ich Ihnen niemals meine Zustimmung gegeben. Ich habe mir mal die Rechnungen kommen lassen. Da haben Sie ganz schön zugeschlagen. Einen Kostenvoranschlag haben Sie nicht eingereicht. Sonst hätte ich schon vorher mein Veto eingelegt. Sie haben einen schönen Geburtstag auf Kosten der Firma gehabt.«

Jenner machte gar nicht erst den Versuch, von seinem Anteil zu sprechen oder darüber, daß in erster Linie Freunde des Unternehmens die bayrische Gaudi gefeiert hatten. Als er das gemeinsame Fest vorschlug, meinte er noch, es sei eine gute Idee. Weil er nur auf freundliche Zustimmung stieß, verfestigte sich diese Einschätzung. Doch schon bei der Organisation kamen ihm Zweifel. Seit der Feier hatte er kein ganz reines Gewissen mehr. Ihm war nicht entgangen, daß andere Abteilungsleiter das Oktoberfest zu seinem 50. Geburtstag mit einer Mischung aus Bewunderung und Neid begleitet hatten.

Eine Bemerkung des Geschäftsführers schmeichelte ihm, und die saß fest im Kopf, wie ein Licht in all der Dunkelheit um ihn: »Sie haben schließlich Ihre Fähigkeiten. Da wird es Ihnen nicht schwerfallen, eine neue Aufgabe zu finden.« Das tröstete ihn, machte ihm Mut. Er fiel darauf herein und willigte ein, einen Aufhebungsvertrag zu akzeptieren.

Zehn Jahre sind genug

Als Jenner das Zimmer des Geschäftsführers verließ, fiel ihm der Fall eines befreundeten Chefredakteurs ein. Der Mann leitete die Redaktion einer Publikumszeitschrift. Mit Erfolg. Verlagsleiter lesen solche Erfolge von den Auflagenzahlen ab. Zwar heißt es in der Branche, der Vertrieb besorge die Auflagensteigerung und die Redaktion halte sie, aber ein selbstbewußter Chefredakteur zweifelt nicht an seinem Anteil. Die gute Mischung guter Geschichten im Blatt bringt Leser, nicht nur die Drückerkolonnen an den Haustüren.

Zehn Jahre arbeitete der Chefredakteur erfolgreich. Nichts deutete darauf hin, daß sich das ändern könnte. Die Auflage hatte gerade wieder einen kräftigen Satz nach oben gemacht, als der Verlagsleiter dem Chefredakteur erklärte, man wolle sich von ihm trennen. Die lapidare Begründung: Zehn Jahre seien genug. Danach müsse ein Mann in solch schwieriger Position ausgepowert sein. Die Trennung nach zehn Jahren sei Grundsatz im Verlag. Auch wenn die Auflage noch steige, wisse schließlich niemand, wie sie sich künftig entwickeln werde.

»So etwas gibt es nur im Kino«, hatte Jenner gedacht, als er die Geschichte damals gehört hatte. Jetzt stand er selbst in einer ähnlichen Situation. Ihn hielt sein Geschäftsführer nicht wegen der Dienst-, sondern wegen der Lebensjahre für ausgepowert.

Mit den Kerzen auf dem Geburtstagskuchen erlosch auch sein Stern im Unternehmen. »Die Sache mit dem Geburtstag war nur vorgeschoben. Die wollten wirklich nicht mehr, weil ich ihnen zu alt bin. Und vermutlich bin ich ihnen auch zu teuer geworden.«

Schnell gealtert

Als er seinen 50. Geburtstag feierte, fühlte sich Rainer Jenner jung. Ein Vierteljahr später begann er sich alt zu fühlen. Das fing an, als er die Stellenanzeigen nach einem passenden Angebot durchkämmte. In den vergangenen Jahren hatten sie ihn nicht interessiert. Jetzt entdeckte er: »Das liest sich alles anfangs ganz gut. Da passen die Anforderungen und meine Fähigkeiten gut zusammen. Aber dann im letzten Teil der Anzeige wird das Alter des Wunschkandidaten angegeben, und da werden dann Leute zwischen 30 und 40 Jahren gesucht.«

Die Hürde schien ihm nicht zu hoch: »Zuerst habe ich mir gesagt, Junge, du bist zwar zehn Jahre zu alt, aber topfit. Den Jungen mache ich noch was vor.« Aber er machte sich etwas vor. Das mußte er allmählich einsehen, als er auf seine sorgfältigen Bewerbungen hingeschluderte Absagen bekam.

»Als ich anfing, mich zu bewerben, war ich nicht down. Ich war im Vollgefühl meiner eigenen Stärke, kannte meine Fähigkeiten. Damit mußte es gelingen, bald eine neue Aufgabe zu finden. Aber diese ersten Erfahrungen haben mich mehr geschafft als die Trennung von meinem Spielzeugfabrikanten.«

Er selbst selektierte allerdings auch schärfer, je mehr er merkte, welches Handicap sein Alter war: »Es wurde mir klar, daß meine Entscheidung für eine Aufgabe die endgültige sein würde. Da wechselt man dann nicht mehr so einfach, wenn sich die neue Aufgabe als Flop erweist. Das macht man dann bis zum Ende seines Berufslebens. Darum habe ich mich vor jeder Bewerbung gefragt: Ist die Aufgabe ausreichend interessant für die nächsten Jahre? Wenn mir Zweifel kamen, habe ich mich gar nicht erst beworben.«

Viermal lud ihn eine Firma zu einem Gespräch ein. In einem

Fall weiß er nicht, warum nicht er das Rennen machte, in drei Fällen wurde ihm unverblümt gesagt: »Eigentlich hatten wir uns einen etwas jüngeren Mann vorgestellt. Sie sind ja schon ein bißchen alt.«

Rainer Jenner ist ärgerlich, wenn er an diese Gespräche denkt: »Da sitzt einem ein Mann gegenüber, der ist mindestens 55, ist offensichtlich gut im Brot und gut bei Geist. Ein Mann, der keine Zweifel an sich hat. Und mir sagt der, ich sei zu alt. Denen hätte ich einen Spiegel vorhalten mögen und sie fragen: ›Was glauben Sie eigentlich, wie alt Sie sind?‹«

Wer sein Brot damit verdient, daß er Kontakte herstellt, hat auch entsprechend viele. In diese Kiste griff Jenner ebenfalls. Er schrieb oder rief etliche von denen an, die mit ihm bei Weißwurst und Bier gefeiert hatten. Die Erfolge waren nicht besser: »Es gab ein paar Einladungen zu einem Gespräch. Aber die wurden mehr aus Höflichkeit geführt, weil man meinen Wunsch nicht gut ablehnen mochte. Gebracht haben sie nichts. Die meisten aber hatten überhaupt keine Zeit. Der größte Teil des angeblichen Bekannten- und Freundeskreises brach weg. Vielleicht ein Drittel fand noch ermunternde Worte, aber nur drei haben versucht, mir wirklich zu helfen.«

In dem halben Jahr, in dem Jenner noch bei Plüschhasen und Puppenküchen blieb, fand er keine neue Anstellung. Seinen Schreibtischstuhl bezog sofort ein sehr viel jüngerer PR-Profi. So ganz professionell kann er jedoch nicht gewesen sein, denn nach einem dreiviertel Jahr mußte er ihn wieder räumen.

Rainer Jenner bewies sich, daß er sich richtig einschätzte. Er machte sich mit einer PR-Agentur selbständig. Einer seiner größten Kunden ist jene Spielwarenfabrik, die er verlassen mußte.

Das Gewicht der Erfahrung

Ältere Arbeitnehmer leisten soviel wie jüngere. Zu dieser Erkenntnis gelangten Soziologen der Universität Sheffield, als sie 300 britische Unternehmen nach dem Einsatz älterer Mitarbeiter befragten. Und die Bereitschaft, etwas Neues zu lernen, ist in den Altersgruppen gleich stark ausgeprägt.

Mit solchen Fakten versucht das britische Arbeitsministerium die Arbeitgeber zu animieren, verstärkt ältere Arbeitnehmer einzustellen. Es bittet die Unternehmen, in den Stellenanzeigen keine Altersangaben zu machen. Doch die Botschaft aus dem Ministerium findet nur wenig Resonanz. Jenseits des Kanals verhalten sich die Personalmanager überwiegend wie hierzulande auch.

Wer über 50 Jahre alt ist und ein Stellengesuch aufgibt, darf keinen großen Rücklauf erwarten. In die Kartei eines Headhunters gelangen Manager jenseits dieser Altersschwelle nur noch im Ausnahmefall. Großes Engagement dürfen sie für sich nicht erwarten. Ein Search-Berater weiß, was seine Kunden für das Honorar zwischen 50 000 und 100 000 Mark erwarten: einen jungen Dynamiker mit langfristiger Perspektive.

Das Alter hingegen verliert an Stellenwert. Jugend ist knapp und entsprechend begehrt. Daran ändert auch die Tatsache nichts, daß die Jungen die alten Fehler vielfach erneut machen müssen, ehe sie aus Schaden klug werden. Doch Jugend bedeutet Tempo und Dynamik. Das zählt mehr als die abwägende Bedachtsamkeit aus den Erfahrungen des Alters.

Strategie für Fortgeschrittene

Und dennoch: Die Lage für den über 50jährigen freigesetzten Manager ist zwar ernster als für seine jüngeren Kollegen, aber keineswegs hoffnungslos. Outplacement-Berater Fritz Stoebe hat mit älteren Kandidaten Erfahrungen gesammelt. Er selbst war jenseits der kritischen Schwelle, als er sich eine neue Zukunft aufbauen mußte. Seine Empfehlungen faßt er in zwölf Punkten zusammen:

1. Nicht den Mut und das Selbstvertrauen verlieren. Die Entscheidung über die neue Aufgabe fällt im Kopf. Mit Überzeugung verfolgte Pläne können auch verwirklicht werden.

2. Ein kompetenter Gesprächspartner ist notwendig. Es genügt nicht, im stillen Kämmerlein Fähigkeiten und Chancen zu analy-

sieren. Ein kritischer Partner, der mit den Führungsproblemen der Wirtschaft vertraut ist und der die Märkte kennt, die für eine Bewerbung in Frage kommen, hilft.

3. Die Stärken herausarbeiten. Jeder Manager hat Talente und kann gelöste Probleme nachweisen. Diese Pluspunkte sind für die Bewerbungsstrategie gezielt einzusetzen. Je überzeugter der Manager von seinen Stärken ist, desto überzeugender wirkt er auf andere.

4. Ein Konzept, das für ausgewählte Zielgruppen Nutzen bringt, weckt Interesse an der Bewerbung.

5. Small is beautiful. Mittlere und kleinere Unternehmen profitieren gerne von den in Großkonzernen gesammelten Erfahrungen. Zudem ist das Stellenangebot bei ihnen weitaus größer. Sie müssen nicht in dem Maße wie die Großen abspecken und verfügen nicht über deren Personalreserven.

6. Die Probleme des Unternehmens, bei dem eine Bewerbung abgegeben werden soll, sollten bekannt sein. So ist eine Brücke zu schlagen zwischen den Fähigkeiten und Kenntnissen des Bewerbers sowie den Erwartungen der Firma.

7. Das Leistungs- und Nutzenangebot muß eindeutig sein. Aber es darf nicht zu Belehrungen gegenüber der Firma ausarten, bei der sich der Kandidat bewirbt.

8. Auch wenn vollkommen neue Wege eingeschlagen werden müssen, sollten sie nicht auf absolut unbekanntes Terrain führen. Das bisher gesammelte Know-how sollte weiter eingesetzt werden können.

9. Wenn der Wechsel in die Selbständigkeit eine Alternative ist, sollte die Möglichkeit einer Kooperation mit einem eingeführten Partner oder einem Lizenz- bzw. Franchiseangebot geprüft werden. Die Übernahme erprobter Lösungen mindert das Risiko.

10. Wirtschaftsbereiche, in denen große Freisetzungsaktionen stattfinden, sind zu meiden. In dem stark wachsenden Sektor Freizeit und den damit verbundenen Dienstleistungen beispielsweise gibt es keine spektakulären Entlassungsaktionen. Interessante Managementaufgaben bieten auch die Bereiche Information, Bildung, Unterhaltung, Tourismus und Sport. In diesen Bereichen kann nach Alternativen gesucht werden.

11. Die Möglichkeiten in den Bereichen Handel, Vertretungen, Beratungen und in anderen Dienstleistungen sind zu überprüfen. Hier gibt es Führungsaufgaben im Anstellungsverhältnis oder als Partner und Teilhaber.

12. In den neuen Bundesländern gibt es noch Chancen im Mittelstand und im Kleingewerbe. Die Gründung einer Firma dort erfordert aber Mut und Ausdauer.

Führungskräfte über 50, so resümiert Fritz Stoebe, sind nicht chancenlos, wenn sie Mut und Ideen mitbringen.

Rente prüfen

Ältere Mitarbeiter geraten vorzugsweise als erste ins Fadenkreuz, wenn die Unternehmen sich eine Schlankheitskur verordnen. Rechtlich haben sie keine schlechteren Karten. Bei betriebsbedingter Kündigung müssen bei der Sozialauswahl die Dauer der Betriebszugehörigkeit, das Lebensalter und die Unterhaltsverpflichtungen berücksichtigt werden. Die ersten beiden Punkte sichern ältere Arbeitnehmer sogar besser ab.

Selbst wenn alle Bedingungen zum vorzeitigen Bezug des Altersruhegelds erfüllt sind, darf das bei der Sozialauswahl nicht als Argument zu Lasten des Arbeitnehmers angeführt werden.

Wer sich für den vorzeitigen Ruhestand entscheidet, verzichtet auf Einkünfte. Die Dauerfreizeit hat ihren Preis. Ob er angemessen ist, sollte vorher genau geprüft werden. Tantiemen oder Prämien fließen im Ruhestand nicht mehr. Auto und Telefon sind aus eigener Tasche zu bezahlen.

Das gleiche gilt für die Rente. Sie kann bei vorzeitigem Ausscheiden aus dem Berufsleben schmaler ausfallen. Eine Anfrage bei der BfA – bevor die Einwilligung zum Vorruhestand gegeben wird – bewahrt vor bösen Überraschungen.

Die Bedingungen der betrieblichen Altersversorgung sollten in jedem Fall überprüft werden. Einige reduzieren sich bei vorzeitigem Ausscheiden bis zu 25 Prozent.

Auf diese Weise entstehende Verluste lassen sich kaum durch einen Nebenverdienst ausgleichen, wenn gleichzeitig Leistungen der Bundesanstalt für Arbeit in Anspruch genommen werden sollen. Einkünfte müssen beim Arbeitsamt angegeben werden. Überschreiten sie die zulässige Höchstgrenze, werden sie mit dem Arbeitslosengeld verrechnet.

52 Wochen Arbeitslosigkeit müssen voraufgehen, wenn mit Vollendung des 60. Lebensjahres Rente bezogen werden soll. Auch dann bleiben die Möglichkeiten eines Nebenverdienstes beschränkt.

Eine Mogelpackung

Ein 50jähriger Yuppie ist kein Yuppie, sondern ein 50jähriger. Daran ändert auch der modische Zwirn nichts. Den geldwerten Vorteil jugendlichen Aussehens hat das Finanzamt zwar noch nicht entdeckt, aber andere. Um vom natürlichen Alter ein paar Jahre fortzumogeln, unterziehen sich gestandene Manager mehr oder minder aufwendigen Schönheitsoperationen. Da werden Bauchdecken gestrafft, Tränensäcke geglättet und Gesichtszüge komplett geliftet. Das kann dann schon mal bis zu 14 000 Mark kosten. Eine Mogelpackung bleibt es trotzdem.

Tiefschlag für die Seele

Im Beichtstuhl der Psychologen

»Man kann gar nicht soviel fressen, wie man kotzen möchte.« Mit diesem Satz verschaffte sich der Chefredakteur einer Berliner Tageszeitung nach seinem Rauswurf einen nachhallenden Abgang. Doch Zorn und Trotz sind nur erste Aufwallungen der Gefühle nach dem Sturz. Psychologen kennen die Trauer um den Verlust. Auch um den Verlust der Aufgabe. Er verändert den Menschen. Vorübergehend.

Letztlich aber »bleibt jeder, wie er ist«. So knapp resümiert Doris Trappe, Psychologin in Outplacer-Diensten, ihre Erfahrungen mit leitenden Angestellten nach dem Rauswurf. Sie begleitet die abwärtsführende Phase, in der ihre Klienten an nichts mehr glauben, am wenigsten an sich selbst. Und sie stützt den allmählichen Aufstieg.

Durch das Tal des Jammers müssen alle. Der Weg bleibt niemandem erspart. Und niemand kann ihn abkürzen.

Im ersten Augenblick reagieren die Gekündigten mit Enttäuschung, Wut und Ärger. Aber sie sind damit ebenso hilflos wie in der zweiten Phase, in der sich Unsicherheit, Angst und Verzweiflung ihrer bemächtigen.

Wer glaubt, zur Tagesordnung übergehen zu können, bevor er die Trennung innerlich gründlich aufgearbeitet hat, täuscht sich selbst. Der Frühstart ist der klassische Fehlstart.

Bei der ersten Begegnung sitzen den Psychologen in der Mehrheit sehr kleinlaute Manager gegenüber. Männer, die sich absolut down fühlen, die mit den Tränen kämpfen und sie nicht selten auch fließen lassen, die die Zukunft nur noch schwarz sehen, die meinen, das Leben sei für sie zu Ende oder die Welt gehe unter.

Dünnhäutig reagieren sie, jedes unbedachte Wort kann verletzen.

Da ist aber auch der andere Typus, vereinzelt zwar, aber doch immerhin so stark vorhanden, daß seine Vertreter bereits eine Gruppe für sich bilden. Er genießt die Situation nach der Kündigung. Das Gehalt fließt weiter, oder es ist eine anständige Abfindung auf dem Konto gelandet. Da glaubt er, es sei an der Zeit, erst einmal ordentlich lange Ferien zu machen.

Ein Vertreter dieser Kategorie entwickelte gegenüber seinem Outplacer für sich folgendes Programm: Nach einem langen Urlaub sollte die schon lange aufgeschobene Operation vorgenommen werden, daran anschließend ein kleiner Kurlaub, der nahtlos in die Herbstferien übergehen würde. Weil es sich dann nicht mehr lohne, noch vor Weihnachten mit einem Outplacement-Programm zu beginnen, wäre es angebracht, die Bemühungen um eine neue Aufgabe bis in das neue Jahr zu verschieben. Solch sorgloser Mensch ist jedoch selbst noch unter den Unbekümmerten ein Außenseiter.

Endlich offen sprechen

Der vorübergehende Verlust der Handlungsfähigkeit richtet die Aufmerksamkeit des Betroffenen auf sich selbst. Er fühlt sich ohnmächtig. Der Manager, der sonst die Handlungen anderer beeinflußte oder bestimmte, wird zur Trennung gedrängt, ohne selbst im wesentlichen Punkt eingreifen zu können. Jedes Handeln ändert an der Trennung nichts mehr.

Je höher die Position war, aus der der Manager herauskatapultiert wurde, desto größer ist sein Bedürfnis, mit einem kompetenten Partner über den Verlust zu sprechen.

Doch das Verlangen nach solchen Gesprächen haben nahezu alle. Psychologen sind verblüfft, mit welcher Offenheit ihnen Manager nach dem Verlust begegnen. Da wird das Besprechungszimmer des Psychologen zum Beichtstuhl. Kaum einen Bereich lassen die Manager aus. Die beruflichen Schwierigkeiten liegen zuerst auf dem Tisch, es folgen die freimütigen Eingeständnisse erkannter Schwächen. Dabei bleibt es nicht. Schließlich wird über Eheprobleme, über angespannte Beziehungen, Sexualität oder ein verklemmtes Verhältnis zu den Kindern gesprochen.

Die Kündigung hat den Damm brechen lassen. Wer seinen Arbeitsplatz verloren hat, darf sich entblößen, ohne weiteren Schaden zu nehmen. Bis dahin gaben sich die Manager zugeknöpft bis oben hin. Immer in der Maske des Erfolgreichen. Das Lächeln des Siegers ist Pflicht. Jedes Eingeständnis einer Schwäche könnte tödlich sein. Wer weiß denn, bei welcher Gelegenheit es gegen den verwendet wird, der sich diese Blöße gab?

Für alles gibt es Beratungsstellen. Von der Eheberatung über die Verbraucherberatung bis zur Pilzberatung. Für vom Frust geplagte Manager gibt es keine. Die heimlichen Selbstzweifel müssen unterdrückt werden. Allenfalls bei der stillen Einkehr für eine Woche in ein Kloster darf der Mann den Harnisch ein wenig lockern. Danach heißt es wieder: Don't worry, be happy. Alle möglichen Probleme sind gesellschaftsfähig. Aber nicht die Probleme mit der Leistungsgesellschaft. Die mag sie sich nicht leisten.

Nach der Kündigung müssen sich die Geschaßten nicht sofort wieder von der besten Seite zeigen. Für einen kurzen Moment sind Schwächen und offene Zweifel an den eigenen Fähigkeiten erlaubt. Mit sich selbst nicht im reinen, erkennen die gekündigten Führungskräfte ihre Fehler sehr deutlich. Und sie drängen sich förmlich danach, über diese bis dahin verheimlichten Defizite zu sprechen.

Eingestandene Fehler

In der ersten Zeit drehen sich alle Gedanken immer wieder um die Kündigung. Angst und Depressionen belasten. Fünf typische Reaktionen unmittelbar nach der Kündigung:

- Ich hätte die Zeichen an der Wand sehen müssen und erkennen, daß es nur noch eine Frage der Zeit war, bis man

mich zum Gehen aufforderte. Warum habe ich sie verdrängt?
- Ich verstehe nicht, warum ausgerechnet mir das passiert ist.
- Ich fühle mich, als machte ich eine Ferienreise und lasse allen Ärger hinter mir.
- Ich bin befreit, weil ich endlich diese schlimme Situation hinter mich gebracht habe.
- Ich bin außerordentlich wütend.

Wenig später folgt die Selbstkritik. Tief im Inneren haben viele der Manager ihre Schwächen bereits zuvor erkannt, jetzt gestehen sie im Gespräch mit dem Psychologen ein,
- nicht gut auf Mitmenschen eingehen zu können, jedenfalls nicht in dem Maß, wie es von ihnen erwartet wird;
- von einem überstarken Ehrgeiz getrieben zu sein, der sie zuviel von sich und anderen fordern läßt;
- Probleme zu haben, die Mitarbeiter zu motivieren;
- in der Analyse nicht ganz sicher zu sein;
- keine ausreichende persönliche Ausstrahlung zu besitzen.

Meist sind es Defizite der Persönlichkeit, die als Manko ausgemacht werden. Sachliche Mängel benennen die Manager im Gespräch mit dem Psychologen nur selten.

Bei aller Bereitschaft zur Offenbarung haben auch Bekenntnisse ihre Grenzen. »Manager sind ehrlich, wenn sie über ihre Defizite sprechen«, sagt Psychologin Doris Trappe, »aber nicht immer zu hundert Prozent.« Da bleiben Winkel, in den die Betroffenen den Psychologen nicht gerne hineinleuchten lassen. Gerade dort aber liegen dann die größten Probleme.

Ein Schock von Dauer

Leitende Mitarbeiter identifizieren sich mit dem Unternehmen stärker als andere Angestellte. Sie sind der Betrieb. Dabei vergessen sie zeitweilig, daß auch sie auswechselbar sind. Bis ihnen das schonungslos demonstriert wird. Je größer die Identifikation mit dem Unternehmen war, desto schmerzhafter ist der Absturz.

Auch der Schock wirkt entsprechend länger. Über mehrere Wochen oder Monate kann diese Phase andauern.

»In jedem Fall«, stellt Doris Trappe fest, »dauert es vier bis sechs Wochen, ehe das größte Tief überwunden ist.« 15 Einzelgespräche zwischen den Klienten und dem Psychologen sind notwendig, ehe die erste Strategie für künftige Bewerbungen entwikkelt werden darf, ehe die erste Bewerbung in den Briefkasten gesteckt wird.

»Soviel Zeit muß man sich gönnen«, sagt Psychologin Trappe. »Wer zu früh startet, verbaut sich nur mögliche Wege.« Jede Chance gibt es nur einmal. Für eine mißratene oder negativ beschiedene Bewerbung gibt es keine Wiederholung.

Das Tal, das nach jeder Kündigung bewältigt werden muß, hat nicht nur eine Senke. Ist die erste erreicht, geht es nicht stetig aufwärts. Mindestens ein Zwischentief folgt. Es können auch mehrere sein. Spätestens wenn der erste Versuch, wieder eine neue Aufgabe zu finden, mißlingt, setzen erneut Ängste und Depressionen ein. Wie lange solche Phasen dauern, kann niemand vorhersagen. Auch nicht, wie groß die Schwierigkeiten sind, sie zu überwinden. Jeder reagiert anders.

Ausgenutzt

Als der Berliner Senat gemeinsam mit der Bundesanstalt für Arbeit ein Fortbildungsprogramm für arbeitslose Manager startete, da wehte einigen der Kandidaten schon am Vormittag die Fahne aller Freunde des Alkohols voran. Daß für sie die erste Vorstellung auch das Ende der Vorstellung bedeutete, ist verständlich.

Nüchtern betrachtet war das halbjährige Programm nur mäßig erfolgreich. Zwar fanden zwei Drittel der Teilnehmer anschließend eine neue Aufgabe, aber für viele endete der neue Start bereits in der Phase, in der sie sich warmliefen. Schon vor Ablauf der Probezeit klopften sie wieder beim Arbeitsamt an.

Das muß nicht an den vermittelten Managern gelegen haben. Die Bundesanstalt honorierte jede Neueinstellung mit der Übernahme von 80 Prozent der Lohnkosten. Einen so hochprozentigen Schluck aus der Pulle der Nürnberger nahmen auch etliche unseriöse Unternehmen gern. Die Firmen heuerten die Absolventen des Kurses für Feuerwehreinsätze an. Bei den Einstellungsgesprächen fragten sie die Bewerber, wie lange sie für die Realisierung einer vorgegebenen Aufgabe benötigen würden. Dabei ließen sie deutlich durchblicken, welche kurzen Fristen ihren Vorstellungen entsprachen. Und die Bewerber, die endlich einen Schimmer am Horizont sahen, verpflichteten sich, unrealistische Ziele zu erreichen. Die Bauchlandung war schon beim Anlauf programmiert. Solche Pleiten, Pech und Pannen animieren nicht zur Fortsetzung derartiger Programme.

Traum vom Lottogewinn

Die Furcht, keine neue Aufgabe zu finden, kann sich bis zur Panik steigern. Alle bis zur Trennung so verläßlichen Wegweiser des Alltags weisen ins Nichts. Die Gedanken sind quälend, aber ohne Richtung. Sie kreisen um die Trennung, können sich nicht lösen, um ein neues Ziel auszumachen.

Oder die Gedanken suchen einen Ausweg in Tagträumen, beschäftigen sich fern aller Realität mit plötzlichem Geldsegen aus einem Lottogewinn, mit einer Erbschaft einer bis dahin unbekannten Tante oder sogar mit einem Banküberfall. Zu Spukgestalten solcher Art gehört auch der Chef, der händeringend um die Rückkehr bittet. Und der Traum von einer neuen Karriere als Künstler, natürlich nahe am »Oscar« oder am Nobelpreis.

Andere Opfer eines Rauswurfs sind im Tal des Jammers hyperwachsam. Wer auf diese Weise auf den Streß der Trennung reagiert, findet keinen Moment der Entspannung mehr. Stets will er präsent sein, nichts soll ihm entgehen. Es könnte die große Chance sein, die in einem Augenblick der Unachtsamkeit vorüberfliegt, wenn das Telefon klingelt und er nicht zu Hause ist.

Ähnlich empfinden diejenigen, die Tag und Nacht nicht mehr zur Ruhe kommen. Bis in den Halbschlaf verfolgen sie die quälenden Gedanken des Tages. Wachen und Träumen gehen ineinander über. Der Streß der Arbeit war erholsam gegenüber dieser Zeit der bösen Träume.

Vom Augenblick der Kündigung an befinden sich viele Manager im Dauerstreß. Sie haben den Eindruck, mit ihren Leistungen nicht mehr den Ansprüchen gerecht zu werden. Gelegentlicher Streß fördert, wer wüßte das besser als die Leistungsträger. Der Dauerstreß hingegen macht nervös und setzt zusätzliche Ängste frei.

Trauerarbeit nennen die Psychologen den Versuch, einen Verlust zu bewältigen. Manager durchleiden nach dem Verlust ihrer Aufgabe die gleichen schmerzhaften Stationen wie Trauernde nach dem Verlust eines Angehörigen.

Mittendrin und ausgestoßen

Ein dreiviertel Jahr hielt Peter Lamotte durch. Exakt waren es neun Monate und zwölf Tage, von denen er sagt: »Es war die längste Zeit meines Lebens.« Jeden Tag davon hätte er missen mögen, und jeder Tag verstrich langsamer als der voraufgegangene. Über die Unendlichkeit des Seins grübelte er, um beim nächsten Blick auf die Uhr festzustellen, daß gerade zehn Minuten vergangen waren. Peter Lamotte war kaltgestellt.

Der Marketingchef eines Backwarenherstellers im Schwäbischen saß an seinem leeren Schreibtisch. Das Fortwischen eines Krümels hätte sein Tagesprogramm sein können. Aber da war kein Krümel. Noch nicht einmal der.

Mit den Dominosteinen der letzten Weihnachtsproduktion hätte Lamotte einen Weg von Flensburg bis Garmisch pflastern können. Aber das Geschäft war flau. 0,4 Prozent lag es unter dem Ergebnis des Vorjahres. Das war an sich nicht schlecht. Denn erstens war das Vorjahr ein außerordentlich gutes Jahr gewesen, und zweitens hatte die Konkurrenz mit ihrem Gebäck auch nicht besser abgeschnitten. »Manchmal ist es ganz schön bitter, Süßes unter die Leute zu bringen«, sagt Peter Lamotte mit einem Anflug von Ironie.

Ihn hatte es geärgert, nicht an den Erfolg des Vorjahres anknüpfen zu können. Er war zu ehrgeizig, um die 0,4 Prozent ungerührt wegzustecken. Aber andererseits sah er darin nicht mehr als ein einmaliges Durchhängen.

Die Gesellschafter reagierten anders. Sie schalteten die Warnlampen an. Jedenfalls sagte das der eine der beiden geschäftsführenden Gesellschafter zu Peter Lamotte. Das erste Mal in einem Gespräch unter vier Augen und dann immer wieder, bei jeder sich bietenden Gelegenheit. Als steuere der Hersteller feinster Backwaren in eine schwere Existenzkrise, als sei es nur noch ein Schritt bis zum Abgrund. Und den Schuldigen hatte er auch ausgemacht: Peter Lamotte.

Der zweite geschäftsführende Gesellschafter schwieg dazu. Über die Delle im Weihnachtsgeschäft ging er mit Achselzucken hinweg. Jeder im Betrieb kannte seinen Standardsatz. Wenn etwas nicht so lief, wie es geplant war, tröstete er: »Die Bäume wachsen nicht in den Himmel und die Baumkuchen erst recht nicht.«

Das Gespann an der Spitze der Firma ging selten im gleichen Tritt. »Die haben sich schon im Sandkasten um die Kuchenformen gestritten«, frotzelte die Branche. Im Betrieb wußte jeder, daß sie sich immer noch stritten. Zusammengeschirrt durch die Anteile ihrer Familien, versuchten sie, ihre unterschiedlichen Temperamente in Einklang zu bringen.

Preußisch genau der eine, ein Mann der Planung, für den das Zahlenwerk des Controlling besser duftete als Anisplätzchen, der die Marmeladenkleckschen auf den Keksen erfolgreich reduzierte, den der damit ersparte Gewinn fröhlicher stimmte als der erwirtschaftete.

Der andere liebte Marmeladenkleckschen. Sie durften gerne ein wenig größer sein, wenn der Betrieb dadurch den Ruf behielt, Plätzchen wie aus Mutters Backofen zu liefern. Nicht perfekt sollte das Angebot wirken, sondern wie selbstgebacken. Und großzügig. Wie er selbst auch war. Vor allem mit den Zahlen.

Zu diesem Mann hatte Peter Lamotte einen guten Draht. Sie mochten sich, bewunderten jeweils die Kreativität des anderen.

Und sie mochten beide Plätzchen. Eine solche Vorliebe ist gemeinhin ohne jede Bedeutung. In diesem Fall aber war es die Liebe zum gemeinsamen Produkt – und da gewinnt auch das Plätzchen an Bedeutung.

So menschlich nahe Lamottes Beziehung zu diesem Gesellschafter war, so sachlich war sie zu dem anderen. Erstens bemühten sich beide nicht, die kühle Distanz zueinander zu ändern, und zweitens wäre das auch nicht möglich gewesen. Es galt nun einmal in dem Betrieb als ausgemacht: Wer zu dem Freund der Marmeladenkleckschen einen besseren Draht hatte, mußte analog den schlechteren zu dem Freund des Controlling haben. Umgekehrt galt das nicht so. Auch in dieser Hinsicht war der eine großzügiger als der andere.

Luft ist Reingewinn

So war das Verhältnis ohnehin getrübt. Dazu hätte es des flauen Weihnachtsgeschäfts nicht bedurft. Es lieferte allerdings erstmals den Anlaß, an Lamottes Leistung zu kritteln. Nicht offen, nicht direkt. Immer über den Umweg allgemeiner Befürchtungen. Versteckt wurde ihm der Vorwurf gemacht, nicht rechtzeitig auf die sich ändernden Wünsche der Kunden reagiert zu haben. Peter Lamotte erhielt den Auftrag, eine neue Produktlinie aufzubauen. Leichter, lockerer, luftiger. Luft ist Reingewinn. Intern lief die Entwicklung neuer Backkreationen unter dem Stichwort »Keks 2000«.

Skeptiker meinten zwar, der alte Inhalt werde lediglich in neue Packungen gesteckt, aber alle an dem Projekt Beteiligten waren mit dem Fortschritt der Arbeit zufrieden. Sie wollten Kekse mit neuem Image backen. Und dazu fiel ihnen eine Menge ein.

Unterdessen platzte das Zweiergespann an der Spitze des Unternehmens auseinander. Einer der geschäftsführenden Gesellschafter war des bitteren Streits um das süße Geschäft leid. Er verkaufte seine Anteile an eine Beteiligungsgesellschaft. Da gab es nur noch einen Geschäftsführer. Und das war der mit der Vorliebe für Planungen und Zahlen.

Lamotte wußte, daß die Zeiten nicht gemütlicher werden würden. Aber er kannte seine Leistungen. Er kannte seinen Vertrag. Vor allem aber kannte er das Programm für den Keks der Zukunft wie kein anderer. Und gerade der bleibende Gesellschafter hatte immer wieder darauf gedrängt, daß die Entwicklung bald vollständig abgeschlossen sein sollte.

Zeugen unerwünscht

Dabei war Peter Lamottes Zukunft in dem Betrieb abgelaufen. Als der eine geschäftsführende Gesellschafter ausschied, hätte er mit ihm gehen müssen. Denn mit ihm verließ sein Förderer die Fabrik. Aller Ärger, der bis dahin zwischen den Gesellschaftern die Kräfte band, richtete sich jetzt auf Lamotte. Ohne es zu wissen, hatte er die Erbschaft der Mißstimmung angetreten. Wie tief der über Jahre aufgebaute Haß zwischen den beiden Gesellschaftern gewesen sein muß, konnte er auch später nur ahnen, als er erlebte, wieviel davon noch für ihn übrigblieb.

Die Kündigung sprach der nunmehr alleinige Gesellschafter an einem Freitag um 16.15 Uhr aus. Da waren alle längst ins Wochenende gegangen. Die Türen an den langen, fensterlosen Korridoren waren verschlossen. Nur drei Menschen befanden sich noch im Haus, der Pförtner, der Geschäftsführer und Lamotte. »Als sollte es keine Zeugen dafür geben«, dachte Lamotte später manchmal.

Der Geschäftsführer hatte die Sekretärin zwei Thermoskännchen Tee aufbrühen lassen, bevor sie ging. Malvenblütentee für sich, schwarzen Tee für Lamotte. Daneben ein Tellerchen mit Keksen. Immer gab es Kekse. Aus der alten Produktlinie.

Seine Botschaft garnierte der Geschäftsführer mit einigen Bemerkungen über das schlechte Weihnachtsgeschäft, die problematische Lage der Keksfabrikation im allgemeinen, um dann festzustellen, daß Lamotte zu ihm kein Vertrauen haben könne. Jedenfalls empfinde er das so. Doch auch ihm gehe es zunehmend nicht anders. Auch er müsse feststellen, daß das in Lamotte gesetzte Vertrauen erschöpft sei. Jedenfalls reiche es nicht mehr aus, um ein so wichtiges Programm wie »Keks 2000« mit ihm zu realisieren.

Nahezu fünf Jahre vermarktete Peter Lamotte die feinsten Backwaren, als ihm gekündigt wurde. Der erste Vertrag war auf drei Jahre befristet gewesen, den zweiten schloß er noch einmal über die gleiche Distanz ab. Mit einer Klausel, die ihm einen geordneten Rückzug gestatten sollte, falls erforderlich.

Unter Punkt elf stand dort: »Sollte das Arbeitsverhältnis vor Ablauf dieses Vertrages durch das Unternehmen gekündigt werden, erhält Herr Lamotte eine Abfindung in Höhe von 18 Monatsgehältern.«

Als er diesen Passus in den Vertrag aufnehmen ließ, hatte gerade ein Freund Peter Lamottes seine Aufgabe auf üble Weise verloren. Er selbst saß zu dieser Zeit so bombig gut im Sattel, daß die Geschäftsführung nicht einen Augenblick gezögert hatte, diese Absicherung im Vertrag zu akzeptieren. Jeder der Beteiligten war sicher, daß der Fall niemals eintreten könne. Alle hatten sich geirrt. Von den drei Jahren, die dieser Vertrag galt, fehlte noch etwas mehr als ein Jahr.

Am Montag nach der Kündigung saß Peter Lamotte bereits um acht Uhr wieder dem Geschäftsführer gegenüber und machte seine Rechnung auf: 18 Monatsgehälter Abfindung plus Restlaufzeit von 13 Monatsgehältern plus Urlaubsgeld plus Weihnachtsgeld plus Tantieme. Das addiert sei der Preis für den vorzeitigen Abschied. Zahle das Unternehmen nicht, bleibe er.

Sie feilschten nicht lange. Niemals, sagte der Geschäftsführer, werde das Unternehmen eine solche Summe zahlen. Niemals. Das sei angesichts der Bilanzen gar nicht möglich. Allenfalls ein Jahresgehalt könne Lamotte mit auf den Weg gegeben werden. Mehr nicht. Wenn er damit nicht einverstanden sei, müsse er eben bis zum Ablauf des Vertrags bleiben. Nur zu tun gebe es nichts mehr für ihn. Ab sofort werde er, der Geschäftsführer, Lamottes Aufgaben mit übernehmen.

Damals glaubte Peter Lamotte einen Etappensieg errungen zu haben. Es bereitete ihm fast etwas Vergnügen, seine Unterlagen zusammenzupacken und in das Zimmer des Geschäftsführers zu schicken. Lange werde der nicht auf ihn verzichten können. Niemand kannte sich in seinem Bereich aus wie er. Und vor allem: Lamotte kannte seine langen Tage. Mit links und nebenbei ließ sich die Arbeit nicht bewältigen. Bald schon würde der Geschäftsführer wieder bei ihm anklopfen und um Unterstützung bitten. So dachte Peter Lamotte.

Ein gefragter Mann

Als dann einen Tag später die Hausmitteilung zirkulierte, in der die Übertragung seiner Aufgaben auf den Geschäftsführer zur Kenntnis gegeben wurde, »da war ich ein gefragter Mann«, erinnert sich Lamotte. Die Kollegen riefen an, klopften an. Aber sie gaben sich nicht wie gewöhnlich. Sie telefonierten mit gedämpfter Stimme, sie schlängelten sich durch die Tür. Als wollten sie nicht gesehen werden. Lamotte gab bereitwillig Auskunft. Er erwartete Solidarität. Und er erhielt sie. Jedenfalls schien ihm das so.

»Wenn ich heute an die Reaktionen der Kollegen denke, dann muß ich feststellen, daß ich mir etwas vorgemacht habe«, sagt Lamotte. »Jeder hat sich zwar aufgeregt, aber irgendwie war das verquast. Niemand konnte die Situation richtig einschätzen. Ich am allerwenigsten. Wir pfiffen im dunklen Wald, denn jeder fühlte sich beklommen.«

Von den folgenden Wochen war die erste wahrscheinlich noch die erträglichste. Da war der Zorn in Peter Lamotte frisch und überdeckte alle anderen Empfindungen. Die Besucher kamen noch reichlich. Je mehr Tage vergingen, aus desto ferneren Abteilungen pilgerten sie zu ihm.

Dann rissen die verkappten Kondolenzbesuche ab. Ab und zu rief noch einmal ein Kollege mit einer sachlichen Frage an, die er betont fröhlich und herzlich stellte. Aber auch solche Fragen versickerten bald. Es galt nicht als vorteilhaft im Betrieb, Auskünfte von Lamotte zu erbitten und zu verwerten.

Die Zahl der Briefe, die er morgens auf dem Schreibtisch

vorfand, schrumpfte. Bis nur noch die »Lebensmittel-Zeitung« und die »Bäckerblume« dort lagen. Hausmitteilungen oder Termine gab es für ihn nicht mehr. Peter Lamotte saß mitten im Betrieb, und der Betrieb lief an ihm vorbei.

Da nahm Lamotte »DIE WELT«, die »Stuttgarter Nachrichten« und die »Kreiszeitung« mit ins Büro.

»Ich habe versucht, meinen Tag so normal wie möglich zu gestalten«, sagte Peter Lamotte. »Je weniger da normal war, desto mehr habe ich mich gezwungen, den Tagesablauf in den Bahnen zu halten, in denen er immer gelaufen war. Das war eine Lüge vor mir selbst, aber vor allem gegenüber meiner Umwelt.«

Sein Tag begann immer früh. Der Morgen war seine beste Zeit. Wenn die meisten Büros noch unbesetzt waren, hatte er sein Leistungshoch. Zwischen 8 Uhr und 8.30 Uhr setzte er sich jeden Tag an seinen Schreibtisch. Mit frischem Hemd, sorgfältig ausgewählter Krawatte und blanken Schuhen. Eine Änderung der Gewohnheiten hatte er sich gestattet. Er verließ den Betrieb um 16 Uhr. Pünktlich. Das war zwei bis drei Stunden früher als zuvor.

Allein am Tisch

Auch seine Mittagspause machte er wie immer. In den ersten Wochen jedenfalls. Der Betrieb verfügte über eine kleine Kantine. Pünktlich um 12.30 Uhr ging Peter Lamotte zum Essen. 20 Minuten saß er gewöhnlich dort. Zehn Minuten für das Essen, zehn Minuten für das Gespräch mit den Kollegen. Die Kantine war Nachrichtenbörse Nummer eins.

Meist saß Lamotte bereits am Tisch, wenn die Kollegen kamen. Die setzten sich dann dazu. Das änderte sich mit verblüffender Geschwindigkeit. Kollegen, die sonst schlafwandlerisch mit ihrem Tablett den Tisch ansteuerten, an dem er bereits sein Schnitzel bearbeitete, blickten sich suchend um, entdeckten einen anderen Kollegen im entgegengesetzten Teil der Kantine. Zu dem gingen sie mit raschem Schritt, als sei etwas außerordentlich Wichtiges zu besprechen.

Gab es diesen Ausweichtisch nicht, mußte sich ein Kollege zu Peter Lamotte setzen, dann schlang er sein Essen sprachlos in großer Hast herunter, murmelte etwas von einer wichtigen Besprechung und entschwand nach wenigen Minuten eilenden Schrittes.

Dann begannen die Kollegen ihre Tischzeit um wenige Minuten nach vorn zu verlegen. Das genügte, um bereits am Tisch zu sitzen, wenn Lamotte kam. Anfangs fand er immer einen Stuhl, um sich dazuzusetzen. Aber nach einer Weile bildeten die Tischgemeinschaften einen festen Kordon, in den Lamotte nicht eindringen konnte.

Dann setzte er sich allein an einen Tisch. Und dort blieb er allein.

»Ich habe eine ganze Weile gebraucht, bis ich kapierte, daß sich niemand mehr mit mir sehen lassen wollte. Der Flur war nie breit genug für den Bogen, den die Kollegen um mich machen wollten. Solch ein Verhalten hätte ich niemals für möglich gehalten. Als ich hinter das System kam, war das für mich eine der bittersten Erfahrungen während dieser Zeit.«

Da packte Peter Lamotte morgens zu den drei Zeitungen noch eine Butterbrotdose in die Aktentasche. Auch in der Mittagspause blieb er an seinem Schreibtisch.

Der Marketingleiter Peter Lamotte fühlte sich infam. Er hatte es einmal gelesen: Ein Mitglied der Gemeinschaft für infam zu erklären, ist eine der härtesten Strafen der Zigeuner. Wenn nicht sogar die härteste. Ein Sinti oder Roma, mit diesem Bannfluch belegt, ist ausgestoßen aus der Gemeinschaft. Niemand aus der Sippe darf mehr mit ihm sprechen, mit ihm essen, mit ihm arbeiten. Wer es dennoch tut, macht sich selbst strafbar.

»Ich habe mir nicht vorstellen können, was es bedeutet, alleine zu sein«, sagte Peter Lamotte. »Ich war wohl der gründlichste Leser der Zeitungen, ich habe aus dem Fenster gestiert, und ich habe versucht, mich zu bewerben. Aber das wollte nicht gelingen. Innerlich war ich nicht frei. Ich saß in meinem Büro und fühlte mich wie im Gefängnis. Fehlte nur noch, daß ich mit Bleistift die abgesessenen Tage an der Wand markiert hätte.«

Lamotte wurde krank. Zunehmend quälten ihn Kopf- und Rückenschmerzen. Er fühlte sich schlapp und elend, kalter Schweiß bedeckte Stirn und Rücken. Der Arzt schrieb ihn krank. Korrekt sandte Lamotte seine Krankmeldung ins Personalbüro, ängstlich bedacht, keinen Fehler zu machen: »Die Krankheit zog sich hin. Das war eigentlich ganz gut. In der Zeit mußte ich nicht ins Büro. Gefragt hat von dort in der Zeit niemand, wie es mir gehe. Für die war ich abgeschrieben. Ein Zombie, ein lebender Leichnam.« Die Bitterkeit der neun Monate und zwölf Tage wird Peter Lamotte immer schmecken.

»Ich habe nicht geglaubt, daß ich von einem Lächeln abhängig sein kann. Daß ich mich einmal nach einem freundlichen Wort sehnen würde. Oder einfach nach einem Schulterklopfen. Einen freundlichen Gruß registrierte ich dankbar«, sagt Peter Lamotte.

Seine persönlichen Freunde rieten ihm, durchzuhalten, sich nicht unter Wert abspeisen zu lassen: »Die wußten nicht, was sie mir da empfahlen. Jeden Tag die restliche Kraft sammeln, um dann jeden Tag wieder ins Leere zu fallen. Heute weiß ich nicht, wie ich das geschafft habe. Ich habe mich auf einen Kampf eingelassen, dessen Bedingungen ich nicht kannte.«

Ein dreiviertel Jahr hielt Peter Lamotte durch. Genau waren es neun Monate und zwölf Tage. Dann haben er und der Geschäftsführer sich geeinigt. Auf eine Summe, die nicht ganz so hoch ausfiel, wie Lamotte wollte, die nicht ganz so gering war, wie der Geschäftsführer wollte.

Wenn Lamotte bilanziert, kommt er zu dem Ergebnis: »Finanziell hat sich das für mich gelohnt. Das schwäbische Schlitzohr hat mich nicht über den Tisch gezogen. Aber der Preis war zu hoch.«

Der lange Weg zum Selbstbewußtsein

Über fünf Stufen der Gefühle führt der Weg, ehe die Kündigung akzeptiert und verarbeitet ist. Es ist keine Zeit der Kontinuität. Die Gefühle der Betroffenen sausen wie an einem Jo-Jo. Kaum oben angekommen, schießen sie wieder abwärts. Hoffnungslosigkeit und Zuversicht liegen nahe beieinander. Durch diesen Irrgarten der Empfindungen muß nahezu jeder hindurch, gleichgültig, wie die erste Reaktion auf die Kündigung ausfiel.

Erste Stufe: Leugnen

Niemand will anfangs seine Kündigung wahrhaben. Die Fakten liegen zwar auf dem Tisch, die bitteren Worte sind gesprochen, aber in dem Betroffenen sträubt sich alles, sie an sich heranzulassen. Er redet sich ein, es müsse ein Irrtum vorliegen, denn ohne ihn als Leistungsträger ginge es schließlich nicht.

Dies ist die Zeit der Familie und der Freunde. Offene Gespräche können den Grundstein legen für den Wiederaufbau des zertrümmerten Selbstbewußtseins. In einer stabilen Ehe müssen sich die Partner gegenseitig stützen, denn sehr häufig erlebt die Frau in dieser Zeit ähnliche traumatische Situationen wie ihr Mann. Manchmal hilft es schon, sich einfach Mut zuzusprechen, auch wenn die Realität eher trostlos ist.

Zweite Stufe: Handeln um jeden Preis

Möglichst schnell, möglichst sofort zurück an die Arbeit, das ist der Drang auf dieser zweiten Stufe. Der Wunsch, unverzüglich etwas zu unternehmen, um die Situation zu ändern, läßt sich nicht unterdrücken.

Er sollte dennoch gezügelt werden. Denn Kontakt- oder Bewerbungsgespräche in dieser Situation sind absolut falsch. Der Schock der Kündigung steht dem Bewerber auf der Stirn. Auch wenn er glaubt, absolut fit zu sein. Er ist es nicht. Irgend etwas verrät ihn. Vielleicht der feuchte Händedruck, die Unfähigkeit, dem Gegenüber ins Auge zu sehen oder einfach die abwehrend verschränkten Arme über der Brust. Die Zeichen der Körpersprache lassen sich nicht unterdrücken. In einem Vorstellungsgespräch müssen die Gedanken konzentriert werden. Da sendet der Körper eben die Zeichen aus, die seinem Empfinden im Innersten entsprechen. Die Zeit, in der man zwar möchte, aber nicht sollte, kann einige Wochen dauern. Oder einige Monate. Der Wunsch, so schnell wie möglich als Bewerber aufzutreten, sollte in dieser Phase so schnell wie möglich vergessen werden.

Dritte Stufe: Ärger

Zweifel an Gott und der Welt drängen sich auf. Phasen tiefer Traurigkeit lösen sich ab mit Zeiten, in denen sich der Betroffene bedrängt und verfolgt fühlt. Seine Emotionen spielen verrückt. Ohne ersichtlichen Anlaß verursacht er Streit. Die sprichwörtliche Fliege an der Wand genügt. Zielscheibe des Ärgers können ebenso die ehemalige Firma wie die Ehefrau oder die Kinder sein. In dieser Zeit gehen Ehen und Freundschaften in die Brüche, wenn sie nicht fest genug sind.

Der Umgang mit Empfindungen dieser Art ist nicht leicht. Die Ehefrau oder die Freunde müssen erst lernen, mit solchen Gefühlsausbrüchen umzugehen. Und sie müssen sie dennoch fördern. Nur so kann Druck von der Seele genommen werden.

Vierte Stufe: Depression

Mit Sicherheit ist dies die schwierigste Phase. Alles, was bedrückt, kommt in ihr zusammen: Der Betroffene zieht sich zurück, möchte mit niemandem mehr sprechen. Eine starke Nervosität ist spürbar, manchmal fehlen die Worte, Schlafstörungen verursachen das Gefühl, niemals ausgeschlafen zu sein. Er macht sich selbst Vorwürfe, kann sich nicht konzentrieren. Mit jedem Tag wird die Bahn abschüssiger. Die Zukunft ist außer Kontrolle geraten. Es ist die Zeit der schwarzen Gedanken.

Und es ist wieder einmal die Zeit der Freunde und der stabilen sozialen Bindungen. Auch wenn es schwerfällt, aus dem Mauseloch herauszukommen: Einladungen zum Essen müssen angenommen, Clubabende regelmäßig besucht werden. Die Kontakte dürfen nicht abreißen.

Je mehr Verbindungen verlorengehen, desto schwieriger wird der Weg zurück. Er führt über viele kleine Brücken: Kurse an der Volkshochschule, die zuvor immer wieder aufgeschoben wurden, weil die Zeit fehlte. Eine Fremdsprache kann aufgefrischt oder eine neue gelernt werden. Oder die brachliegende Aktivität wird für eine Hilfsorganisation mobilisiert. Sport ist besonders gut in dieser Zeit. Ob Schwimmen, Tennis oder Golfen, Hauptsache, der Weg führt unter Menschen und läßt die Gedanken nicht sinnlos kreisen. Die Disziplin täglicher Übungen baut Streß ab.

Fünfte Stufe: Akzeptanz

Erst wer die vorherigen vier Stufen genommen hat, wird die fünfte erreichen. Auf ihr finden er und die Welt langsam das Gleichgewicht wieder. Die Welt ist damit noch nicht anders. Denn an den äußeren Umständen der Situation hat sich noch nichts geändert. Aber wer bereit ist, sich auch einmal negative Gefühle zu leisten, einmal nicht die richtigen Worte zu finden oder ganz einfach traurig zu sein, hat den entscheidenden Schritt zur Besserung gemacht. Erst die voraufgegangenen Erfahrungen verschaffen wieder Standsicherheit. Auch Ärger ist eine Form von Energie. Depressionen können dazu zwingen, über sich selbst nachzudenken. Und auch dazu, mit sich ins reine zu kommen. Das gelingt nur nach gründlicher Anfrage bei sich selbst. Und mit ehrlichen Antworten zur Person, zur voraufgegangenen Arbeit. Erst wer das getan hat, kann sicher sein, in die richtige Richtung zu starten.

Aus ihrer Erfahrung mit gefeuerten Managern rät die Psychologin Doris Trappe:

- Stehe zu Dir und Deinen Gefühlen.
- Gönne Dir die Trauer, aber lasse Dich nicht fallen.
- Sieh nach vorne, nicht zurück.
- Vertraue auf Dich selbst.

Erlernte Hilflosigkeit

Der großen Niederlage folgen während der Arbeitslosigkeit viele kleinere. Selbst wer das positive Denken trainiert hat, neigt zu Pessimismus, wenn sich während dieser Zeit nicht gelegentlich kleine Erfolge einstellen.

Auch für Macher türmen sich die Hürden immer höher, je häufiger das angepeilte Ziel nicht erreicht wird. Erlernte Hilflosigkeit nennen die Psychologen das.

Die Auswirkungen sind aus Versuchen mit Hunden bekannt. Dabei wurden die Tiere in ein Geschirr gespannt, aus dem sie sich nicht befreien konnten. Nach einem Signalton erhielten sie einen elektrischen Schlag, den die Versuchsleiter als »mäßig schmerzhaft« bezeichnen. Kein Bellen, kein Schwanzwedeln, kein Versuch eines Ausbruchs half: Die Tiere erhielten nach dem Signal den Schlag.

Die Psychologen setzten eine andere Gruppe von Hunden, die diese Erfahrung der Hilflosigkeit nicht machen mußte, in einen Versuchskäfig, der durch eine Barriere geteilt war. Auf der einen Seite der Trennwand konnte der Boden unter Strom gesetzt werden. Übersprang der Hund die Barriere, konnte er dem Stromschlag auweichen. Dann folgte ein ähnlicher Ablauf wie beim ersten Versuch. Nach einem Signal wurde der Strom eingeschaltet. Die Tiere rannten panisch im Käfig umher, bis sie mehr zufällig über die Barriere kletterten. Bereits beim zweiten Durchgang sprangen sie schon schneller über die Trennwand. Nach mehreren Versuchsfolgen retteten sie sich gezielt durch die Flucht. Spätestens nach der 50. Wiederholung sprangen sie beim Ertönen des Signals und konnten so jeden Schlag vermeiden.

Vollkommen anders verhielten sich die Hunde, die zuvor die Stromschläge im Geschirr erlitten hatten. Auch sie rannten wild durch den Käfig. Nach einer halben Minute fügten sie sich in das scheinbar Unvermeidbare, legten sich hin und winselten. Sie schafften es nicht, über die Barriere zu springen und damit dem Schock zu entfliehen. Auch bei späteren Durchgängen blieb das so.

Der amerikanische Psychologe Martin E. P. Seligman, der diese Experimente leitete, nennt sie »ein Musterbeispiel für gelernte Hilflosigkeit.« Seine Schlußfolgerung:

»Laborexperimente beweisen, daß ein Organismus, der traumatische Bedingungen erfahren mußte, die er nicht kontrollieren konnte, die Motivation zum Handeln verliert, wenn er später erneut mit traumatischen Bedingungen konfrontiert wird. Mehr noch, selbst wenn er reagiert und es ihm gelingt, durch seine Reaktion den Streß zu reduzieren, so hat er Schwierigkeiten zu lernen, wahrzunehmen und zu glauben, daß seine Reaktion dies bewirkte. Schließlich wird sein emotionales Gleichgewicht gestört: Depression und Angst, auf verschiedene Weise erfaßt, werden vorherrschend. Der Mangel an Motivation, der durch

Hilflosigkeit hervorgerufen wird, ist in vieler Hinsicht besonders schlagend.«

Ständige Mißerfolge und Enttäuschungen verklemmen die Schranke im Kopf. Um sie beweglich zu halten, sind kleine Erfolge notwendig. Sonst verliert auch der stärkste Charakter seine positive Ausstrahlung. Ohne die aber gelingt nichts. Nur Zuversicht verkauft sich gut. Wer andere von sich überzeugen will, muß zuerst von sich selbst überzeugt sein.

Das Training des Selbstbewußtseins ist während der Arbeitslosigkeit überlebenswichtig. Manager, die voller Dynamik das große Rad drehten, müssen sich freuen, wenn es ihnen hin und wieder gelingt, ein Rädchen in Schwung zu halten. Um das große Ziel zu erreichen, sind auf der Etappe immer wieder bescheidene Ziele zu setzen. Das verhindert das Absacken in die Lethargie, falls der Bewerber um eine neue Aufgabe auch nach dem 20. Anlauf auf die Nase fällt.

Um der drohenden Lähmung in der langen Zeit des Wartens und des Hoffens zu begegnen, läßt sich beispielsweise die Bewerbung aufpolieren. Erst wer mit der eigenen Präsentation innerlich einverstanden ist, kann auf andere Eindruck machen. Nur für die Dinge, die wirklich selbst zu verantworten sind, ist auch Verantwortung zu übernehmen. Die endet, wenn die Bewerbung abgeschickt ist. Was dann mit ihr geschieht, darauf hat der Absender keinen Einfluß mehr. Er weiß nicht, gegen welche Konkurrenz er antritt, welcher Punkt den Empfänger in seiner Entscheidung beeinflußt. Aber das Bewußtsein, eine Bewerbung in Bestform abgeliefert zu haben, hilft gegen die Zweifel an der eigenen Fähigkeit bei einer Absage.

Wer sich nicht bewirbt, erhält keine Absagen, aber: Ersparte Enttäuschungen sind auch vermiedene Hoffnungen. Bewerbungen mit der Streubüchse sind ebenso schädlich wie zu große Zurückhaltung. Je weniger Bewerbungen abgesandt werden, desto intensiver die Hoffnungen, die die raren Expemplare begleiten. Und desto größer die Enttäuschung. Der Selbstbetrug durch Verweigerung geht nicht auf.

Wer im Job ständig unter Zeitdruck stand, wer den vollen Terminkalender zum Imageträger erhob, hat über Nacht alle Zeit der Welt. Der Mangel kehrt sich in Überfluß. Doch der ist öde und leer. Und ermüdender als aller Streß zuvor. Auch das lähmt. Neue Aufgaben und Hobbys bilden die Therapie gegen die Lähmung. Sie vermitteln nicht nur das Gefühl, die Zeit angenehm zu gestalten, sie können auch – und das ist in diesem Fall erheblich wichtiger – kleine Erfolge liefern. Sei es, weil bei einer Wanderung ein gesetztes Ziel erreicht wurde, weil Sprachkenntnisse aufgefrischt, ein neues Wissensgebiet erschlossen oder ein sportlicher Sieg errungen wurde.

Nur wer seinen Weg aus dem tiefen Tal mit kleinen Erfolgen pflastert, hält sich fit für den großen Sieg. Der Trimmtrab für die Psyche ist so wichtig wie das Jogging für das Herz.

Münchhausen zog sich am eigenen Schopf aus dem Sumpf. In seiner Lügengeschichte steckt ein großer Kern Wahrheit.

Diagnose: gebrochenes Kreuz

Krankheiten sind SOS-Zeichen

Der Körper zeigt an, wenn die Seele überfordert ist. Meist sind diese SOS-Zeichen der Psyche die einzigen Signale der Not, die wahrgenommen werden. Was nicht heißt, daß sie auch verstanden werden.

Manager, die der Leidensdruck der Kündigung und die vergebliche Suche nach einer neuen Aufgabe krank werden ließ, kennen den vergeblichen Gang von einem Arzt zum anderen, die immer gleichen hilflosen Diagnosen, die wirkungslosen Therapien. Bis dann endlich einmal ein Arzt ein paar mehr Fragen stellt, als mit der Kasse abzurechnen sind. Der sich etwas erzählen läßt von dem unbewältigten Sturz aus dem Beruf. Und der dann eine andere Diagnose als den gewöhnlichen Bandscheibenvorfall für die anhaltenden Rückenschmerzen stellt: gebrochenes Kreuz.

Streß an sich ist nicht schädlich. Das ist inzwischen hinlänglich bekannt. Folgt auf den Streß der angestrebte Erfolg, ist alles in Ordnung. Erst der Mißerfolg macht den Streß zur Belastung. Und zum Auslöser von Krankheiten.

Zu den häufigsten Erkrankungen, die durch die beschädigte Seele ausgelöst werden, zählen die Psychosomatiker Herzrhythmusstörungen (Herzrasen oder Extraschläge des Herzens), Herzschmerzen, Hörsturz, den Infarkt, Magen- und Darmprobleme, Rücken- und Kopfschmerzen. Hautkrankheiten wie die Gürtelrose sind ebenfalls ein Signal der überforderten Seele. Betroffen ist immer jener Bereich des Körpers, der ohnehin schon geschwächt oder geschädigt ist. So wie bei jenem leitenden Mitarbeiter, bei dem sich eine schon länger vorhandene dunkle Verfärbung eines Hautfleckens nach der Kündigung zusehends verdunkelte. »Schwarzer Hautkrebs«, diagnostizierte der Arzt.

Wenn die ersten Warnzeichen den Arbeitsplatz gefährdet erscheinen lassen, reagiert der Körper – häufig unbemerkt – mit gesteigerter Alarmbereitschaft. Er erhöht die Produktion von Adrenalin und Noradrenalin. Mit erheblichen Folgen: Die Herzfrequenz steigt, der Blutdruck schnellt hoch, die Skelettmuskulatur wird stärker durchblutet, der Blutzucker erhöht sich, der Betroffene schwitzt stärker und häufiger, der Mund wird trokken, und die Pupillen erweitern sich. Aber diese Aufrüstung zum Kampf ist heute sinnlos. Wer den vorsorglichen Gang zum Anwalt antritt, bedarf nicht der beschleunigten Blutgerinnung.

Permanenter Druck schwächt

Wird der Streß anschließend zur Dauerbelastung, reagiert der Körper mit funktionellen Störungen. Auf die rasche Abwehr plötzlicher Gefahren ist er eingerichtet. Dauerstreß überfordert ihn. Zumal er sich nicht in natürlicher Weise abreagieren kann. Permanenter Druck schwächt. Das angegriffene Immunsystem macht anfällig für Infektionskrankheiten. Das Herz beginnt zu rasen oder zu schmerzen. Die Verdauung gerät aus dem Takt. Der Kopf schmerzt. Verspannungen der Muskeln krümmen den Rükken.

Psychosomatiker kennen sich im Grenzbereich zwischen Psyche und Körper aus. Sie wissen auch um die direkten Zeichen der bedrückten Seele. Die Dauerbelastung macht anfällig für Stimmungsschwankungen. Manager, die stets glaubten, ihre Gefühle unter Kontrolle zu haben, leiden nach dem Absturz unter Stimmungsschwankungen, gleiten ab in Depressionen, denken an Selbstmord. Nichts macht mehr Sinn. Sie sehen keinen Weg, ihrem Dasein noch eine Berechtigung zu geben. Sie fühlen sich müde und matt, trauen sich nichts mehr zu.

Ängste bestimmen diesen Lebensabschnitt. Männer, die die Öffentlichkeit suchten, die sich präsentierten, die sich von außen stimulieren ließen, ziehen sich fluchtartig zurück. Nicht einmal ins Theater mögen sie gehen, weil sie fürchten, es werde mit dem Finger auf sie gezeigt. Männer, die Flugmeilen sammelten, leiden plötzlich unter Flugangst. Andere wagen sich nicht mehr ins Auto, trauen sich nicht mehr, auf die Autobahn zu fahren. Und weil die Betroffenen sich dieser Ängste schämen, versuchen sie krampfhaft, sie zu verbergen. Daraus wuchern neue Ängste.

Derartige Strapazen erduldet der Körper nicht lange. Angst macht krank. Nach der ersten Alarmbereitschaft und dem vergeblichen Kampf gegen den Dauerstreß gibt der ermattete Körper seinen Widerstand auf. Das ist die Zeit der Krankheiten, die aus der Seele kommen. Aus den psychisch angestoßenen Leiden werden organische Krankheiten. Magen- und Darmbeschwerden, Bluthochdruck, Arteriosklerose und der Herzinfarkt können somatisch verursacht sein.

Seele unter Narkose

Die frühen Alarmsignale des Körpers bemerken die Betroffenen häufig als letzte. Ihre Umgebung spürt sehr viel feiner die Veränderungen. So sind es denn meist auch Familienangehörige, die den Somatiker auf mögliche seelische Ursachen der Beschwerden aufmerksam machen. Seltener der behandelnde Arzt, in dessen Abrechnung von der Krankenkasse keine Rubrik für solche Fälle vorgesehen ist. Und noch seltener ist es der Manager, der gründlich in sich hineinhorcht.

Führungskräfte haben gelernt, die Klopfzeichen der Seele zu überhören. Sie überspielen deren körperliche Warnzeichen. Oder, wenn das nicht mehr gelingt, versuchen sie, sie zu betäuben. Hohe Arbeitsbelastung fördert die Stimulans durch Drogen. Belastungen durch Streß, Ängste und Depressionen treiben den Verbrauch nochmals in die Höhe. Männer flüchten vornehmlich in den Alkohol, Frauen rauchen stärker und schlucken vor allem Pillen. Aber auch unter Managern grassiert die Tablettensucht. Antidepressiva riecht man nicht. Die heimliche Abhängigkeit von Pillen läßt sich länger verbergen als die Abhängigkeit vom Alkohol, den die Schnapsfahne verrät. Der bereits geschädigte Körper wird noch mehr belastet. Besonders im mittleren Management, das den Druck von zwei Seiten zu ertragen hat, schlucken die

Führungskräfte erst den Ärger und dann gegen den Ärger Alkohol und Pillen.

Immer unter Dampf

Bei der Frage, wer für psychosomatische Krankheiten besonders anfällig ist, haben Psychologen die Menschheit in zwei Lager getrennt: Der A-Typ steht immer unter Dampf. Für ihn ist das Leben ein Kampf. Den will er siegreich bestehen. Ganz vorne selbstverständlich. Er braucht den Zeitdruck zur Dynamik. Darum ist er immer in Zeitnot. Die Anerkennung braucht er wie das tägliche Brot. Ebenso den Wettkampf. Und sei es darum, gegen sich selbst anzutreten. Das macht ihn aggressiv.

Der B-Typ ist hier zu vernachlässigen. Er verirrt sich selten unter Managern. Denn Gelassenheit ist sein hervorstechendes Merkmal. Allen und allem gegenüber.

Der plötzliche Verlust des Arbeitsplatzes macht folgerichtig Menschen vom Typus A sehr viel häufiger krank. Dazu gehören die Manager, die meinen, immer alles unter Kontrolle haben zu müssen, sich und ihre Umwelt. Und denen der einmal erreichte Status nie ausreicht. Für sie muß das Rad immer in Bewegung bleiben: mehr Leistung. Mehr Erfolg. Mehr Macht. Mehr Ansehen.

Die Abhängigkeit davon kann sich steigern wie die von der berauschenden Droge. Um so stärker wird ihr Entzug gespürt. Und um so intensiver kämpfen die Betroffenen dagegen an. Sie mobilisieren alle Kräfte, setzen unbewußt stärker auch den Körper in Alarmbereitschaft. Und sie stürzen tiefer in Depressionen, wenn aller Widerstand vergeblich war. Mit allen Krankheiten, die ihre Wurzeln in der verletzten Psyche haben.

Die Seele ist auch dann noch nicht unbedingt wieder gesund, wenn die Leiden des Körpers geheilt sind. Die tiefverletzte Psyche kapselt ihre Wunden ein. Und bewahrt sie, auch wenn die Welt scheinbar wieder in Ordnung ist. Selbst über die Hoffnungen eines Starts in einer neuen Aufgabe hinweg. Nicht bewältigte Selbstzweifel und zwangsläufig mit dem Neubeginn verbundene

Belastungen reichen dann aus, um einen totalen Zusammenbruch der Psyche auszulösen.

Wie vom Blitz getroffen

Als Frank Riedmair wieder zu sich kam, kniete der Arzt neben ihm. »Totaler Zusammenbruch des vegetativen Nervensystems«, diagnostizierte dieser. Riedmair wußte nicht, was das bedeutet. Doch er spürte Erleichterung. Es war also kein Infarkt. Nur die Nerven. Damit konnte er leben. Weiterleben.

Minuten zuvor, als plötzlich ein unerträglicher Druck sein Herz zusammenpreßte, als er voller Angst durch sein Büro taumelte, als ihm alles zu eng wurde, hatte er seinen letzten Augenblick gespürt. »Nun ist es aus«, dachte er. »Mit 51 Jahren.«

Sein Hausarzt praktizierte nur wenige Häuser weiter. Er kam, von Riedmairs Sekretärin alarmiert, sofort. Später hat er seinem Patienten erklärt, was mit ihm geschehen war. Auf sehr einfache Weise. Die Nerven hätten einer übergroßen Belastung nicht standgehalten. Sie seien überfordert gewesen. Wie bei einem Kurzschluß. Einfach durchgeschmort seien die Nervenenden. Dadurch habe das Herz nicht mehr ausreichend pumpen können. Und darum habe Riedmair das Gefühl gehabt, sein Herz versage.

Krankengeschichten hatten Frank Riedmair immer gelangweilt. Gelegentlich auch geärgert. Der Manager eines mittelständischen Herstellers von Pumpmotoren fand keine Zeit, sich mit eigenen Wehwehchen, geschweige denn mit dem Lamento anderer zu beschäftigen. Nur manchmal plagte ihn ein schlechtes Gewissen. Dann dachte er daran, daß er wahrscheinlich ein Infarktkandidat sei. Er sollte mehr auf seine Gesundheit achten, mehr laufen oder gehen. Das bißchen Tennis genüge nicht. Aber woher die Zeit stehlen? Den Gedanken an Krankheiten ließ er aus Überzeugung nicht an sich heran. Wenn man nicht daran denkt, dessen war er sich sicher, dann bleibt man von ihnen verschont. Bis ihm ein totaler Zusammenbruch plötzlich die Füße vom Boden schlug.

Während Frank Riedmair anschließend durch die sorgsame Pflege seiner Frau und seines Arztes langsam wieder auf die Beine kam, hatte er viel Zeit, über die Ursachen dieses Zusammenbruchs nachzudenken. Da haderte er mit sich, denn er erkannte, welche Fehler er gemacht hatte.

Zu viele Sonderwünsche

Zwölf Jahre und sechs Monate arbeitete er für die Pumpenfabrik. Immer als einer der ersten Männer an der Spitze. Und immer mit Erfolg. Der setzte sich zusammen aus Dynamik, Verläßlichkeit und Genauigkeit. In seinem Lebenslauf gibt es keine abgerundeten Daten. Wenn er über die einzelnen Stationen seines Werdegangs spricht, dann datiert er immer bis hinter das Komma genau. Wer ständig unter Zeitdruck stand, läßt keinen Monat, keine Woche unter den Tisch fallen. Alles muß seine Ordnung haben.

Als Riedmair als Geschäftsführer für Absatz und Vertrieb in dem Unternehmen seine Arbeit aufnahm, hatte die Firma gerade erst begonnen, sich einen Markt zu schaffen. Sie produzierte seit zwei Jahren in amerikanischer Lizenz. Die Hersteller fanden die Technik revolutionär, die potentiellen Kunden fanden sie befremdlich. Deren Techniker sahen keine Chance für das neue Produkt. In der Branche hatte sich längst herumgesprochen, daß andere Unternehmen, denen die Lizenz angeboten worden war, diese als aussichtslos abgelehnt hatten.

In mühseliger Kleinarbeit mußten die Kunden von den Vorzügen überzeugt werden. Daran arbeitete Riedmair. Er glaubte an das neue Produkt. Und er besaß Überzeugungskraft. Das half ihm, die lange Durststrecke zu überwinden. Gegen alle Unkenrufe baute er einen europäischen Markt auf, gründete Niederlassungen zwischen Mailand und Manchester. Die Industrie begann, seine Pumpen einzubauen. Nach schwierigen Anfängen schaffte er den Durchbruch. Die Pumpen demonstrierten ihre Vorzüge in der Praxis. Die Auftragsbücher füllten sich.

Das waren Riedmairs gute Jahre. Das Unternehmen wuchs,

und der Geschäftsführer wuchs mit ihm. Intern aber entstanden mit dem Erfolg bald erste Probleme. Für jede spezielle Anwendung verlangten die Kunden Sonderanfertigungen. Diese Wünsche trugen die Verkäufer ins Haus. Dort allerdings stießen sie auf den Widerstand Riedmairs. Der Geschäftsführer, der sich selbst »nicht als den typischen Absatzmann« bezeichnet, verfolgte eine andere Strategie. Mit Standards, so argumentierte er, sei Geld zu verdienen, nicht mit permanenten Sonderanfertigungen. Wenn der Kunde nur flexibel genug sei, könne er auch mit den Standardpumpen eine Lösung für sein spezifisches Problem finden. Die Pumpenfabrik dürfe sich nicht verzetteln, wenn sie Gewinn machen wolle.

Damit war die Auseinandersetzung mit den Verkäufern, die auf die besonderen Wünsche der Kunden eingehen wollten, programmiert. Die Verkäufer probten den Aufstand, beschwerten sich beim Inhaber des Unternehmens. Sie verwiesen auf die Konkurrenz, die inzwischen ähnliche Pumpen herstellte und alle Sonderwünsche erfüllte. Riedmair aber blieb standhaft. Er argumentierte mit Zahlen. An den Standardpumpen verdiente das Unternehmen bombig. Dennoch blieb ihm nicht verborgen, daß die Verkäufer Verständnis bei dem Unternehmer fanden. Riedmair rückte von seiner Einschätzung nicht ab, obgleich ihm bewußt wurde: »Damals ist mir in dem Unternehmen der erste Zacken aus der Krone gebrochen.«

Straff kontrolliertes Führen hatte er in einem amerikanischen Weltunternehmen gelernt. Und was für einen der Global Players paßte, so seine Überzeugung, mußte für einen Mittelständler in der deutschen Provinz allemal stimmen. Einen Verbündeten seiner Standardlinie fand er im technischen Geschäftsführer. Doch als der unerwartet starb, stand er allein mit seiner Auffassung. »Da wäre es an der Zeit für mich gewesen, zu gehen«, urteilt er heute. »Aber damals habe ich das nicht so gesehen.«

Es wurde ihm auch nicht deutlich, als zwei Jahre darauf der Betrieb mit einem anderen Unternehmen fusionierte. Die damit fällige Neuorganisation stellte Riedmair an einen anderen Platz. Sein Bereich Absatz und Vertrieb unterstellte der Inhaber einem Geschäftsführer aus dem übernommenen Betrieb. Die vakante technische Leitung ressortierte ebenfalls bei einem Mann von dort. Riedmair rückte aus der Linie ab. Finanzen und Verwaltung ordnete ihm der Unternehmer zu. »Da war ich raus aus dem eigentlichen operativen Geschäft. Die neue Aufgabe wurde nach kurzer Zeit langweilig.«

Obwohl zur Langeweile wenig Anlaß bestand. Zu konträr stand Riedmair zu den beiden neuen Kollegen in Vertrieb und Technik. Er hat es niemals geschafft, sie zu akzeptieren. »Wenn ich die sah, klappte bei mir das Visier runter. Dagegen konnte ich gar nichts machen.« Zu deutlich schrieben beide eine andere Handschrift in der Firmenpolitik. Denn jetzt erfüllten sich die Wünsche der Verkäufer und der Käufer. Die Variationen der Varianten fächerten das Programm immer weiter auf. Riedmair fühlte sich wie der Rufer in der Wüste. Er warnte davor, alle Sonderwünsche zu erfüllen, sich auf zu viele Nebenfelder zu wagen. Doch seine Warnungen blieben ungehört. Statt dessen handelte er sich den Ruf eines Pessimisten ein. »Die anderen haben immer geschönt. Die sagten, was man von ihnen hören wollte. Aber von mir bekam der Chef das nicht zu hören. Ich mußte die Situation real schildern. Das hat mir geschadet.« Als Bedenkenträger stand er bald isoliert.

Und als störrisch galt er zudem. Als Bannerträger der Standardfabrikation weigerte er sich, »jeden Mist zu kalkulieren«. Vieles war ihm zu vage, zu verschwommen. Zum Rechnen benötigte er handfeste Angaben. Daran aber mangelte es bei vielen Sonderwünschen. »Ich war da in einer Situation, in der man nur noch nachvollziehen, nur noch wiederkäuen kann. Man sitzt dann da, sieht die Fehler und kann nichts dagegen tun.«

In dieser Situation hätte sich Riedmair reif für den Wechsel fühlen müssen. Er quälte sich in der Geschäftsleitung als Außenseiter. In den Sitzungen überstimmten ihn die anderen regelmäßig 3:1, der Unternehmer und die beiden neuen Geschäftsführer gegen ihn.

Eine verschenkte Chance

Aber Frank Riedmair blieb. Auch als ihn der Anruf eines Headhunters erreichte. Der bot ihm die Geschäftsführung eines internationalen Konzerns mit Milliardenumsatz an. Jahreseinkommen: 500 000 Mark. »So eine Chance bekommt man niemals wieder«, wußte Riedmair. Nicht, wenn man im Steigflug des Aufstiegs ist, und schon gar nicht, wenn der Knick in der Karriere scharf nach unten weist. Dennoch lehnte er ab.

Ein Haus hatten sie gerade gebaut, Frank Riedmair und seine Frau. Besser: seine Frau und er. Denn er fand nicht die Zeit, sich ausreichend um den Neubau und die Einrichtung zu kümmern. Sein Leben war die Pumpenfabrik. Ihr gehörte seine Zeit. Auch wenn es meist nur noch ärgerlich war. Er hatte einer neuen Idee zu Erfolg verholfen. Jetzt verteidigte er die Strategie, die das Unternehmen groß gemacht hatte. Darum baute seine Frau das Haus. Sie verwirklichte ihre Gedanken, Hoffnungen und Wünsche in diesem Bungalow. Ihr Mann wußte das, und er hatte kein gutes Gewissen, wenn er daran dachte, wie sehr er seine Frau mit dieser Aufgabe allein ließ.

Die Erinnerung an eine ähnliche Situation erleichterte sein Gewissen nicht. Schon einmal hatten sie unter ähnlichen Voraussetzungen ein Haus gebaut. Und kaum, daß sie es bezogen hatten, zogen sie wieder aus. Weil Riedmair zum Geschäftsführer für Absatz und Vertrieb der 600 Kilometer entfernten Pumpenfabrik berufen wurde.

Daran dachte Riedmair, als er den 500 000-Mark-Job ablehnte. Und blieb. Obwohl er wußte, daß er nicht mehr so glänzend dastand. »Ich habe gespürt, nicht mehr auf dem richtigen Dampfer zu sein. Aber ich habe das in dem Augenblick wohl verdrängt. Und wenn ich ehrlich bin, dann war das bestimmt auch ein Stück Bequemlichkeit. Wir hatten uns gerade eingerichtet, und nun sollte alles wieder von vorn beginnen?« Mit dem Abstand einiger Jahre sagt er aber heute auch: »Wer einen Karrieresprung ausläßt, der hat sich schon verabschiedet.«

Der Sonnenkönig

Riedmairs fatale Selbstdiagnose bestätigte sich bald. Er bekam den Abschied. Das war, als der Firmengründer und Eigentümer der Pumpenfabrik sich entschloß, eine zweite Karriere als Verbandspolitiker nach ganz oben zu starten. Dorthin, wo jede öffentliche Äußerung zitierfähig wird, in jene bundespolitischen Höhen, aus denen die Presseagenturen jedes Statement verarbeiten.

Da war allen klar: Der Unternehmer würde nun mehr in Bonn und anderswo sein als in seiner Firma. Für das tägliche Geschäft mußte ein Statthalter gefunden werden.

Geschäftsführer Frank Riedmair bot sich an. Obgleich das Verhältnis zwischen ihm und dem Inhaber schon längst nicht mehr ungetrübt war. »Der Unternehmer«, so Riedmair, »hat sich als Sonnenkönig verstanden. Um den mußten die Planeten kreisen. Und mich hat er als Konkurrenten empfunden. Nur stromlinienförmige Leute verkraftete er neben sich.«

Stromlinienförmig war Riedmair nicht. Dazu hat er nach eigenem Bekunden zu viele Ecken und Kanten. Er stellte den Chef vor die Wahl: Falls die Entscheidung nicht zu seinen Gunsten ausfallen sollte, möge das Unternehmen doch bitte den Hauptgeschäftsführer von außen holen. Unter einem seiner beiden Kollegen könne er nicht arbeiten.

Die Entscheidung fiel gegen ihn. Und für seinen Kollegen aus dem Vertrieb. Gleichzeitig teilte das Unternehmen Riedmair mit, daß sein Vertrag nicht verlängert werde. Diese Mitteilung traf ihn ein Jahr vor Ablauf der Zeit.

Ein verhängnisvoller Brief

Das Ende vor Augen, suchte Riedmair nach einer neuen Aufgabe. Er glaubte sich in einer guten Position. Nur sehr wenige kannten die ihm gesetzte Frist, er nutzte weiter sein Büro. Obwohl als Schwarzseher im Betrieb angesehen, blieb er in eigener Sache Optimist. Sehr lange. Die Zweifel kamen erst, als er trotz intensiver Suche keine neue Aufgabe fand.

Die Zeit verstrich, er begann sich vor dem Datum seines Abschieds zu fürchten. Erste Enttäuschungen steckte er noch gelassen weg. Doch je näher der Termin rückte, desto schwerer fiel es Riedmair, sich Mut zu machen.

Bis dann der ersehnte Anruf, an den er kaum mehr glaubte, kam. Eine große Maschinenfabrik suchte einen Geschäftsführer für den Vertrieb. Ob er Interesse habe? Und ob er hatte. Sein Interesse steigerte sich zur Begeisterung, als ihm im ersten Gespräch eröffnet wurde, es bestehe auch Aussicht, den Vorsitz im Vorstand zwei Jahre später zu übernehmen. Frank Riedmair fühlte sich wieder obenauf. Die folgenden Gespräche verliefen gut. Die Konditionen wurden ausgehandelt, die große Linie abgesteckt. Und auch Details nicht vergessen. Sogar die Gestaltung des künftigen Büros sprachen die Herren ab. Das Datum des letzten Tages in der Pumpenfabrik verlor seinen Schrecken. Im Gegenteil: Riedmair sehnte diesen Tag herbei.

Er war greifbar nahe, als seine Frau ihn im Büro anrief. Der Postbote habe soeben einen Brief von der Maschinenfabrik gebracht. Ob sie den öffnen solle? Riedmair bat darum und erwartete, seine Frau werde ihm sogleich die endgültige Zusage vorlesen. Es war eine Absage.

Eine Stunde später stürzte Frank Riedmair ohnmächtig auf den Boden seines Büros.

Ganz erholt hat er sich von dem totalen Nervenzusammenbruch nie. Ängste, die er zuvor nicht kannte, drückten ihn nieder: Existenzangst, Lebensangst.

Er fühlte sich alleingelassen, ausgegrenzt. Einmal besuchte ihn ein Kollege aus der Pumpenfabrik am Krankenbett. Riedmair hatte den Eindruck, als sei der Mann vom Leiter des Unternehmens mit einem kleinen Blumenstrauß bewaffnet worden, um auszukundschaften, wie schlimm es um ihn wirklich stehe. Als der Besucher hörte, daß es kein Herzinfarkt war, der Riedmair niedergestreckt hatte, zog er bald von dannen. Danach kam niemand mehr.

Riedmair hoffte, der Unternehmer selbst würde kommen. Er wartete vergebens. Wenn es an der Tür klingelte, stellte er sich vor, welcher der Kollegen nunmehr erscheine. Es erschien kein Kollege.

Immerhin, als er das Bett wieder verlassen konnte, erlaubte die Pumpenfabrik ihrem ehemaligen Geschäftsführer, weiterhin sein Büro zu nutzen, um sich eine neue Aufgabe zu suchen. Doch auch in dieser Zeit wartete Riedmair vergebens, daß einer der Kollegen einmal an die Tür klopfte, um sich nach dem Stand der Bemühungen zu erkundigen. Allein ging er am Morgen in das Büro, allein hockte er den Tag über darin, allein verließ er es am Abend. Der Mann war mittendrin und doch nicht mehr anwesend. Mitgefühl erfuhr er nicht einen Augenblick. Nicht in den Wochen und Monaten, in denen er sich danach sehnte. Freunde zeigen sich in der Not. Darum muß es zur Not auch ohne Freunde gehen.

Manchmal aber war Riedmair froh, niemandem von den Kollegen zu begegnen. Denn der Mann torkelte schon am frühen Morgen. Unsicher schwankend steuerte er seine 1,85 Meter Lebensgröße über die Straße zum Werk, über den Flur ins Büro. Wie betrunken lief er. Dabei war er stocknüchtern. Mehrere Ärzte suchte er auf, bis ihm ein Hals-Nasen-Ohren-Spezialist endlich die Erklärung für sein permanentes Schwindelgefühl lieferte. Bei seinem Nervenzusammenbruch war das Gleichgewichtsorgan geschädigt worden. Der Schaden sei nicht zu beheben. Mit der Zeit könne sich das bessern. Möglicherweise. Wenn er Glück habe.

In diesem Zustand reiste er zu Vorstellungsterminen. Fahren konnte er nicht. Seine Frau chauffierte ihn. Er mußte Kompetenz und Stärke zeigen. Dabei fühlte er sich schwach: »Da verliert man sein Selbstbewußtsein. In der Zeit habe ich einen großen Knacks bekommen. Den werde ich auch nicht mehr los. Das nagt permanent.«

Er glaubte nicht mehr an sich und an seine Zukunft: »Es ging nur noch ums nackte Geldverdienen. Speck setzt man finanziell doch erst zwischen 50 und 60 an. Und ich war gerade 51. Bis dahin geht alles Geld drauf, für die Kinder, für das Haus, für den Urlaub. Unsere Ersparnisse wären in kurzer Zeit aufgebraucht gewesen.«

Wählerisch war Frank Riedmair nicht mehr. Für ihn begannen die Zigeunerjahre, wie er sie im Rückblick nennt. Immer in einer anderen Stadt als die Familie, immer nur an den Wochenenden zu Hause. Und am Sonntagabend wieder los.

Den ersten neuen Vertrag unterschrieb Riedmair als technischer Bereichsdirektor bei einem Reifenhersteller. Das war ein Abstieg, in jeder Hinsicht. »Ich hatte nicht mehr die Kompetenzen wie zuvor, und ich verdiente auch nicht soviel. Was da aufs Konto kam, verbrauchten wir, absolut.« Er fühlte sich »vom ersten Tag an extrem unwohl« in dem Betrieb. Zwar kam er aus einem mittelständischen Unternehmen in einer kleinen Stadt, »aber einen so provinziellen Betrieb hatte ich noch nicht kennengelernt. Machte der Vorsitzende des Vorstands Fehler, durfte er nicht darauf hingewiesen werden. Damit mache ich mir keine Freunde, wurde ich gewarnt.« Also schwieg der angeschlagene Riedmair. Freunde machte er sich dennoch nicht. Nach einem Jahr und zwei Monaten endete sein Gastspiel bei dem Reifenhersteller.

Bei einem Hersteller für Dieselmotoren hielt er es als Direktor für Marketing länger aus. Beinahe vier Jahre. Doch ein Jahr vor Ablauf seines Vertrags setzte ihm dort der Vorstandsvorsitzende den Stuhl vor die Tür. Der galt als beinharter Sanierer, und Riedmair hatte das Pech, mitten in das Feuer zu starten, das die Unternehmensspitze niedermachte. Der Geschäftsführer, unter dem er begann, war bereits fixiert, seine Tage in dem Unternehmen gezählt. Ihm folgten der Vorstand des Vertriebs, der Vorstand für Entwicklung. Drei Controller wurden in vier Jahren verschlissen. Gute jüngere Manager hielten ihre Schreibtische peinlich aufgeräumt, um so schnell wie möglich von den wackelnden Stühlen zu fliehen.

Boston Consult, Roland Berger und McKinsey gaben sich die Klinke in die Hand. »Und am Ende kam das Ergebnis heraus, das der Vorstandsvorsitzende wünschte.«

Riedmair bekam den Auftrag, eine neue Konzeption für das Marketing auszuarbeiten. Als der Termin für die Präsentation festgelegt wurde, wußte er, daß er seine Aufgabe noch nicht so gelöst hatte, wie es der Vorsitzende erwartete. Mehrfach bat er seinen Vorstand, auf eine Verschiebung des Termins zu dringen, »denn diesen Vortrag überstehe ich nicht.« Sein Wunsch blieb ungehört.

Also trug er vor. Nüchtern, mit vielen Fakten, mit vielen Charts. Aber die Folien verfehlten ihre Wirkung. Es mangelte an der erwarteten Vision. Der Vorsitzende hörte nicht mehr zu. Er begann, sich mit seinem Nachbarn zu unterhalten. Riedmair erkannte das Signal. Jeder, der gelegentlich in die Nähe des Vorsitzenden kam, kannte die abgestuften Zeichen des Unmuts: gelangweilter Blick zur Decke (schlecht), lautes Zuklappen der Kladde (schlechter), energischer Wurf des Kugelschreibers über den Tisch (am schlechtesten), wortloses Verlassen des Konferenzraums (katastrophal).

Daß der Vorsitzende eine Unterhaltung begann, statt zuzuhören, stufte Riedmair als sehr schlecht ein und verstummte lächelnd. Das machte den Vorsitzenden wieder ganz aufmerksam.

Er fragte: »Warum lächeln Sie?« »Das ist nur eine Maske«, antwortete Riedmair. Der Vorsitzende forderte ihn auf, den Raum zu verlassen. Frank Riedmair machte sich nichts vor. Es war wieder einmal zu Ende. »Ich habe es gewußt«, dachte er beim Verlassen des Raumes, »diese Sitzung überstehe ich nicht.«

Sechs Wochen vergingen, ehe der erwartete Anruf des Personaldirektors kam. Für die Organisation zweier großer Ereignisse war Riedmair noch benötigt worden: das World Meeting des Unternehmens und das daran anschließende Treffen des gesamten Vertriebs. Die große Firmenfamilie klopfte sich auf die Schultern, prostete sich zu und badete in einer Woge glücklicher Harmonie. Richtig schön war das. Als gäbe es den Kahlschlag im Management nicht. Und Riedmair war für einen Moment noch einmal zufrieden. So gelungen waren die beiden Treffen. Beinahe wäre er dem eigenen Kulissenzauber erlegen.

Der Personaldirektor lud am Vormittag zu einem Gespräch am Nachmittag desselben Tages ein. Vor Riedmair saß ein hilfloser Kollege, der zwar einen Auftrag auszuführen hatte, aber nicht wußte, warum. »Jetzt ist es soweit«, eröffnete der das Gespräch, um sogleich einen Aufschub anzubieten. Denn gerade heute sei der Bereichsvorsitzende krank und wenn Riedmair Wert auf dessen Anwesenheit lege, könne das Gespräch selbstverständlich zu einem anderen Termin geführt werden. Riedmair legte keinen Wert darauf. Eine Verlängerung von ein paar Tagen hätte an den Tatsachen nichts geändert.

Also konfrontierte ihn der Personaldirektor mit der Tatsache: Ein Jahr vor Ablauf des Vertrags sei Schluß für Riedmair. Noch heute müsse er seinen Schreibtisch räumen. Eine Begründung für die Kündigung hatte er nicht zu liefern. Die bekam Riedmair auch später nicht.

Aber das hat ihn »nicht weiter gekratzt. Ich hatte schon zu viele in den vier Jahren gehen sehen«. Er nahm sich den Anwalt, »zu dem schon hundert andere aus dem Unternehmen gegangen waren«. Der handelte die Konditionen aus: Weiterzahlung bis zum Ablauf des Vertrags, Zahlung der Tantieme, Überlassung des Dienstwagens für die Restlaufzeit des Vertrags.

Seine letzte berufliche Aufgabe fand Riedmair in Sachsen. Dort sanierte er im Auftrag einer Bank eine Großwäscherei und einen Wäscheverleih für Berufskleidung. Da gab es viel auszubügeln. Als das Unternehmen blitzsauber dastand, verkaufte es die Bank an ein westdeutsches Unternehmen. Für Riedmair war es ein guter Abschluß. Als die Verträge vor dem Notar unterzeichnet wurden, empfand er Stolz. Noch einmal hatte er zeigen können, was er zu leisten vermochte.

Mit 59 Jahren beendet er sein Zigeunerleben und sein Berufsleben. Er kehrt zurück nach Hause. In das Haus, für das er seine Karriere aufgegeben hatte. Jetzt will er sich Hobbys suchen. Radtouren gehören mit Sicherheit nicht dazu. Seit dem Nervenzusammenbruch kann er nicht mehr Rad fahren. Zwar hat er hart trainiert, das Gleichgewicht zu halten, aber hundertprozentig gelingt das immer noch nicht. Auf dem Fahrrad beispielsweise. Und beim Autofahren kann er sich nicht umdrehen, ohne daß er die Balance verliert. Aber immerhin, er geht wieder, ohne zu taumeln.

Und er kehrt zurück in die Stadt, in der die Pumpenfabrik steht. »An die«, sagt er auch noch nach so vielen Jahren, »darf ich nicht denken. Jeder Gedanke daran verursacht bei mir schwere Herzbeklemmungen. Immer noch.«

Über Geld spricht man

Keine Abfindung ersetzt den Arbeitsplatz

Nirgends wird soviel geschwindelt wie bei der Abfindung. Sie eignet sich besonders gut dazu.

Denn erstens streichelt sie die angeknackste Seele. Wer sich gestern noch zur Spitze rechnete, muß auch Spitze bei der Abfindung sein.

Und zweitens wird sich selten jemand finden, der in solch einem Falle widerspricht. Denn über die Höhe der Abfindung wird in der Regel Stillschweigen vereinbart. Kein Unternehmen möchte Bezugsgrößen entstehen lassen. Über die Flure geistern ohnehin die abenteuerlichsten Summen. Aber solange sie nicht nachprüfbar sind, bleiben sie Muster ohne Wert.

Ein hohes Einkommen schützt vor großen Verbindlichkeiten nicht. Das Gegenteil ist sogar sehr viel eher der Fall. Mit wachsendem Verdienst steigen die Ansprüche. Die Plackerei soll sich schließlich lohnen. Wenn schon die Steuern und Abgaben den größten Teil des Einkommens wegfressen, soll ein Quentchen Luxus Ausgleich für die permanente Anspannung der Nerven bieten.

Zudem: Die Ansprüche an den Lebensstandard sind nicht nur hausgemacht. Von einer bestimmten Gehaltsklasse an tut es eben nicht mehr der Anzug Marke Billigheimer im Büro, kredenzt niemand mehr ungetadelt einen Verschnitt vom Discounter.

Understatement ist zwar wieder gefragt, aber auf gehobenem Niveau. Wer auf sich hält, beschmutzt sich beim Fußball allenfalls in der Prominentenmannschaft beim Wohltätigkeitsspiel oder zur Hebung des Betriebsklimas in der Betriebsmannschaft. Ansonsten spielt er Golf. Oder zumindest etwas bescheidener Tennis.

Die Tochter wird wenig Verständnis dafür haben, wenn die Reitstunden nicht bezahlt werden können. Der Sohn wäre ein Außenseiter unter seinesgleichen, trüge er nicht die teuren Markennamen auf Brust oder Ärmel. Und die Ehefrau schneidert sich ihre Kleider auch nicht mehr nach dem Burda-Schnitt. Ganz zu schweigen von den Erwartungen der Nachbarn, Freunde oder offiziellen Bekannten.

Outing der Bezüge

Die Orientierung weist immer nach vorn. Oder richtiger: nach oben. So ganz genau wissen zwar nur Beamte, was in den Rängen über ihnen verdient wird, aber auch über dem vernebelten Gehaltsfeld der Chefetagen blinken Sterne als Zielmarken. Auch wenn das Outing der Bezüge immer noch eine Sensation ist. Über Geld – zumal das eigene – spricht man eben nicht, man hat es. Es sei denn, es entsteht ein ganz massiver Druck. So wie der, dem sich der »exekutive Aufsichtsratsvorsitzende« von Volvo, Pehr G. Gyllenhammar, nach einem Machtkampf mit seinem Vorstandsvorsitzenden Sören Gyll beugen mußte. Etwa zwei Millionen Mark verdiente er im Jahr, bekannte Gyllenhammer vor der staunenden Menge einer Hauptversammlung.

Das dem Schweden abgerungene Bekenntnis dürfte bei einigen deutschen Wirtschaftsführern ein müdes Lächeln verursacht haben. 200 Manager in deutschen Aktiengesellschaften gehen mit über einer Million Jahresverdienst nach Hause. Und die Geschäftsführer der großen Unternehmen stehen ihnen nicht nach.

Als absoluter Spitzenverdiener gilt augenblicklich Bertelsmann-Vorstandschef Mark Wössner mit einem Einkommen zwischen vier und fünf Millionen Mark. Ohnehin ist die zehnköpfige Führungsriege der Bertelsmänner unangefochten an der Spitze. Über 27 Millionen Mark genehmigte sie sich per anno. Dagegen wirkt der Henkel-Vorstand mit fast 14 Millionen Mark beinahe bescheiden. Aber ganz genau läßt sich niemand gerne in die Karten sehen.

Zumal nicht alles, was reinkommt, auch auf den ersten Blick als Einkommen zu erkennen ist. Da addieren sich die Kosten für das private Telefon ebenso wie die Beiträge zum Golf- oder Service-Club, die Versicherungsprämien für die Familie oder die Honorare für den Steuerberater.

70 Prozent der absoluten Spitzenverdiener erhalten nur einen Teil ihrer Bezüge als Fixum. Die Erfolgsprämien können in der ersten Garnitur der Manager 50 Prozent des Jahreseinkommens betragen, auf der zweiten Ebene können sie ein Drittel ausmachen.

Auf 330 000 Mark summiert sich so das durchschnittliche Jahreseinkommen eines Geschäftsführers in Deutschland. Das ist die Größenordnung, an der sich alle nachfolgenden Ebenen der Hierarchie orientieren. Das gilt aber nicht nur für das Einkommen. Das gilt ebenso für die Ausgaben eines gehobenen Lebensstandards.

Wer es geschafft hat, sich in der gehobenen Klasse des Mittelstands zu etablieren, muß mithalten. Koste es, was es wolle. Den Traum vom einfachen Leben darf sich nur erfüllen, wer mindestens die erste Million sicher auf dem Konto hat. Wenn die Queen von England mit Gummistiefeln und Kopftuch am Sonntagnachmittag durch den Matsch aufgeweichter Feldwege stapft, um anschließend dünnen Tee zu schlürfen, dann ist das äußerst chic. Man weiß schließlich, daß sie alles hat. Wer noch nicht alles hat, muß gelegentlich zeigen, was er hat.

Leitende Angestellte, die irgendwo zwischen dem 40. und 50. Lebensjahr ihre Arbeit verlieren, gehören äußerst selten zu denen, die schon alles haben. Sie befinden sich meist auf dem Höhepunkt ihrer privaten Aufbauphase. Mit der Gewißheit, auch künftig gut zu verdienen, haben sie höhere Wechsel auf die Zukunft aufgenommen.

Mit 40 000 Mark steht der bundesdeutsche Durchschnittshaushalt in der Kreide. Allein die Verbraucherkredite haben sich auf 324 Milliarden Mark summiert. Nach einer Schätzung der Arbeitsgemeinschaft der Verbraucher sind 1,5 Millionen Haushalte überschuldet. Die steigende Arbeitslosigkeit und Rückgänge des Einkommens nennt die Arbeitsgemeinschaft als wesentliche Ursachen. Ein leichtfertiger Umgang mit dem Geld, so stellt sie fest, trägt meist nicht die Schuld daran, daß die aufgenommenen Kredite nicht zurückgezahlt werden können.

Bis vor kurzem gerieten gut verdienende Manager äußerst selten in die Schuldenfalle von Kredit und Arbeitslosigkeit. Inzwischen aber schnappt sie auch in den Reihenhaussiedlungen am grünen Rand der Städte zu.

Manager, die ihren Arbeitsplatz verloren, sitzen überwiegend nicht sofort zwischen den Fangeisen aus fortlaufenden Verpflichtungen und ausbleibenden Einkünften. Die Mehrheit verfügt für eine begrenzte Weile über das Polster einer Abfindung. Zwar gehören jene Zeiten der Vergangenheit an, in denen nahezu jeder Abschied mit dem goldenen Handschlag endete, aber etwa 65 Prozent der Manager verlassen ihren Arbeitsplatz noch mit einer Abfindung. Bei sinkender Tendenz in Quantität und Qualität.

So lässig wie bei der IG Chemie vermag kein Bereich mehr beim Thema Abfindung zu bleiben. Dort ist man der Ansicht, bei der Höhe der gezahlten Abfindungen habe niemand Grund zur Klage. Schließlich gäbe es für 90 Prozent der vorzeitig verabschiedeten Manager keine Versorgungsprobleme.

Nur im Mittelfeld

Deutsche Manager haben ihre unbestreitbaren Verdienste. Sie haben keine Veranlassung, sich hinter ihren Kollegen in anderen Ländern des alten Kontinents zu verstecken. Wenn es aber um die Abfindung geht, spielen sie nur im Mittelfeld. Da stürmen ihre italienischen Kollegen ganz vorne. Dort bringt es ein 40jähriger Manager bereits nach fünf Jahren Betriebszugehörigkeit auf 18 Monatsgehälter als Abfindung. Bella Italia. Der deutsche Kollege kann sich 15 Jahre im Betrieb abrackern und wird im Schnitt mit 15 Monatsgehältern abgespeist.

Auch scheinbar großzügige Abfindungen sind kaum jemals ein Zeichen wirklicher Großherzigkeit. Eher sind sie Ausdruck des schlechten Gewissens. In der Regel aber sind gar keine Emotionen im Spiel. Da wird knallhart gerechnet und sehr genau darauf gesehen, was ortsüblich ist. Denn nicht überall sind die Summen gleich hoch.

In wirtschaftlichen Ballungsräumen und Großstädten wie München, Stuttgart, Frankfurt, Düsseldorf oder Hamburg sind die Arbeitsrichter an größere Summen gewöhnt als im Rest der Republik. Ein Monatsgehalt pro Jahr des Beschäftigungsverhältnisses setzen sie bei der Ermittlung der Höhe der Abfindung in strittigen Fällen fest. Anderenorts, wo die Hunderttausende nicht so locker über den Tisch geschoben werden, rechnen Arbeitsrichter vielfach ein halbes Monatsgehalt pro Jahr der Beschäftigung an.

Den Anwälten der Unternehmen und den Personalmanagern sind solche Gepflogenheiten bekannt. Sie richten das erste Angebot in der Regel danach aus. Den Rahmen steckt das Kündigungsschutzgesetz ab.

Keine Abfindung, und sei sie noch so hoch, kann den Verlust des Arbeitsplatzes ersetzen. Aber hoch sind die meisten Abfindungen ohnehin nicht. Selbst wenn es im ersten Augenblick so scheinen mag. Wem es nicht gelingt, sehr schnell eine neue Aufgabe zu finden, der wird sehr viel schneller die ausgezahlte Summe verbraucht haben.

Wenn überhaupt eine Abfindung gezahlt wurde. Bei einer Befragung von Managern, die sich von Outplacern beraten ließen, gaben 22 Prozent an, daß sie keine Abfindung zum Abschied mit auf den Weg erhielten. Bei weiteren 30 Prozent zahlte das Unternehmen zwischen einem und sechs Monatsverdiensten.

Anders gezählt: Über die Hälfte der Manager kam nicht über eine Abfindung von sechs Monatsgehältern hinaus.

Zwischen sieben und zwölf Monatsgehältern erhielten 26 Prozent der gefeuerten Führungskräfte.

Stattliche Summen zwischen 13 und 24 Monatsverdiensten nahmen 18 Prozent der Manager mit auf den Weg. Einsame Spitze waren schließlich fünf Prozent mit mehr als 24 Monatsverdiensten.

Dabei besagt die Höhe der Abfindung allein noch nichts. In sie werden auch die Restlaufzeiten der Verträge hineingerechnet, also Gehälter, die das Unternehmen ohnehin hätte zahlen müssen, wenn es den Vertrag nicht vor Ablauf der Kündigungsfrist aufgehoben hätte.

Millionenabfindungen

Es gibt sie tatsächlich, die Millionenabfindungen, auf die dann alle blicken und an denen sich jeder gerne orientieren möchte. Doch diejenigen, die solche Spitzenabfindungen einstreichen, waren auch zuvor schon nicht mit der gewöhnlichen Elle zu messen. Da werden sechs Millionen Mark Abfindung für den ehemaligen Bertelsmannchef Manfred Fischer genannt, der beim abermaligen vorzeitigen Ausscheiden beim Luft- und Raumfahrtunternehmen Dornier noch einmal sieben Millionen einstrich. Da wurden Eberhard von Brauchitsch beim Abgang aus dem Flick-Konzern 17 Millionen mit auf den Weg gegeben. Als Krupp Hoesch übernahm, räumte Hoesch-Chef Karl-Josef Neukirchen seinen Platz für 6,5 Millionen.

Auf dieser Ebene tummeln sich andere Manager, die beim Abschiednehmen erfolgreicher sind als in ihrer aktiven Zeit. Sie haben mit mehreren Abfindungen Millionen gemacht.

Doch solche Beispiele taugen nur für Kamingeschichten. Sie lehren Staunen. Der Normalfall aber läßt nicht staunen. Eher gruseln. Entlassene Manager müssen sehr bald erkennen, wie knapp das Trostpflaster Abfindung zugeschnitten ist.

Drückende Statussymbole

Wer einmal kreditwürdig war, muß nicht immer kreditwürdig bleiben. Aber er bleibt es mit Sicherheit länger als andere. Den Dispositionskredit reduziert die Bank noch in aller Stille. Da schrumpft eben die Zahl ganz unten links auf dem Kontoauszug. Und irgendwann muß es statt der goldenen Eurocard die blassere Version für den Normalverbraucher tun.

Dann entwickeln sich die Statussymbole zur drückenden Last.

Weil jeder weitere Abschied als weiteres Zeichen der Schwäche mißverstanden wird. Nicht jeder reduziert sofort seinen Lebensstandard, wenn ihn das Unglück der Entlassung trifft. Oder kalkuliert zumindest einmal genau.

Da ist jener Manager, der ohne einen Pfennig Abfindung gehen mußte und der erst einmal für fünf Wochen von der Bildfläche verschwand, um in Florida einen schönen langen Urlaub zu machen.

Und da ist sein Kollege, der zwölf Monatsgehälter Abfindung ausgezahlt erhielt und der wie selbstverständlich die längst gebuchten zwei Wochen Toskana streichen will.

Wenn die Firma nicht mehr die Hälfte des Mitgliedsbeitrags für den Golfclub zahlt, wenn an der Tankstelle nicht mehr alles auf Rechnung der Firma geht, dann muß zwangsläufig irgendwann das Sparen einsetzen. Jene ehemaligen Führungskräfte, die Probleme haben, mit den Einkünften auszukommen, geben an, nicht mehr spontan ein Bier trinken zu gehen, Einladungen nach Hause sehr zu überlegen, den Urlaub teilweise gänzlich zu streichen.

Nur wenigen widerfährt das Glück im Unglück wie jenem Manager, der seinem Zahnarzt offenbaren mußte, den Patientenanteil nicht bezahlen zu können. Der Zahnarzt verwendete dennoch statt des billigeren Kunststoffs Keramik, berechnete aber den Kunststoff. So etwas gibt's. Aber selten.

Voll verausgabt

Jeder Prozeß vor dem Arbeitsgericht machte Gerhard Heinich sicherer. Denn nach jedem Urteil stand wieder ein Arbeitnehmer auf der siegreichen Seite. Die Streitfälle gingen Gerhard Heinich nichts an. Weder zur Sache hatte er etwas beizutragen noch zur Person. Er war Zuhörer. Meist saß er alleine auf einem der abgenutzten Stühle, gleich hinter dem Tisch, an dem die Parteien und deren Anwälte Platz nahmen. Darüber der Richter. In der Regel sah der unbeteiligt aus, abgeklärt und müde des täglichen Streits.

»Arbeitsrichter«, hatte sein Anwalt zu Gerhard Heinich gesagt, »sind froh, wenn sie den Fall ohne großen Aufwand vom Tisch bekommen. Möglichst schon beim Gütetermin. Sie dringen auf einen Vergleich. Dann ersparen sie sich, ein Urteil schreiben zu müssen.«

Der eigene Prozeß stand Heinich noch bevor. Darum ging er morgens als einsamer Zuhörer zum Arbeitsgericht. Er wollte sehen und hören, was dort gespielt wird, wie sich die Parteien verhalten, wie die Richter. In 28 erfolgreichen Jahren als Manager hatte ihn sein Weg noch niemals zum Arbeitsgericht geführt. Das lag für ihn auf einem fernen Planeten. Wenn es Streit gab, hatte sich die Personalleitung um den Fall zu kümmern. Aber nicht doch Gerhard Heinich. Der ließ streiten. Bis er selbst zum Streitfall wurde.

Darum nahm er Nachhilfe im Zuhörerraum des Arbeitsgerichts. Um kleine Fische ging es da. Um die Rechte kleiner Angestellter. Und sie bekamen Recht. Fall für Fall. Das machte es Gerhard Heinich leichter, sich mit ihnen solidarisch zu fühlen. Wie denen dort, so würde es auch ihm ergehen. Das Unrecht, das ihm geschehen war, sagte er sich, sei eindeutig zu erkennen. Es müßte einfach sein, den Arbeitsrichter auf seine Seite zu bringen.

Es war dann eine Richterin, und es wurde nicht einfach.

Denn Direktor Gerhard Heinich mußte eine fristlose Kündigung vom Tisch bringen. Und er stand unter Druck. Denn von dem Tag an, an dem das Unternehmen die Kündigung ausgesprochen hatte, floß kein Pfennig mehr auf sein Konto. Die nach dem Jahreswechsel fällige Tantieme blieb aus. Dabei war sie fest eingerechnet. Zum ersten Mal in seinem Leben drückten Gerhard Heinich finanzielle Sorgen.

Noch vor dem Gütetermin schob das Unternehmen der fristlosen Kündigung die fristgerechte hinterher. Aber der Gütetermin brachte ohnehin keine Einigung. Noch nicht einmal den Ansatz für einen Kompromiß.

Auf dem Karussell

Seit er die Schule mit 17 Jahren verlassen hatte, um Einzelhandelskaufmann zu lernen, hatte Gerhard Heinich nur einen Arbeitgeber – einen der großen Warenhauskonzerne. Er legte einen Frühstart auf der Karriereleiter hin, ohne selbst daran zu glauben. Andere erkannten sein Talent besser als er selbst. Sie sahen, daß dieser stille, in sich zurückgezogene junge Mann mehr konnte, als er zeigte. Nach einigen Jahren avancierte er in dem Bremer Haus zum Abteilungsleiter. Da konnte er sein Glück nicht fassen.

Aber damit war er einmal aufgefallen und auf das Karussell gesetzt, das alle rundfährt, die in diesem Haus Karriere machen wollen. Bis sie abspringen. Oder herunterfallen. Jeder kann das Karussell zu jeder Zeit für sich stoppen. Er stoppt damit aber auch seine Karriere. Nur wer in der Umlaufbahn kreist, bleibt auch weiter im Rennen um die Laufbahn.

Gefragt wird nur einmal. Als sei jede Anfrage, ob jemand noch mehr von seiner Leistung, seiner Persönlichkeit, seinem Familienleben in den Konzern einbringen wolle, der Nachweis allerhöchster Gnade. Die Einladung zum Gespräch in der Zentrale kommt in der Regel sehr kurzfristig. Als Antwort wird ein spontanes, freudiges Ja erwartet. Wer sich Bedenkzeit ausbittet, zeigt sich im entscheidenden Augenblick zögerlich. Das gibt keine Minuspunkte, das ist der entscheidende K.-o.-Punkt. Statt aufwärts führt der Weg dann abwärts in eine unbedeutende Filiale.

Gerhard Heinich war bereit, den Preis für dieses Rennen zu bezahlen: Im permanenten Trubel einsam bleiben, niemals ausreichend Zeit haben, keine Freunde, nirgends Wurzeln zu schlagen. Ein bis zwei unverbindliche Jahre in irgendeinem austauschbaren Tennisclub, anfangs das Pflichtprogramm bei den Wirtschaftsjunioren, später eine Funktion in einem Ausschuß der örtlichen Industrie- und Handelskammer, der übliche Einsatz in einer Wirtschaftsvereinigung. Das war es dann aber auch schon. Bevor die neuen Nachbarn in der Reihenhaussiedlung am Stadtrand auch nur etwas angetaut waren, setzte sich das Karussell der Versetzung und des Aufstiegs wieder in Gang.

Bei jedem Halt war die Aufgabe etwas größer, der Verdienst etwas besser. Gerhard Heinich machte sich im Konzern einen Namen als Trouble-shooter. Wenn irgendwo der Umsatz in den Keller rutschte, die Belegschaft muffelte, dann schickten die Bosse ihn. Er war für ein klares Wort und eine harte Hand bekannt. Er sah, was er nicht sehen sollte, er hörte, was er nicht hören sollte, er sprach aus, was andere fürchten.

Die Ergebnisse sprachen für ihn. Seine Methoden aber sprachen allen besuchten Führungsseminaren, allen Lehren vom kooperativen Führen hohn. Gerhard Heinich regierte autoritär. Und er bekannte sich dazu. Das unterscheidet ihn von anderen Diktatoren, die angeblich Vertrauen in die Mitarbeiter setzen und doch nur sich selbst trauen. Heinich also vertrat die Ansicht: »Wenn ich einen Laden aufräumen soll und dafür nur zwei Jahre Zeit habe, dann ist das verdammt wenig Zeit. Die kann ich dann nicht weich verkleckern. Da muß harte Kante gefahren werden. Sonst schaffe ich das nicht. Nach mir kann es dann ja wieder ruhiger werden.«

Es war bekannt, was passiert, wenn Heinich kommt. Von denen, die ihn aussandten, hat niemand auch nur einmal einen Hauch der Kritik vernehmen lassen. Sie wußten, wer Heinich war und was sie an ihm hatten. Er baute auf Autorität. So war das schon bei seinem Vater zu Hause gewesen, so hielt er es in seiner Familie. Und darum auch im Betrieb.

Nicht Freund noch Feind

Hinzu kommt: Heinich hat sich niemals ganz sicher gefühlt. Robust und geschoben von starken Förderern, hatte er seine Karriere gemacht. Und nun begegnete er zunehmend jungen Kolleginnen und Kollegen mit einem weitaus besseren Schulabschluß, gestylten Trainees, in deren herausfordernde Mienen die Prädikatsnoten gestempelt waren. Jedenfalls schien es Gerhard Heinich so.

Die Story vom Tellerwäscher zum Millionär könnte niemals in Deutschland geschrieben werden. Auf jeden Fall nicht mit Happy

End. Denn der Millionär würde für den Rest seines Lebens darunter leiden, nicht als Tellerwäscher mit Abitur gestartet zu sein.

Um solche Unsicherheiten zu überdecken, zeigte sich Heinich gelegentlich schroffer, als es notwendig war. Schlampige oder nachlässige Arbeit machte ihn zornig. Falsch oder in zu großen Mengen eingekaufte Sortimente ließen ihn aus der Haut fahren. Zu dicht gehängte oder lustlos präsentierte Ware löste bei ihm ein mittelschweres Gewitter aus.

In der von ihm geführten Filiale kannte er nicht Freund noch Feind. Er kannte nur das Tempo des Lagerumschlags, die Verkaufserlöse pro Quadratmeter in den einzelnen Abteilungen, die monatlichen Renner in den Regalen, die Zahl der Verkäufer im Verhältnis zu Fläche und zu Umsatz. Und am Ende den Gewinn. Er hätte bei alledem mehr auf Freund und Feind achten sollen. Denn der Freunde wurden immer weniger, der Feinde immer mehr, je länger er durch die Republik geschickt wurde, um in problematischen Häusern für Ordnung zu sorgen. Er selbst merkte von der Spur des Zorns, die er hinterließ, kaum etwas. Sein Harmoniebedürfnis endete dort, wo ein neuer Auftrag begann.

So ist Gerhard Heinich aufgestiegen. Bis er eines der größten Häuser des Konzerns leiten durfte. Da war er auf dem Gipfel angelangt. Mit einem Sortiment vom Feinsten. Mit Kundinnen und Kunden aus den allerbesten Kreisen.

Hinter der glatten Fassade der Spitzenfiliale jedoch lief auch nicht alles so perfekt, wie die Kunden das Haus erlebten. Ärger blieb für Heinich der tägliche Begleiter. Das störte ihn wenig. Er kannte es nicht anders. Auch so war die Welt für ihn in Ordnung. Bis er kurz nach dem Jahreswechsel in die Zentrale bestellt wurde.

Schluß der Feier

Er reiste ahnungslos an und kehrte zerbrochen zurück. In der Tasche hatte er die fristlose Kündigung. Die Begründung war massiv: Es liege eine eidesstattliche Erklärung vor, nach der er auf der alljährlichen Betriebsfeier stark betrunken einem Mitarbeiter Prügel angedroht habe.

Gerhard Heinich hatte Mühe, sich zu erinnern. Das war wirklich einer dieser feucht-fröhlichen Abende gewesen, nach denen der Kater zwangsläufig kommt. Er hatte wohl zuviel getrunken. Und da dämmerte im Nebel der Erinnerung auch ein kurzer Disput mit einem Verkäufer, über den er sich einige Tage zuvor geärgert hatte.

Der Mann hatte an dem Abend mit Sicherheit nicht weniger getrunken als er selbst. Und der laberte ihn von der Seite an, wollte an diesem fröhlichen Abend den Streit von vor ein paar Tagen fortsetzen. Was er genau wollte, konnte der Mann nicht mehr sagen. Heinich interessierte es ohnehin nicht. Er wollte nicht zuhören. Er sagte dem Mann, er solle ihn in Ruhe lassen. Wenn er etwas zu besprechen habe, könne er zur Bürozeit kommen. An mehr erinnerte er sich nicht. Schon gar nicht an angedrohte Prügel.

Wer die eidesstattliche Erklärung abgab, hat Gerhard Heinich nie erfahren. Der Verkäufer, mit dem er sich gestritten hatte, war es nicht. Den fragte Heinich später, und der stritt es entschieden ab. Er wisse doch, sagte der Mann, daß sie beide nicht mehr ganz nüchtern gewesen seien. Und so bewertete er auch den Zusammenstoß auf dem Betriebsfest.

Heinich suchte nach anderen Erklärungen und fand sie für sich. Er wußte, daß er auch im Vorstand nicht nur Freunde hatte. Wirklich verbindlich war er immer nur gegenüber Kunden gewesen. Da spielten Sympathien keine Rolle. Vorgesetzten gegenüber aber war er keineswegs immer eilfertig. Empfehlungen, die ihm gegen den Strich gingen, befolgte er nicht. Seine Zahlen sprachen für seinen Erfolg. Das ließ er andere gelegentlich auch deutlich merken. Besonders dann, wenn die Chemie nicht stimmte. Richtig bockig konnte er in solchen Fällen sein.

Er erinnerte sich genau an die Sache mit dem Mantel. Ein Mitglied des Vorstands bat ihn nach einer Sitzung, seinen Mantel zu holen. Heinich tat, als habe er das überhört. Ein anderer sprang. Oder daran, daß ihm das gleiche Vorstandsmitglied nachdrücklich empfohlen hatte, Bettwäsche an einem besonders umsatzträchtigen Platz anzubieten. Heinich tat es nicht, weil ihm der Platz für Bezüge und Laken zu kostbar war. Die anschließenden Verkaufszahlen bestätigten ihn. Er kostete seinen Triumph aus. Auch gegenüber dem Vorgesetzten. Das hat er im Gedächtnis behalten. Vermutlich der Kollege über ihm auch. Im Grunde war es der Erinnerung nicht wert. Aber was haften bleibt und Bedeutung gewinnt, muß nicht immer dem wirklichen Stellenwert entsprechen.

Ebbe in der Kasse

Die fristlose Kündigung stürzte Gerhard Heinich in erhebliche finanzielle Schwierigkeiten. Sehr schnell. Er animierte andere zum Konsum und war selbst Edelkonsument. Bis er seinen ersten Dienstwagen fahren konnte, steuerte er privat einen BMW der 7er-Reihe, seiner Frau schenkte er einen Porsche. Er gehörte zu den regelmäßigen und geschätzten Besuchern von Kunstauktionen, Spezialgebiet Bilder des 19. Jahrhunderts und altes Spielzeug. Sein Outfit bezog er von kleinen, edlen Herrenausstattern. Nach jedem Umzug war das Haus eine Nummer größer und um etliches besser eingerichtet. Abgezahlt hat er nie ein Haus. Kaum waren die ersten Raten bezahlt, mußte er wieder verkaufen und umziehen. Es blieb kein Geld, um es auf die hohe Kante zu legen.

Im Gegenteil. Gedrückt von hoher Steuerlast, investierte Gerhard Heinich in Mietshäuser und Eigentumswohnungen. Die finanzierten sich aus ersparten Steuern und Mieten. Das funktioniert so lange gut, wie das hohe Gehalt gezahlt wird.

Nach der fristlosen Kündigung blieb es aus. Die hohen Kosten aber liefen weiter. 2000 Mark monatlich für das Haus, in dem er mit seiner Familie wohnte, die Zinsen für zwei Eigentumswohnungen und für die Ferienwohnung in Timmendorfer Strand. Heinich war sehr schnell klar, daß er das alles in Zukunft nicht mehr würde bezahlen können. Er versuchte, die Eigentumswohnungen zu verkaufen. Aber sie waren langfristig vermietet. Er fand keinen Käufer, der unter diesen Umständen bereit war, den geforderten Preis zu bezahlen.

Zudem hatte Heinich seine Tantieme fest eingeplant. Um die stritt er. Nicht um eine Abfindung. Bei der vorliegenden eidesstattlichen Erklärung sah er dafür keine Chance. Aber auf die Tantieme glaubte er einen Anspruch zu haben. Bis er sich belehren lassen mußte, daß sie eine freiwillige Leistung des Unternehmens war.

Als solventem Kunden hatte ihm die Bank einen hohen Verfügungskredit eingeräumt. In der Vergangenheit sah er darin mehr eine schmeichelnde Anerkennung seiner herausgehobenen sozialen Stellung. Jetzt bewegte er sich auf die Soll-Seite seines Kontos. Von Woche zu Woche mehr.

Je tiefer er in die roten Zahlen abglitt, desto mehr erlahmte sein Widerstand gegen die Kündigung. Anfangs hoffte er noch, durch sparsames Haushalten über die Runden zu kommen. Bis er feststellen mußte, daß auch trotz Margarine statt Butter die Zahlen wie geschmiert weiter ins Bodenlose rutschten. Zu viele Raten und Beiträge standen als unabänderliche Größen drohend vor der Zukunft. Das machte Gerhard Heinich mürbe.

Der letzte Rest seiner Hoffnungen wankte erheblich während seiner ersten Verhandlung vor dem Arbeitsgericht. Dort mußte er erfahren, daß sich seine Prozeßbeobachtungen keineswegs auf jeden Fall übertragen ließen. Hatte er als Zuschauer stets nur siegreiche Arbeitnehmer erlebt, erfuhr er nun das Gegenteil. Ihn tadelte die Arbeitsrichterin, die eidesstattliche Versicherung wertend: »Als Vorgesetzter hätten Sie nicht soviel trinken dürfen. Und dann einen Mitarbeiter bedrohen. Das war schließlich keine Betriebsfeier in einer Baubude.« Die Stimmung war gegen Gerhard Heinich.

Gedrängt von seinen finanziellen Sorgen und von seinem Anwalt entschloß sich Heinich zur Hauptrunde. Er tat es nur halbherzig. Als die Ladung dazu kam, gab er auf. Dieselbe Richterin hatte wieder den Vorsitz. Gerhard Heinich trat gar nicht erst an.

Mit wachsendem Abstand fragte er auch nach dem eigenen Verschulden. Davon spricht er sich nicht frei: »Ich habe nicht erkannt, wo im Rollenspiel im zwischenmenschlichen Bereich die Konfrontation entstehen kann. Diese Schuld nehme ich auf mich.«

Der Wert seiner Immobilien war beträchtlich. Ausreichend für die Bank, ihm einen erheblichen Kredit zu gewähren. Heinich kaufte sich für das Geld ein eingeführtes Computergeschäft, dessen Inhaber sich noch ein paar sorgenfreie Jahre gönnen wollte. »Aus freien Stücken habe ich mir diesen Laden nicht aussuchen können«, sagt Heinich. »Vielleicht habe ich manchmal davon geträumt, mich selbständig zu machen. Wahrscheinlich habe ich es aus Bequemlichkeit nicht verwirklicht. Obwohl meine Aufgabe alles andere als bequem war. Aber eine sichere Position gibt man nicht so ohne weiteres auf. Jetzt habe ich eben die Abhängigkeit innerhalb einer großen Organisation gegen eine neue Abhängigkeit getauscht. Die große Freiheit ist das nicht.«

Das Geschäft liegt in einer Stadt in der Nähe des Bodensees. Sie ist zu klein für ein Kaufhaus. Dorthin zog Gerhard Heinich mit seiner Familie um. Ein allerletztes Mal, hofft er.

Die Regeln der Abfindung

Wer sich abfinden läßt, findet sich mit etwas ab. Äußerlich jedenfalls.

Er findet sich damit ab, daß er seinen Arbeitsplatz verliert, seine im Laufe der Jahre angesammelten Rechte aufgibt, persönliche Verbindungen lösen muß, in eine ungewisse Zukunft steuert. Das berücksichtigt, sind die meisten gezahlten Abfindungen kümmerlich.

Den Rahmen für Abfindungen steckt das Kündigungsschutzgesetz ab. Auch bei ihren freiwillig angebotenen Leistungen richten sich die Unternehmen in der Regel danach. Mehr als sie müssen, zahlen sie selten. Mit weniger, als sie müssen, versuchen sie sehr viel häufiger die Affäre zu beenden.

Das Kündigungsschutzgesetz stellt in Paragraph 9 zur »Auflösung des Arbeitsverhältnisses durch Urteil des Gerichts; Abfindung des Arbeitnehmers« fest:

(1) Stellt das Gericht fest, daß das Arbeitsverhältnis durch die Kündigung nicht aufgelöst ist, ist jedoch dem Arbeitnehmer die Fortsetzung des Arbeitsverhältnisses nicht zuzumuten, so hat das Gericht auf Antrag des Arbeitnehmers das Arbeitsverhältnis aufzulösen und den Arbeitgeber zur Zahlung einer angemessenen Abfindung zu verurteilen. Die gleiche Entscheidung hat das Gericht auf Antrag des Arbeitgebers zu treffen, wenn Gründe vorliegen, die eine den Betriebszwecken dienliche weitere Zusammenarbeit zwischen Arbeitgeber und Arbeitnehmer nicht erwarten lassen. Arbeitnehmer und Arbeitgeber können den Antrag auf Auflösung des Arbeitsverhältnisses bis zum Schluß der letzten mündlichen Verhandlung in der Berufungsinstanz stellen.

(2) Das Gericht hat für die Auflösung des Arbeitsverhältnisses den Zeitpunkt festzusetzen, an dem es bei sozial gerechtfertigter Kündigung geendet hätte.«

Paragraph 10 regelt die »Höhe der Abfindung«:

(1) Als Abfindung ist ein Betrag bis zu zwölf Monatsverdiensten festzusetzen.

(2) Hat der Arbeitnehmer das fünfzigste Lebensjahr vollendet und hat das Arbeitsverhältnis mindestens fünfzehn Jahre bestanden, so ist ein Betrag bis zu fünfzehn Monatsverdiensten, hat der Arbeitnehmer das fünfundfünfzigste Lebensjahr vollendet und hat das Arbeitsverhältnis mindestens zwanzig Jahre bestanden, so ist ein Betrag bis zu achtzehn Monatsverdiensten festzusetzen. Dies gilt nicht, wenn der Arbeitnehmer in dem Zeitpunkt, den das Gericht nach § 9 Abs. 2 für die Auflösung des Arbeitsverhältnisses festsetzt, das in § 1248 Abs. 5 der Reichsversicherungsordnung, § 25 Abs. 5 des Angestelltenversicherungsgesetzes oder § 48 Abs. 5 des Reichsknappschaftsgesetzes bezeichnete Lebensalter erreicht hat.

(3) Als Monatsverdienst gilt, was dem Arbeitnehmer bei der für ihn maßgebenden, regelmäßigen Arbeitszeit in dem Monat, in dem das Arbeitsverhältnis endet (§ 9 Abs. 2), an Geld und Sachbezügen zusteht.

§ 11. Anrechnung auf entgangenen Zwischenverdienst. Besteht nach der Entscheidung des Gerichts das Arbeitsverhältnis fort, so muß sich der Arbeitnehmer auf das Arbeitsentgelt, das ihm der Arbeitgeber für die Zeit nach der Entlassung schuldet, anrechnen lassen,

1. was er durch anderweitige Arbeit verdient hat,

2. was er hätte verdienen können, wenn er es nicht böswillig unterlassen hätte, eine ihm zumutbare Arbeit anzunehmen,

3. was ihm an öffentlich-rechtlichen Leistungen infolge Arbeitslosigkeit aus der Sozialversicherung, der Arbeitslosenversicherung, der Arbeitslosenhilfe oder der Sozialhilfe für die Zwischenzeit gezahlt worden ist. Diese Beträge hat der Arbeitgeber der Stelle zu erstatten, die sie geleistet hat.«

Der Gesetzgeber macht jedoch eine deutliche Ausnahme. Organmitglieder, also Vorstände von Unternehmen, fallen nicht unter das Kündigungsschutzgesetz.

Das legt in Paragraph 14 fest: »Angestellte in leitender Stellung.

(1) Die Vorschriften dieses Abschnittes gelten nicht

1. in Betrieben einer juristischen Person für die Mitglieder des Organs, das zur gesetzlichen Vertretung der juristischen Person berufen ist;

2. in Betrieben einer Personengesamtheit für die durch Gesetz, Satzung oder Gesellschaftsvertrag zur Vertretung der Personengesamtheit berufenen Personen.«

Darum können sie auch keine Ansprüche auf eine Abfindung aus dem Kündigungsschutzgesetz ableiten. Weil das jeder wissen muß, der einen solchen Vertrag abschließt, wird auf dieser Ebene die eventuelle Zahlung einer Abfindung bereits bei Abschluß des Vertrags fixiert.

Inzwischen hat diese Regelung vereinzelt auch Eingang in die Arbeitsverträge leitender Angestellter gefunden. Aber eben nur vereinzelt. Verständlich ist diese Zurückhaltung. Denn erstens mag kaum jemand beim optimistischen Start in eine neue Aufgabe an ein vorzeitiges Ende denken, und zweitens scheuen die Unternehmen das Risiko.

Sie laden es allerdings damit einseitig auf die Schultern des Arbeitnehmers. Wer sich darauf verläßt, so freundlich entlassen wie empfangen zu werden, täuscht sich. Um nichts wird mehr gefeilscht als um die Höhe der Abfindung.

Zwar weisen Arbeitsrechtler und Personalberater immer wieder darauf hin, daß die vermeintlich billigen Lösungen für die Unternehmen am Ende meist die teuersten werden, aber sie predigen vor tauben Ohren.

Zurückhaltendes Finanzamt

Ausnahmsweise ist Gutes vom Finanzamt zu berichten. In der Stunde der Not erweist sich der Fiskus als einsichtig. Wer die Möglichkeiten des Einkommenssteuergesetzes nutzt, kann von seiner Abfindung einiges retten.

Erste Voraussetzung dazu ist eine Formulierung im Aufhebungsvertrag, aus der eindeutig ersichtlich ist, daß die Trennung vom Arbeitgeber betrieben wurde. Wer sich vor Gericht gegen den Rausschmiß gewehrt hat, muß sich um solch eine Formulierung nicht sorgen.

Es genügt aber schon, wenn der Arbeitgeber die Trennung veranlaßt hat. Ist das der Fall, muß die Kündigung noch nicht einmal von ihm ausgesprochen worden sein.

Abfindungen bis zu 24 000 Mark sind vollkommen steuerfrei. So legt es Paragraph 3 Abs. 9 des Einkommenssteuergesetzes fest. Dabei spielt es keine Rolle, ob die Trennung außergerichtlich oder auf Druck des Gerichts zustande kam.

Wie im Kündigungsschutzgesetz gibt es auch hier Staffelungen nach Alter und Betriebszugehörigkeit. Arbeitnehmern, die das 50. Lebensjahr vollendet haben und mindestens 15 Jahre in dem Unternehmen tätig waren, steht ein Freibetrag von 30 000 Mark zu. Der erhöht sich noch einmal nach Vollendung des 55. Lebensjahres und nach 20 Jahren Betriebszugehörigkeit auf 36 000 Mark.

So generös sich der Fiskus in diesem Fall zeigt, so genau nimmt er es allerdings auch mit der Definition der Abfindung. Für das Finanzamt ist das eindeutig nur jene Summe, die für den Verlust des Arbeitsplatzes gezahlt wurde und mit der vergangene Verdienstchancen abgegolten werden.

Keinesfalls erkennt das Finanzamt Zahlungen an, die bereits verdient waren, bevor die Abfindung anstand. Auch Ausgleichszahlungen für unverfallbare Anwartschaften auf die betriebliche Altersversorgung können nicht mit eingerechnet werden.

Gleichgültig, ob 24 000, 30 000 oder 36 000 Mark, die Abfindung bis zu dieser Höhe ist komplett steuerfrei. Dabei ist es unerheblich, ob sie einmalig oder in Raten gezahlt wird. Davon bekommt das Finanzamt nichts.

Aber von dem Rest. Und der sollte möglichst sehr viel größer sein als der Freibetrag. Allerdings hat auch hierbei das Finanzamt ausnahmsweise gezügelten Appetit. Jedenfalls solange die Abfindungssumme nicht 30 Millionen Mark übersteigt...

Nach Paragraph 34 Absatz 1 des Einkommenssteuergesetzes fallen Abfindungen für entgangene oder entgehende Einnahmen unter die Entschädigungen, die mit dem halben Durchschnittssteuersatz zu belasten sind. Also mit der Hälfte des Steuersatzes, mit dem der Steuerschuldner bis dahin zur Kasse gebeten wurde.

Damit das Finanzamt die Abfindung als Entschädigung im Sinne der Paragraphen 24 und 34 des Einkommenssteuergesetzes anekennt, muß nachgewiesen werden, daß erst erheblicher rechtlicher oder wirtschaftlicher Druck den Manager zwang, die Auflösungsvereinbarung zu akzeptieren. Das klingt härter, als es in der Praxis gehandhabt wird. Wer die beschriebenen Bedingungen für den Freibetrag erfüllt hat, hat auch die Voraussetzungen für die Halbierung des Steuersatzes erfüllt. Denn die Summe, die den Freibetrag übersteigt, gilt dann in jedem Fall als Entschädigung nach Paragraph 24 Abs. 1a Einkommenssteuergesetz.

Um die Steuervorteile zu sichern, sollte die Abfindung als ein Betrag gezahlt werden. Wird die Abfindung in Raten verteilt über ein oder zwei Jahre gezahlt, geht die Steuerfreiheit verloren. So hat der Bundesfinanzhof entschieden. Er läßt nur zwei Ausnahmen zu: Entweder die Abfindung ist so hoch, daß bei einer einmaligen Auszahlung der Bestand des Unternehmens gefährdet wäre, oder der Manager ist so bar aller finanziellen Mittel, daß er auf einen Vorschuß angewiesen ist, um über die Runden zu kommen. Beide Fälle stellen aber eine so seltene Ausnahme dar, daß sie getrost außer acht gelassen werden können. Um gar nicht erst in Verlegenheit zu geraten, sollte man deshalb vorsichtshalber stets die einmalige Zahlung vereinbaren.

Schließlich wird der Steuervorteil durch das Einkommenssteuergesetz eingeräumt, um die Nachteile auszugleichen, die die einmalige Zahlung einer großen Summe mit sich bringt, die unter anderen Voraussetzungen nach und nach verdient worden wäre.

Damit die Abfindung nicht irrtümlich mit dem vollen Steuersatz belastet wird und die Differenz vom Finanzamt zurückgefordert werden muß, ist im Aufhebungsvertrag der Paragraph 39b Absatz 3 Satz 10 des Einkommenssteuergesetzes anzuwenden. Ist das im Aufhebungsvertrag festgelegt, zahlt der Arbeitgeber die nur mit dem halben Steuersatz belastete Summe aus.

Findet der Manager nicht sofort im Anschluß eine neue Aufgabe, kann im Einkommensteuerjahresausgleich noch einmal eine beträchtliche Summe zur Rückzahlung fällig werden. Bei der Festlegung des Steuersatzes war das Finanzamt davon ausgegangen, daß das Arbeitsverhältnis zu den bekannten Konditionen fortdauert. Je nach Zeitpunkt des Ausscheidens kann sich das Jahreseinkommen jedoch erheblich reduziert haben. Damit ist dann ein anderer Steuersatz zu berechnen. Gleiches gilt auch, wenn die Ehefrau ebenfalls angestellt arbeitet und eine gemeinsame Veranlagung erfolgt.

Arbeitslosengeld und Abfindung

Auch die Bundesanstalt für Arbeit erkennt die Abfindung als Ausgleich für den Verlust des Arbeitsplatzes an. Sie knabbert nicht daran. Die Höhe der Abfindung hat keinen Einfluß auf die Zahlung des Arbeitslosengeldes. Vorausgesetzt, die Kündigungsfrist wurde eingehalten. Oder das Arbeitsverhältnis war von Beginn an befristet. Oder der Arbeitgeber kündigte aus wichtigem Grund, ohne die Kündigungsfrist einhalten zu können. In all diesen Fällen wirkt sich die Abfindung nicht auf die Zahlung des Arbeitslosengeldes aus.

Wird aber, wie es bei der Kündigung leitender Mitarbeiter

häufig der Fall ist, die Kündigungsfrist nicht eingehalten, sondern das Arbeitsverhältnis vor dem gesetzlichen Zeitpunkt aufgehoben, ruht der Anspruch auf Arbeitslosengeld, wenn eine Abfindung, Entschädigung oder ähnliche Leistung gezahlt wurde. Das Arbeitsamt zahlt erst ab dem Zeitpunkt, an dem die Kündigung bei Einhaltung der gesetzlichen Fristen wirksam geworden wäre, also auch die Beiträge zur Kranken- und Rentenversicherung.

Bisher schon konnte eine Sperrzeit von in der Regel zwölf Wochen über die Ruhenszeit hinaus verhängt werden, wenn das Arbeitsverhältnis ohne wichtigen Grund und ohne die gesetzlichen Fristen einzuhalten gekündigt wurde. Die Zahlung des Arbeitslosengeldes verzögert sich dann um zwölf Wochen, und die Dauer des Leistungsbezugs reduziert sich um den gleichen Zeitraum.

Seit Anfang 1995 haben die Kündigung ohne wichtigen Grund oder die nicht fristgerechte Auflösung des Arbeitsverhältnisses – vor allem nach langer Beschäftigung bei einem Arbeitgeber – erheblich weiter reichende Folgen. Lebensalter, Betriebszugehörigkeit und Höhe der Abfindung beeinflussen die Dauer der Sperrzeit. Die Sperrzeit reduziert den Zeitraum, in dem das Arbeitslosengeld gezahlt wird, zum Teil beträchtlich, entweder um die gesamte verhängte Sperrzeit, mindestens aber um ein Viertel der im Regelfall zustehenden Bezugszeit. So kann bei einem 54jährigen, der eine maximale Bezugszeit von etwa 2,5 Jahren hat, ein halbes Jahr gekappt werden. Ein 50jähriger hat Anspruch auf die Zahlung des Arbeitslosengeldes für 676 Arbeitstage (sechs Arbeitstage pro Woche). Durch die Sperrzeit entfällt der Anspruch für 169 Tage. Bleiben 507 Tage oder ein Jahr und neun Monate.

Wurde eine Abfindung gezahlt, rechnete das Arbeitsamt sie bisher nur an, wenn die Kündigungsfrist nicht eingehalten wurde. Jetzt fragt es auch nach dem Grund der Kündigung. Liegt kein wichtiger Grund vor, kann es eine zusätzliche Sperrzeit verhängen. Die Bezugszeit kann noch einmal um diese Sperrzeit schrumpfen.

Voraussetzung für die Sperrzeit ist jedoch, daß das Arbeitsverhältnis ohne wichtigen Grund aufgehoben wurde. Schon das vielzitierte »gestörte Vertrauensverhältnis« ist ein anerkannter Grund. Die Zeit, in der kein Anspruch auf das Arbeitslosengeld besteht, muß also ebenso bedacht werden wie auch die Verluste der Ansprüche gegenüber der Bundesanstalt für Arbeit durch die Abfindung und das vorzeitige Ausscheiden.

Bis das Arbeitsamt zahlt, muß der Gekündigte mit eigenen Mitteln über die Runden kommen. Eine Ausnahme macht die Bundesanstalt allerdings, wenn die Abfindung nicht sofort ausgezahlt wird. Dann streckt sie das Arbeitslosengeld vor, auch wenn die Kündigungsfrist nicht eingehalten wurde. Sie gewährt gewissermaßen Kredit. Den holt sie sich jedoch zurück, wenn die Abfindung überwiesen wird. Und zwar in voller Höhe des vorzeitig ausgezahlten Arbeitslosengeldes.

Die Bundesanstalt für Arbeit stützt sich bei dieser Regelung auf Paragraph 117 des Arbeitsförderungsgesetzes:

»(1) Der Anspruch auf Arbeitslosengeld ruht in der Zeit, für die der Arbeitslose Arbeitsentgelt erhält oder zu beanspruchen hat.

(1a) Hat der Arbeitslose wegen Beendigung des Arbeitsverhältnisses eine Urlaubsabgeltung erhalten oder zu beanspruchen, so ruht der Anspruch auf Arbeitslosengeld für die Zeit des abgegoltenen Urlaubs. Der Ruhenszeitraum beginnt mit dem Ende des die Urlaubsabgeltung begründenden Arbeitsverhältnisses.

(2) Hat der Arbeitslose wegen der Beendigung des Arbeitsverhältnisses eine Abfindung, Entschädigung oder ähnliche Leistung erhalten oder zu beanspruchen und ist das Arbeitsverhältnis ohne Einhaltung einer der ordentlichen Kündigungsfrist des Arbeitgebers entsprechenden Frist beendet worden, so ruht der Anspruch auf Arbeitslosengeld vom Ende des Arbeitsverhältnisses an bis zu dem Tage, an dem das Arbeitsverhältnis bei Einhaltung dieser Frist geendet hätte. Diese Frist beginnt mit der Kündigung, die der Beendigung des Arbeitsverhältnisses vorausgegangen ist, bei Fehlen einer solchen Kündigung mit dem Tage der Vereinbarung über die Beendigung des Arbeitsverhältnisses. Ist die ordentliche Kündigung des Arbeitsverhältnisses durch den Arbeitgeber ausgeschlossen, so gilt bei zeitlich unbegrenztem Ausschluß eine Kündigungsfrist von 18 Monaten, im übrigen die Kündigungs-

frist, die ohne Ausschluß der ordentlichen Kündigung maßgebend gewesen wäre. Kann dem Arbeitnehmer nur bei Zahlung einer Abfindung, Entschädigung oder ähnlichen Leistung ordentlich gekündigt werden, so gilt eine Kündigungsfrist von einem Jahr. Hat der Arbeitslose auch eine Urlaubsabgeltung erhalten oder zu beanspruchen, verlängert sich der Ruhenszeitraum nach Satz 1 um die Zeit des abgegoltenen Urlaubs.

(3) Der Anspruch auf Arbeitslosengeld ruht nach Absatz 2 längstens ein Jahr. Er ruht nicht über den Tag hinaus,

1. bis zu dem der Arbeitslose bei Weiterzahlung des während der letzten Beschäftigungszeit kalendertäglich verdienten Arbeitsentgelts einen Betrag in Höhe von siebzig vom Hundert der Abfindung, Entschädigung oder ähnlichen Leistung als Arbeitsentgelt verdient hätte,

2. an dem das Arbeitsverhältnis infolge einer Befristung, die unabhängig von der Vereinbarung über die Beendigung des Arbeitsverhältnisses bestanden hat, geendet hätte oder

3. an dem der Arbeitgeber das Arbeitsverhältnis aus wichtigem Grunde ohne Einhaltung einer Kündigungsfrist hätte kündigen können.«

Die Bestimmungen sind also klar und eindeutig. Dennoch gehört es immer wieder zu den beliebten Versuchen, Urlaubsansprüche und Urlaubsgeld mit in die Verhandlungen über die Abfindung einzubeziehen. Wer sich darauf einläßt, büßt diese Summe später beim Arbeitslosengeld wieder ein.

Verdeckte Abfindung

Eine Abfindung oder Entschädigung für den Verlust des Arbeitsplatzes wird also vom Arbeitsamt nur dann angerechnet, wenn der Kündigungstermin nicht eingehalten wird und/oder kein wichtiger Grund zur Aufhebung des Arbeitsverhältnisses gegeben war. Dabei muß ein Zusammenhang zwischen der Abfindung und der Kündigung bestehen. Das setzt entweder die Zahlung aufgrund eines Sozialplans, einen arbeitsgerichtlichen Vergleich bzw. ein Urteil oder den außergerichtlich vereinbarten Ausgleich für den Verlust des Arbeitsplatzes voraus.

Hinter den Trick der verdeckten Abfindungen ist der Gesetzgeber auch schon lange gekommen. Es nutzt nichts, kurz vor der vereinbarten Entlassung das Gehalt noch einmal kräftig anzuheben, um auf diese Weise die Abfindung zu kaschieren. Solche Lohnerhöhung gilt als verdeckte Abfindung und wird bei einer Ruhenszeit wegen nicht eingehaltener Kündigungstermine in Ansatz gebracht.

Dagegen werden alle Zahlungen nicht berücksichtigt, die auch dann fällig gewesen wären, hätte das Arbeitsverhältnis fortbestanden. Dazu zählen unter anderem

- rückständiger Arbeitslohn
- bis zum Ende des Arbeitsverhältnisses aufgelaufenes anteiliges Weihnachtsgeld
- Gewinnbeteiligungen
- Erfindervergütungen

Auch wenn für den Arbeitnehmer niemals brutto gleich netto ist, das Arbeitsamt rechnet so. Es legt bei der Bewertung der Abfindung immer den Bruttobetrag zugrunde. Übernimmt der Arbeitgeber zusätzlich zur Abfindung den darauf fälligen Steueranteil, schlägt das Arbeitsamt diese Summe noch einmal der Abfindung zu.

Hingegen können Kosten abgezogen werden, die bei einem Rechtsstreit entstanden. Das setzt allerdings den Nachweis voraus, daß ohne Machtwort des Gerichts eine Einigung nicht möglich gewesen wäre.

Auch wenn das Arbeitsamt die Bruttosumme der Abfindung als Grundlage nimmt, rechnet es doch die volle Summe nicht an. Gestaffelt nach Lebensalter und Betriebszugehörigkeit, wird die Abfindung anteilig in Ansatz gebracht. Der höchste Anteil beträgt dabei 70, der niedrigste 30 Prozent, so wie in der nachstehenden Tabelle dargestellt.

Wenn das Arbeitsamt einen Ruhenszeitraum verhängt, weil die Kündigungsfrist nicht eingehalten wurde, beginnt er nach dem letzten Arbeitstag. Und er endet erst dann, wenn der Termin erreicht ist, zu dem eine ordentliche Kündigung möglich gewesen wäre. Nach Änderung des Paragraphen 110 AFG kann sich eine

zu berücksichtigender Anteil der Abfindung, Entschädigung oder ähnlichen Leistungen →		Lebensalter am Ende des Arbeitsverhältnisses					
		unter 40 Jahre	ab 40 Jahre	ab 45 Jahre	ab 50 Jahre	ab 55 Jahre	ab 60 Jahre
		vH	vH	vH	vH	vH	vH
Betriebs- oder Unternehmenszugehörigkeit	weniger als 5 Jahre	70	65	60	55	50	45
	5 und mehr Jahre	65	60	55	50	45	40
	10 und mehr Jahre	60	55	50	45	40	35
	15 und mehr Jahre	55	50	45	40	35	30
	20 und mehr Jahre	50	45	40	35	30	30
	25 und mehr Jahre	45	40	35	30	30	30
	30 und mehr Jahre		35	30	30	30	30
	35 und mehr Jahre			30	30	30	30

Minderung der Anspruchsdauer ergeben, wenn eine Abfindung gezahlt wurde und das Arbeitsamt eine Sperrzeit von zwölf Wochen verfügte. Allerdings gibt es auch hier eine Obergrenze. Länger als ein Jahr ruht der Anspruch auf Arbeitslosengeld nicht.

Die Zeitspanne kann sich jedoch dann verringern, wenn die Abfindung nicht der Summe entspricht, die der Arbeitnehmer regulär in den Monaten verdient hätte, die als Differenz zwischen dem letzten Arbeitstag und dem ordentlichen Kündigungstermin liegen. Dann wird jener Prozentsatz, den das Arbeitsamt von der Abfindung berücksichtigt, durch das Entgelt geteilt, das pro Kalendertag in der letzten Zeit vor der Kündigung verdient wurde. Daraus ergibt sich die Zahl der Kalendertage, an denen kein Arbeitslosengeld gezahlt wird.

Sozialversicherungen

Abfindungen, die nach Paragraphen 9 und 10 des Kündigungsschutzgesetzes gezahlt werden, unterliegen nicht der Beitragspflicht zur Kranken-, Renten- und Arbeitslosenversicherung. Das hat das Bundessozialgericht am 21. Februar 1990 (Aktenzeichen 12 RK 20/88) entschieden. Nach Auffassung der Richter ist eine derartige Abfindung kein Arbeitsentgelt. Schließlich lasse sie sich, so argumentieren die Richter, nicht jenem Zeitraum zuordnen, in der eine versicherungspflichtige Beschäftigung ausgeübt worden sei.

Gleichwohl ist dies die Ausnahme von der Regel – im Sinne der Juristen. Denn grundsätzlich sehen sie auch Abfindungen als beitragspflichtig an. Das gleiche Gericht entschied am 25. Oktober 1990, daß ein vom Betrieb geschuldetes und dann als Abfindung deklariertes Arbeitsentgelt sehr wohl für die Beiträge zur Sozialversicherung heranzuziehen sei (Aktenzeichen 12 RK 40/89). Auch wenn er als Abfindung angegeben wurde, war dies doch der nachträglich gezahlte Verdienst aus der aktiven Beschäftigung. Damit ist die Abfindung in diesem Fall kein »Ersatz für künftig entfallende Verdienstmöglichkeiten«.

Gesplittete Beiträge

Solange keine neue Beschäftigung aufgenommen wurde oder das Arbeisamt eine Ruhenszeit verordnet hat, kann die Mitgliedschaft in einer gesetzlichen Krankenkasse als freiwilliges Mitglied fortgeführt werden. Die Höhe des Beitrags wird dann nach der gezahlten Abfindung berechnet. Dabei wird die Abfindung um den sogenannten sozialen Anteil gekürzt.

Für derartige Berechnungen setzen sich Abfindungen aus zwei Komponenten zusammen:

1. dem Arbeitgeberanteil, der als Entschädigung für den Wegfall künftiger Verdienstmöglichkeiten gezahlt wurde,

2. dem sozialen Anteil, der als Entschädigung für den Verlust des Arbeitsplatzes gezahlt wurde.

Beitrag muß nur auf den Arbeitgeberanteil gezahlt werden. Auch er wird nach Lebensalter und Betriebszugehörigkeit ermittelt. Dem liegt die gleiche Berechnungstabelle zugrunde, mit der das Arbeitsamt nach dem Arbeitsförderungsgesetz die zu berücksichtigenden Anteile der Abfindung berechnet.

Nach Aufhebung der Ruhenszeit übernimmt die Bundesanstalt für Arbeit die Zahlung der Beiträge zur Sozialversicherung.

Anlage in einer Versicherung

Die Abfindung oder ein Teil von ihr kann auch steuergünstig in einer Direktversicherung angelegt werden. Die Möglichkeit hierzu bietet Paragraph 40b Absatz 2 Satz 3 des Einkommensteuergesetzes. Danach kann der Arbeitgeber frühestens drei Monate vor Beendigung des Arbeitsverhältnisses Prämien zu Direktversicherungen zahlen. Sie werden lediglich mit einem Pauschalsteuersatz von 15 Prozent versteuert. Pro Kalenderjahr der Beschäftigung, die der Manager in dem Unternehmen arbeitete, können so maximal 3000 Mark eingesetzt werden. Geht man davon aus, daß entlassene Manager häufig zu den Altgedienten zählen, kommen da rasch 20 Jahre zusammen. Das entspräche 60 000 Mark, die durch die Pauschalversteuerung von 15 Prozent steuergünstig angelegt werden können.
Das ist an mehrere Bedingungen geknüpft:

- Die Möglichkeit der Pauschalversteuerung darf zuvor nicht in Anspruch genommen worden sein,
- der Betrag muß einmalig gezahlt werden,
- Empfänger muß eine Kapital- oder Rentenversicherung sein,
- die Versicherung darf nicht vor Vollendung des 60. Lebensjahres ausgezahlt werden,
- die Versicherung muß eine Laufzeit von mindestens fünf Jahren haben.

Der Partner an der Seite

Not schweißt nicht immer zusammen

»Ich habe einen Direktor geheiratet und keinen Arbeitslosen.« Die Gattin sprach's und ward ein halbes Jahr darauf geschieden. So etwas kommt vor. Atypisch ist an diesem Fall nur die krasse Deutlichkeit der Aussage. Das vermeintliche Versagen im Beruf ist häufig der letzte Anstoß, der eine gefährdete persönliche Beziehung zerbrechen läßt. Es stimmt keineswegs immer, daß Not zusammenschweißt. Im Gegenteil.

Nur gut die Hälfte (54 Prozent) der arbeitslosen Führungskräfte, die bei einer Untersuchung der Fachhochschule Lüneburg befragt wurden, zählte auf die Unterstützung des Ehepartners oder des Lebensgefährten. Sie gaben an, bei ihnen Trost und Hilfe gefunden zu haben. Als sie aus ihrer Aufgabe kippten, kippten sie für ihre Partner nicht auch als Persönlichkeit um.

36 Prozent aber mußten genau die entgegengesetzte Erfahrung machen. Die »bessere Hälfte« verkraftete die Situation sowenig wie sie selbst, reagierte negativ oder ging auf Abstand. Die Unsicherheit und die Selbstzweifel der gefeuerten Manager spiegelten sich in den Partnern wider.

Manager, die ihr Ego allein aus den Erfolgen ihres Berufs stabilisieren, fallen privat härter. Wer viele PS, die Rolex, den Golfschläger und Sylt braucht, um Mensch zu sein, steht schlotternd da, wenn diese Insignien der Macht schwinden. Sie sind plötzlich nackt – und das sieht meistens nicht sehr schön aus.

Hinter ihrer Kompetenz stehen Fragezeichen. Und damit hinter allem, was ihr Leben bis zu dem Zeitpunkt ausmachte. Vor der Krise haben sie nicht bemerkt, wie abhängig sie vom schönen Schein sind. Erst wenn die schönen Scheine nicht mehr regelmäßig auf das Konto flattern, werden sie auf das wahre Maß ihrer Persönlichkeit reduziert. Die damit entstehende Unsicherheit überträgt sich auf den Partner.

Ehe und Erfolg

Führungskräfte neigen mehr als andere dazu, mit dem Unternehmen verheiratet zu sein. Erst kommt die Aufgabe, dann nochmals die Aufgabe, dann lange nichts. Erst danach kommen Ehepartner, Kinder, Freunde. In der großen Familie der Firma wird leicht die kleine Familie zu Hause vergessen.

Die Firmenfamilie ist nichts als ein leeres Wort. Und doch kann man sich darin gut einrichten. Da ist eben auch wie in der richtigen Familie vieles Gewöhnung. Die Kündigung schneidet nahezu alle Bindungen ab. Für eine Weile bestehen noch Kontakte zu einzelnen Kollegen. Aber wirklich nur zu einzelnen. Und die Abstände zwischen den Treffen oder Telefongesprächen werden immer länger. Wer gehen mußte, wird von der Mehrzahl der Kollegen schon nach kurzer Zeit gemieden wie ein Aussätziger. Als sei Kündigung eine ansteckende Krankheit.

Das verstärkt die Kränkung der Kündigung wie auf einem Resonanzboden. Unversehens ist der Manager aus dem Lebensbereich ausgesperrt, aus dem er seine Identität gewann. Alles, was bis zum unfreiwilligen Abschied Vorrang hatte, ist plötzlich nachrangig. Solche Umkehr der Werte verkraftet niemand sofort.

Die Einteilung der Zeit diktierte der Beruf. Morgens kreisten die ersten Gedanken um die Termine des beginnenden Tages, um Besprechungen und Pausen nach dem Terminkalender, und abends kreisten die Gedanken wieder um den gewesenen Tag. Auf einmal zählt das alles nicht mehr. Die Hetze gegen die Uhr läuft ins Leere.

Dem beruflichen Absturz folgt vielfach der persönliche. Latente Krisen in der Partnerschaft werden durch solche Ereignisse verschärft. Auch Zeitmangel kann Schwierigkeiten übertünchen. Manche Ehen sind erfolgreiche Zweckgemeinschaften. Ist der Zweck nicht mehr gegeben, dann ist auch die Ehe nicht mehr notwendig. Ist der Erfolg nicht von Dauer, muß es auch die Ehe nicht sein. Erst kündigt der Chef, dann der Partner. Brüchige Gemeinschaften versagen dann, wenn die größten Anforderungen an die Stabilität gestellt werden.

Verlust der Freundschaft

Kaum anders gestalten sich die Beziehungen zu Freunden, Bekannten und Nachbarn. Nur etwas kritischer. In der bereits zitierten Befragung der Fachhochschule Nordostniedersachsen erklärten 40 Prozent der Manager, ihre privaten Freundschaften hätten durch den Verlust von Einfluß und Macht Schaden erlitten. Die vermeintlichen Freunde gingen auf Distanz. Im Tennis- oder Golfclub waren sie plötzlich nicht mehr die gesuchten Partner, im Segelverein dümpelten sie plötzlich einsam.

30 Prozent der Manager mochten sich nicht eindeutig festlegen bei der Beurteilung der Freundschaften. Sie wichen der Antwort aus, meinten, ihre Freunde verhielten sich neutral. Das ist nicht Fisch und nicht Fleisch. Vor allem aber ist dies ein erstaunlich hoher Anteil unentschiedener, der sich sicherlich auch aus der Scheu erklärt, zerbrochene Freundschaften eingestehen zu müssen. Als käme es dem Bekenntnis einer weiteren Täuschung und eines weiteren Versagens gleich.

Gesicherte Freundschaften bewahrten sich nur 30 Prozent der gefeuerten Manager auch in der Not. Sie berichten sogar von positiven Reaktionen der Freunde. Solche guten Erfahrungen machten vor allem Führungskräfte, die trotz des Schocks der Kündigung ein ungebrochenes Selbstbewußtsein bewahrten. Sie wurden selbst mit der Situation fertig und erleichterten es damit ihren Freunden, ihnen zu begegnen.

Die Distanz, die Freunde und Bekannte häufig nach der Trennung wahren, ist oft nichts anderes als die Scheu, etwas Falsches zu sagen oder zu tun. Der Umgang mit dem Verlust wird nirgendwo gelehrt.

Hier allerdings schließt sich der Kreis wieder. Leitende Angestellte, die nach dem Verlust ihrer Position weiter von ihrem Partner moralisch unterstützt werden, überwinden den Schock besser, behalten ihr Selbstbewußtsein und treten damit auch ihren Freunden gegenüber selbstsicherer auf. Fast so, als sei nichts gewesen. Und Freundschaften bleiben stabil.

Outplacement-Berater wissen um diese gegenseitigen Abhängigkeiten. Sie versuchen deshalb auch, die Partner ihrer Klienten mit in ihre Aufbauarbeit einzubeziehen. Gelingt dies, kommen sie schneller zum Erfolg.

Aber häufig scheitern sie schon beim ersten Anlauf ins Familienleben. Noch nicht einmal die Hälfte der Kandidaten kann sich überwinden, zu einem gemeinsamen Termin mit der oder dem Angetrauten zum Outplacer zu gehen. Es würde nicht in das Bild passen, das sie über viele Jahre mühevoll aufgebaut haben. Wer abends in seinen Erzählungen immer als Sieger vom Schlachtfeld des Tages heimkehrte, schafft es schon kaum, den krassen Verlust zu beichten. Im Fall eines Vorstandsmitgliedes waren mehrere Sitzungen beim Outplacer notwendig, ehe er sich überwinden konnte, seinen Söhnen (16 und 20 Jahre alt) seine Entlassung zu gestehen.

Um so weniger sind die Betroffenen bereit, bei der Selbstanalyse hinter die Kulissen ihrer Psyche blicken zu lassen. Was der professionelle Psychologe und der Outplacer dürfen, darf der Partner noch lange nicht.

Die Manager haben im Betrieb, im Freundeskreis und zu Hause eine Figur aufgebaut, die sie so lange wie möglich erhalten wollen. Sie stellen sich selbst so dar, wie sie gerne sein möchten. Und spielen ihre Rolle um so verbissener, je mehr man sie ihnen entziehen will. Zuerst durch die Kündigung im Betrieb, anschließend durch den Verlust von Statussymbolen.

Vollends zu Verweigerern werden die Manager, wenn Outplacer ihnen den Vorschlag machen, die Auswertung der gemachten Tests gemeinsam mit dem Ehepartner zu besprechen. Da stehen die Persönlichkeit auf dem Prüfstand, die Kreativität, die Kommunikation und die Konzentration. Wahrscheinlich erführe der Partner bei der Lektüre der Testbögen nur etwas, was er schon immer wußte. Allein aus Intuition und intimer Nähe. Nur nicht wissenschaftlich geprüft. Den wenigsten aber wird ein solcher Einblick gegönnt. Gerade fünf Prozent der Manager lassen sich so genau in die Karten blicken und nehmen ihren Partner zu den Auswertungsgesprächen mit.

Liebe und Anerkennung

Sehr viele Manager unterschätzen die Hilfe, die sie in einer kritischen Situation durch ihren Partner erhalten können.

Bei einem ordentlichen Abschied einer männlichen Führungskraft mit Lobreden und gegenseitigem Schulterklopfen wird der Opfer und Tröstungen der Ehefrau mit einem pflichtschuldigen Blumenstrauß und drei Sätzen in der Dankesrede gedacht. Weil sich das so gehört. Aber in wirklich kritischen Zeiten werden auch die Partner auf Distanz gehalten, die helfen wollen und können.

Ihre Hilfe findet sich in keinem Handbuch für Personalführung. Mit Liebe und Anerkennung vermögen sie etwas zu geben, wozu sonst niemand in der Lage ist. Sie benötigen dazu keine Programme. Vertrauen läßt sich ohnehin nicht erlernen. Doch wer es in seinem Partner besitzt, gibt davon ab und schafft damit neues Vertrauen.

Wenn aber die eigentliche Geschäftsführung die Ehefrau ist, die seit Jahren vom heimischen Bungalow aus den Gatten im fernen Betrieb managte, wird diese Basis nach der Kündigung kaum mehr ausreichen.

Erst lässig, dann nachlässig

Der Partner an der Seite, der dort auch in der Krise bleibt, hilft dem gestrauchelten Manager wieder auf die Beine. Auch mit Kleinigkeiten, Selbstverständlichkeiten. Die sind so einfach, daß sie fast nicht erwähnt werden müßten. Und doch: Werden sie mißachtet, können die Schäden folgenschwer sein.

Schlicht: Es sind die Ehefrauen, die darauf achten, daß die Männer nicht nach einer Weile beginnen, verlottert herumzulaufen. Denn auch wer nur Hemden ab 170 Mark aufwärts trug, wer ein Paar Schuhe erst ab 300 Mark akzeptierte und wer im Sakko Kaschmir verlangte, schätzt nach einiger Zeit die Lässigkeit. Und dann die Nachlässigkeit. Weil es ganz bequem ist, weil es nicht mehr so darauf ankommt, weil die alten Hemden auch einmal aufgetragen werden müssen. Später dann wird das Haar ein wenig länger getragen, weil das etwas von der nun gelebten Freiheit und Toleranz vermittelt. Wenn schließlich alle Versäumnisse in Garten und Garage nachgeholt werden und ihre dunklen Spuren an den Händen hinterlassen, bleibt von dem gepflegten Bild von einst nicht viel. Doch gerade darauf kommt es an, will man bei einem Bewerbungsgespräch Eindruck auf fremde Leute machen.

Andererseits bemühen sich arbeitslose Manager ängstlich, die Nachbarschaft nichts von dem Verlust der Aufgabe merken zu lassen. Das Angebot der Outplacer, die Bewerbungen von deren Büro aus anzukurbeln, kommt ihnen dabei zu Hilfe. Sie haben weiter ihre festen Bürozeiten, können wie in sicheren Tagen morgens das Haus gestiefelt und gespornt mit dem Aktenkoffer verlassen und kehren abends zur gewohnten Zeit wieder heim.

Mit dem Ersatzarbeitsplatz läßt sich vieles verborgen halten. Schließlich kann gegen Aufpreis sogar ein komplettes Chefzimmer samt Sekretärin gemietet werden. Der soziale Abstieg in der Zwangspause wird von außen nicht erkennbar.

Aus dem Takt

Ohnehin bemüht sich die Mehrzahl der Manager, den Tagesrhythmus in den gewohnten Bahnen zu halten. Im Laufe der Zeit aber verschiebt sich der Tag in den Abend. Ohne Verpflichtung fehlt der Antrieb, morgens aus den Federn zu kommen. Besonders Singles haben ihre Schwierigkeiten beim Aufstehen. 29

Prozent der arbeitslosen Manager müssen selbstkritisch eingestehen, daß ihr Tagesablauf sich negativ veränderte. Sie hocken noch bis zum Spätfilm vor dem Fernseher, rauchen und trinken mehr. Die Selbstdisziplin, die sie in den Bahnen hielt, lockert sich. Deutlich wird das als Manko empfunden. Aber es fehlt die Gegensteuerung.

Seit in den Führungsetagen die Schlankmacher den Ton angeben, seitdem das Stühlerücken auch unter Leitenden als gesellschaftsfähig gilt und die Wirtschaftsteile der Zeitungen nahezu täglich die Abschußlisten bereichern, bangen die Partner mit. Und viele denken so wie jene Ehefrau, die ihrem Mann ankündigte: »Wenn die dich rufen, um dir den Abschied zu geben, dann gehe ich mit. Dann werde ich denen erzählen, wie das 25 Jahre lang war: Wie du jeden Ärger mit nach Hause gebracht hast, jede Enttäuschung. Wie ich dich wieder aufbauen mußte, damit du am nächsten Morgen wieder frisch ins Büro gehen konntest. Wenn die dir kündigen, müssen sie mir auch kündigen.«

Eine Frau, die diesen Gang auf sich nahm, ist Doris Michaelis. Zweimal hat sie für ihren Mann gekämpft. Und um ihren Mann.

Die größte Hilfe

Doris Michaelis vergißt den Abend nicht, an dem ihr Mann ohne Gruß ins Haus kam. Er sagte kein Wort, setzte sich in seinen Sessel und stierte vor sich hin. Seine Zeitung lag unbeachtet neben ihm. Er saß nur da, leicht in sich zusammengekrümmt, die Arme über dem Bauch verschränkt. Sein Blick wirkte leer, weit weg.

Da wußte Doris Michaelis, »etwas Schreckliches mußte passiert sein«. Nicht, daß die Begrüßung sonst herzlich gewesen wäre. Nach 15 Ehejahren doch nicht mehr. Ein kurzer Gruß, und ihr Mann verschanzte sich hinter der Zeitung, den Lauf der Welt mit kurzem Gemurmel kommentierend. Sie hatte gelernt zu akzeptieren, nur Nebenfrau zu sein. Verheiratet war ihr Mann mit seinem Beruf. Für den hatte er alle Zeit der Welt, über den sprach er mit Begeisterung. Da lebte er so auf, wie sie es sich manchmal auch für sich wünschte.

Aber das behielt sie für sich. Sie hatte einen Workaholic geheiratet. Einen, der keinen Feierabend kannte. Schon in den frühen Jahren der Ehe nicht. Da war Werner Michaelis Leiter der EDV-Abteilung eines Lebensmittelfilialisten. Doris Michaelis hat ihrem Mann in jener Zeit »das Essen abends in den Betrieb gebracht und den Locher bedient. Nur damit wir zusammen sein konnten.«

Sie wußte, warum sich ihr Mann so rücksichtslos in seine Arbeit stürzte. Er machte Karriere und zweifelte an sich selbst. Werner Michaelis hatte kein Abitur machen können. Darunter litt er. »Als ich zur Schule ging«, sagte er manchmal bitter, »da konnte man das Abitur noch nicht als Zugabe aus dem Kaugummiautomaten ziehen.«

Er wollte alles aus eigener Kraft schaffen, arbeitete bis zum Umfallen, fand Anerkennung und sah sich doch immer mit einem Makel behaftet. Trotz aller Erfolge. In den Stunden des Selbstzweifels warf er sich vor, seine Zeit nicht richtig zu nutzen. Statt unablässig zu arbeiten, meinte er, sollte er die Schwerpunkte anders setzen, das Abitur nachholen, ein Fachstudium absolvieren. Aber dann stürzte er sich wieder in die Arbeit, abhängig von rascher Anerkennung. Freunden und Kollegen galt er als Mann mit Durchsetzungsvermögen. Er pflegte dieses Image. Aber in Wahrheit war er schwach, weil er sich seiner selbst nicht sicher war. Doris Michaelis wußte das.

In seiner Karriere erkämpfte er sich Erfolge, aber er fand wenig Zufriedenheit. Aus zwei großen Unternehmen schied er im Zorn, bevor er sich in München mit einer EDV-Beratung selbständig machte. Das Büro richtete er im Wohnzimmer ein. Es war eine schwere Zeit für die junge Familie. Eine Zeit, an die sich Doris Michaelis nicht gerne erinnert.

Wochenendehe

Als dann ihr Mann eine neue Aufgabe in der Datenzentrale einer Lebensmittelgenossenschaft in Hamburg antrat, glaubte sie an eine schnelle Verbesserung. Sie irrte sich. Ein Jahr lang blieb sie allein mit den Kindern. Noch nicht einmal eine Wochenendehe führten sie. Nur alle 14 Tage kam Werner Michaelis nach Hause. Freitags am Abend rückte er an, am Sonntagabend wieder aus. Oder am Montagfrüh. Vom Umzug nach Hamburg sagte er kein Wort. Manchmal, wenn sie ihn darauf ansprach, begründete er es damit, er habe noch keine Wohnung gefunden. Die Belastung der Arbeit sei so groß. Er finde nicht die Zeit, sich auf die Suche nach einer Bleibe für die Familie zu machen.

»Da hatte ich nach einer Weile den Eindruck, daß ihm das ganz gut gefiel«, sagt Doris Michaelis. »Freitags die schmutzige Wäsche bringen, mit dem Koffer voller frischer Wäsche wieder abziehen. Und dann zwei Wochen freie Bahn. Ich blieb mit den Kindern und den Problemen der Familie allein.« Sie setzte ihm dann die Pistole auf die Brust. Da ging es plötzlich ganz schnell. Das Unternehmen besorgte ein Haus. Sie zogen an den Rand Hamburgs. Vier gute Jahre hatten sie dort.

Bis zu jenem Abend, an dem sie spürte, daß ihr Mann nicht sprechen konnte: »Er war vollkommen fertig. So hatte ich ihn noch nie erlebt. Ich habe Angst um ihn gehabt, aber ich habe nicht gewagt, ihn zu fragen.«

Nach einer Stunde sagte er es dann: »Die haben mir gekündigt.«

Die, das war die Geschäftsleitung einer großen Organisation des Lebensmitteleinzelhandels. Deren Datenzentrale mit 280 Mitarbeitern hatte Werner Michaelis geleitet. Fünf Jahre lang. Die Branche ist für schnelle Wechsel im gehobenen Management bekannt. Michaelis hatte in der vorausgegangenen Zeit zunehmend über Schwierigkeiten und Intrigen geklagt. Er hatte daran gedacht, von sich aus die Konsequenz zu ziehen und zu kündigen.

Aber er blieb. Trotz aller Zeichen des aufziehenden Sturms. Denn er hatte sich einen Namen gemacht. Durch den glaubte er sich geschützt. Er referierte auf Seminaren, schrieb für Fachzeitschriften und hielt als Gastdozent Vorlesungen über Datenverarbeitung. Und er hatte die als Unternehmenstochter geführte

Datenzentrale aus den roten Zahlen auf die positive Seite gebracht.

Jetzt mußte er seiner Frau sagen: »Die haben mir gekündigt.« So aus nahezu heiterem Himmel. Denn wenn sie auch um den ständigen Ärger wußte, der Ernst der Situation war ihr bis zu diesem Moment fremd.

Bis 40 muß es geschafft sein

Ihr erster Gedanke ging nicht um das »Warum«. Darüber sprach ihr Mann. Sie dachte: »Und was machen wir nun?« Ihre erste Sorge war nicht der vermeintliche Verlust von Ehre und Ansehen, ihre erste Sorge war die Sicherheit der Familie. Sie dachte an die drei Kinder im Alter von neun, zwölf und 14 Jahren.

Bis in den Morgen des nächsten Tages saßen Doris und Werner Michaelis zusammen, tranken eine Tasse Kaffee nach der anderen. Sie sprach von der Zukunft, er sprach von dem Verlust.

42 Jahre alt war Werner Michaelis, als er sich verabschieden mußte. Ein Alter, in dem andere Manager stolz auf die soeben erklommenen ersten Sprossen der Karriereleiter zurückblicken. Er aber hatte das Wort von Berthold Beitz verinnerlicht, nach dem ein Manager mit 40 die letzte Station seiner Karriere erreicht haben muß. Das waren zwar andere Zeiten, als Beitz so sprach, aber wer sich an einer solchen Zielmarke orientiert, vergißt das leicht. Als Michaelis seine Stellung verlor, drohte ihm dieses Postulat zum Verhängnis zu werden.

Die erste Nacht blieb nicht die letzte Nacht, in der Doris und Werner Michaelis redeten, zweifelten, hofften. Bei ihm überwogen die Zweifel, sie versuchte Hoffnungen in ihn zu pflanzen. Auch wenn er jetzt Dinge aus der täglichen Arbeit erzählte, die ihr bis dahin unbekannt waren, die sie als sensible Zuhörerin zweifeln ließen, ob er immer den richtigen Ton gegenüber Mitarbeitern und Vorgesetzten fand. Dennoch: »Ich habe ihm niemals Vorwürfe gemacht. Das ist das Schlimmste, was eine Frau in solch einer Situation machen kann.«

Ohne seine Frau wäre Werner Michaelis gänzlich allein gewesen. So waren sie miteinander allein. Freunde oder Bekannte, mit denen sie hätten sprechen können, hatten sie nicht. Dazu waren sie zu häufig umgezogen. Und sie hatten sich auch niemals darum bemüht. Für ihn kam zuerst der Beruf. Die Fäden zu den Kollegen waren jetzt abgeschnitten. Und sie war mit Hausarbeit und drei Kindern vollkommen ausgelastet. So hatten sie nur ihrer beider Schultern, an die sie sich gegenseitig lehnen konnten.

Woher sie die Kraft nahm, weiß Doris Michaelis nicht. Sie lernte in diesen Nächten, »daß für ihn ganz andere Dinge wichtig waren als für mich. Daran drohte er zu zerbrechen. Er fühlte sich als Versager. Auch mir gegenüber. Es hat mich große Anstrengung gekostet, ihn zu überzeugen, daß er für mich als Mensch zählt, nicht als Boß in irgendeiner Firma. Manchmal reagierte er fast beleidigt. Schließlich habe er das alles nur für uns getan. Und noch nicht einmal ich wolle das nun anerkennen. Sein Beruf ging ihm eben über alles. Oft fühlte ich mich wie das fünfte Rad am Wagen. Aber das verstand er nicht. Und das habe ich ihm auch nicht gesagt.«

Was sie sagte, war eigentlich immer wieder das gleiche: daß er nicht verzagen dürfe, daß er nicht zu alt sei, daß seine hervorragenden Leistungen von anderen schon anerkannt würden.

Zeit für die Familie

Was zeitweilig noch sehr viel wichtiger war: Sie waren eine Familie. Endlich einmal. Der Aufhebungsvertrag enthielt eine einjährige Sperrklausel. Werner Michaelis mußte Zwangspause machen.

Anfangs wußte er nichts mit sich anzufangen. Er kannte kein anderes Gesprächsthema als die verlorene Aufgabe. Seine Gedanken liefen im Hamsterrad. Er mochte nichts im Haus tun, nicht in den Garten gehen. Es war ihm peinlich, schon am Vormittag den Nachbarinnen auf der Straße begegnen zu müssen. Allen war er im Wege. Sich selbst am meisten.

Dennoch erinnert sich Doris Michaelis gerne an diese Zeit:

»Mit wachsendem Abstand wurde es langsam besser. Wir konnten in Familie machen. Endlich hatten die Jungen einmal einen Vater. Sie machten gemeinsam das Sportabzeichen. Wir sind nach Dänemark gefahren und haben vier Wochen richtig gefaulenzt. Endlich einmal nicht einer von diesen hektischen einwöchigen Ausflügen, die er sonst mit uns machte, weil er glaubte, nicht länger aus der Firma abwesend sein zu können.«

Wirklich ausgeglichen aber war Werner Michaelis erst, als er einen neuen Vertrag unterschreiben konnte. Als Geschäftsführer einer Agentur für Direktwerbung machte er noch einmal einen Sprung nach oben. 300 Mitarbeiter hatte das Unternehmen in Kassel. Er verdiente mehr, die Inhaber rollten ihm einen roten Teppich aus. Sie brauchten jemanden, der den maroden Laden wieder auf Vordermann brachte. Solche Aufgaben liebte Werner Michaelis.

Es machte ihm mehr Spaß, ein angeschlagenes Unternehmen wieder auf die Beine zu bringen, als stetige Geschäfte abzuspulen. Da konnte er sich mit voller Kraft reinknien, sah nicht mehr nach rechts und links.

Leben im Känguruhviertel

»Eigentlich«, dachte Doris Michaelis damals, »ist das alles wie gehabt.« Sie hatte Bedenken. Aber sie sagte nichts.

Ihr Mann hätte es auch diesmal nicht verstanden. Denn für die Familie, meinte er, sei besser gesorgt als je zuvor. Das Unternehmen hatte ein Haus für sie gekauft. Mit 260 Quadratmetern. In bester Lage. Doris Michaelis nannte die neuen Nachbarn »die Bewohner des Känguruhviertels: nichts im Beutel und große Sprünge machen.«

Miete mußte Werner Michaelis für das Haus nicht zahlen. Auch die Kosten für die Renovierung übernahm das Unternehmen. Die Familie fühlte sich, als habe sie in den Glückstopf gegriffen. Aber Doris Michaelis kam die Sache nicht geheuer vor. Solange die Handwerker im Haus werkelten, wohnte sie mit den

Kindern noch in Hamburg: »Ständig rief mich die Sekretärin meines Mannes an, wollte wissen, wie ich die Küche gekachelt haben wollte, welche Fliesen ins Bad sollten. Ich besorgte mir dann die Muster und habe sie nach Kassel geschickt. Ein gutes Gefühl hatte ich dabei nicht. Mir war das unheimlich. Aber mein Mann fand das alles absolut in Ordnung.«

Acht Monate vergingen, bis die Familie in das frisch herausgeputzte Haus ziehen konnte. Der abermalige Schulwechsel der Kinder dämpfte die Freude von Doris Michaelis: »Das hat ihnen geschadet. Sie fanden den Anschluß nicht. Meinen Mann konnte ich darauf nicht ansprechen. Der war wieder einmal mit seinem Betrieb verheiratet.«

Das erste Weihnachtsfest im neuen Haus war schön. Glücklich und geborgen fühlte sich die Familie. Sie sah ohne Sorgen in die Zukunft. Werner Michaelis hatte seine Aufgabe gepackt, der Betrieb lief wieder. Entsprechend üppig fiel die erste Tantieme aus.

Aber das erste Weihnachtsfest sollte zugleich das letzte in diesem Haus sein. Einen Monat nach dem Jahreswechsel – »und vier Tage vor seinem Geburtstag, solche Tage vergißt man nicht« – kam Werner Michaelis am späten Nachmittag, weit vor der üblichen Zeit, wieder ohne Gruß nach Hause, setzte sich schweigend in den Sessel. Diesmal benötigte er nicht eine Stunde Anlauf, ehe er seiner Frau gestand: »Die haben mich gefeuert.«

Dieses Mal standen zuvor keine Warnzeichen am Horizont. Dieses Mal stürzte der Himmel ohne Wolken ein.

Die Vorwürfe gegen Werner Michaelis waren massiv. Der Unternehmer beschuldigte ihn, Spesen manipuliert, Mitarbeiter ausgebeutet und Saufgelage veranstaltet zu haben.

Nur noch geweint

Doris Michaelis verlor die Fassung. Sie kannte ihren Mann. Sie kannte seine Schwächen. Aber dies alles wollte sie nicht glauben. Für sie aber kam es noch schlimmer. Sie selbst geriet in diesen Strudel der Vorwürfe. Seine Frau, warf der Unternehmer Werner

Michaelis vor, habe für das Haus Ausstattungen bestellt, die sie nicht bezahlt habe.

An die Großzügigkeit des Unternehmens bei der Renovierung hatte sie nie so recht glauben mögen, und doch hatte sie sie gerne in Anspruch genommen. Nun sollte sie einen Teil der Schuld am abermaligen Scheitern ihres Mannes tragen.

Es war ein Rausschmiß mit allen schrillen Dissonanzen. Werner Michaelis erhielt sofortiges Hausverbot.

»Diesmal war ich meinem Mann keine Hilfe mehr. Ich konnte einfach nicht mehr«, sagt Doris Michaelis. »Wir haben nur dagesessen und geheult.«

Zweifel an ihrem Mann kamen ihr auch bei diesem zweiten Rauswurf nicht. Sie wußte: Wenn nach Feierabend weiter gearbeitet werden mußte, dann holte ihr Mann den Cognac aus dem Schreibtisch. Das hatte er immer so gemacht. Aber erst nach Feierabend. Überstunden gehörten für ihn einfach dazu. Manchmal fragte sie ihn: »Mußt du denn trinken, wenn du so lange arbeitest?« Aber wenn er nach Hause kam, war er nicht angetrunken. Nein, ein Trinker war ihr Mann nicht.

Sie wußte auch: Geduld gehörte nicht zu den Tugenden ihres Mannes. »Bei mir ist da manche Träne geflossen. Er ist den anderen immer ein Stück voraus. Und er meint, die anderen müßten auch schon dort sein, wo er ist. Oft habe ich ihn gefragt, ob er alles auf einmal machen müsse. Wenn er einen Gedanken hat, muß der sofort umgesetzt werden. Er kann nichts aufschieben. Da kommen andere oft nicht mit. Das ist sein größter Fehler im Umgang mit Menschen. Er verlangt viel von sich und von anderen. Und er kann nicht begreifen, daß andere nicht so viel geben wollen oder können. Aber das bedeutete doch noch lange nicht, daß er andere ausbeutete.«

Werner Michaelis war wie gelähmt. Er wehrte sich nicht, ließ sich ohnmächtig treiben. Der Macher machte nichts mehr.

In Doris Michaelis baute sich Zorn auf. Zorn auf das Unrecht, das ihrem Mann angetan wurde, Zorn auf die Anschuldigungen gegen sie. Das wollte sie nicht schlucken.

Sie schrieb an den Unternehmer und bat um ein Gespräch. Ihr Mann wollte das nicht. Er versuchte, es ihr zu verbieten, ihr auszureden. Vergebens. »Er hätte mich anbinden müssen. Ich mußte meinem Herzen Luft machen.« Sie war entschlossen, und sie bekam den Termin. Der Unternehmer lud sie in die Firma ein. Noch mit dem Abstand der Erinnerung wird sie darüber ärgerlich: »Das war eine Frechheit. Mein Mann hatte dort Hausverbot, und ich sollte in den Betrieb gehen. Da kam für mich nicht in Frage.«

Also trafen sie sich auf neutralem Boden in einem Restaurant, in dem sie einen separaten Raum bestellt hatte. Auffallend korrekt habe sich der Mann verhalten, so als wolle er nirgends anecken. Leise habe er gesprochen, manchmal fast geflüstert. Dabei saßen sie alleine. Der Wirt wußte, daß sie nicht gestört werden wollten. Er nahm die Bestellung auf, servierte und ließ sich dann nicht mehr sehen.

An das Zimmer erinnert sich Doris Michaelis noch genau, an die rosa Tischdecken und die weißen Röschen in der Vase, an die gedrechselten Stühle und an die alte Wanduhr, deren Pendel stillstand. Sie sieht den schmalen Mann ihr gegenüber und hört seine belegte Stimme. Und sie weiß noch genau, was sie ihm sagte, wie sie ihren Mann verteidigte, wie ihr Gegenüber versuchte, auszuweichen. Aber das war gar nicht so wichtig: »Rausgekommen ist bei dem Gespräch gar nichts. Was hätte dabei auch herauskommen sollen. Da war nichts mehr zu kitten. Das wußte ich vorher. Eigentlich wollte ich nur einmal den Menschen sehen, der meinem Mann das angetan hat. Ich wollte ihm sagen, wie billig und schmuddelig die ganze Sache ist.«

Doris Michaelis hat es dem Mann gesagt. Sie sagte ihm Dinge ins Gesicht, die seine Angestellten nicht einmal hinter vorgehaltener Hand aussprachen. Geändert hat das an der Situation selbstverständlich nichts. Aber sie redete sich frei. Danach war ihr wohler. Das gab ihr neue Kraft, ihrem Mann zu helfen.

Sie ahnte nicht, wieviel schwieriger es diesmal sein würde. Der abermalige Schlag drohte Werner Michaelis aus der Bahn zu werfen. Erst nach sechs Monaten fand er heraus aus seiner Lethargie. Aber er flüchtete in Aktionismus. Er las die Stellenanzeigen und entdeckte viele Zeichen der Hoffnung. Über 100 Bewerbungen schrieb er. Je mehr Absagen er erhielt, desto wahlloser bot er seine Dienste an.

Auch als der Leiter eines Altenheims gesucht wurde, schickte er seine Bewerbungsmappe ein. Seine Frau fragte ihn vorsichtig, ob das wohl das Richtige sei. Schließlich sei er ein ungeduldiger Mensch. Diesen Fehler müsse auch jeder sehen, der es gut mit ihm meine. Aber Werner Michaelis verkroch sich hinter einem Wunschbild: »Es ist doch eine großartige Aufgabe, für andere Menschen da zu sein.«

Für seine Frau war das ein Alamrzeichen: »Er begann sich etwas vorzumachen. Er glaubte nicht mehr an sich selbst und täuschte darum sich und andere.«

Sie merkte, daß er sich ohne jede Hoffnung bewarb. Nur, um sich und seiner Familie zu zeigen, daß er eine Kämpfernatur sei. Dabei hatte er sich selbst längst aufgegeben. Die Antworten auf seine Bewerbungen entsprachen seinen Erwartungen: negativ. Oder er erhielt gar keine Antwort. Jede neue Absage war ein neuer Niederschlag, mit jedem Schweigen auf eine Bewerbung starb ganz langsam die Hoffnung ab.

Zweifel im Stillstand

Werner Michaelis hörte auf, sich zu bewerben. Manchmal raffte er sich auf und suchte im Stellenmarkt. Aber er fand immer seltener ein Angebot, das ihn hoffen ließ. Dann verschob er die Bewerbung, um eine Nacht darüber zu schlafen. Am nächsten Morgen stellte er fest, gerade dort bestünden keine Aussichten. Er nahm die negative Antwort vorweg und erteilte sie sich selbst.

Depressionen quälten Werner Michaelis. Er wurde zunehmend

unruhig und ungerecht. Er fühlte sich unnütz, klagte, ausgeschlossen zu sein.

Doris Michaelis durchlitt die wahrscheinlich schmerzvollste Zeit ihres Lebens. Sie mußte ansehen, wie der Mann an ihrer Seite verfiel. Nichts blieb von dem robusten Kämpfer, dem energischen Streiter: »Ich mußte ihn schieben, als er verzagte. Ich mußte ihm sagen, daß er mit 45 Jahren noch nicht in Rente gehen kann. Aber er sah keine Hoffnung mehr.«

Je weiter er sank, desto mehr Flaschen leerte er. Heimlich. Doris Michaelis merkte es doch.

Damals begann sie zu zweifeln: »Ist es richtig, wenn er noch einmal in einen Betrieb geht? Kann der das überhaupt? Findet er den richtigen Ton im Umgang mit Menschen? Zerbricht er mir da nicht vollkommen?«

Die Lage schien aussichtslos. Doris Michaelis versuchte, das Leben so normal wie möglich zu gestalten. Aber sie machte sich etwas vor. Sich, ihrem Mann und den Kindern. Sie wußte das. Ihr Spiel auf den Trümmern hieß »Heile Welt«.

Start mit einer Million Schulden

Doris Michaelis war es dann, die zufällig von dem bevorstehenden Konkurs eines Unternehmens für Direktwerbung bei Würzburg hörte. Und sie war es, die ihrem Mann zuredete, das Geschäft zu übernehmen. Obgleich sie sich nach den ersten Erfahrungen der Selbständigkeit geschworen hatte, niemals wieder dieses Wagnis und die Belastung auf sich zu nehmen.

Sie überzeugte ihren Mann. Mit einer Million Mark Schulden begannen sie. Es gab nichts, was sie nicht selbst machten: »Sogar die Toiletten haben wir geschrubbt, um die Kosten für das Reinigungspersonal zu sparen.« Nach vier Jahren hatten sie es geschafft. Die Firma schrieb schwarze Zahlen.

Eine späte Genugtuung wurde Doris Michaelis zuteil. Das war auf einer Zusammenkunft der Direktwerber. Dort stand am kalten Buffet jener Unternehmer, der Werner Michaelis in Kassel vor die Tür gesetzt hatte. Er war gerade dabei, mit Genuß in ein

Kanapee zu beißen, als er Doris und Werner Michaelis sah. Die Hand stockte unmittelbar vor dem Mund. Wortlos drehte er sich um und entschwand. Doris Michaelis war befriedigt. Ihr Mann hat später mit jenem Unternehmen Geschäfte gemacht. Ganz selbstverständlich. Sie hat das nicht gemocht.

Im Arbeitszimmer ihres Mannes stehen heute drei prall gefüllte Leitz-Ordner. In denen hat Werner Michaelis Vorträge und Zeitungsausschnitte abgeheftet. Manchmal blättert Doris Michaelis darin. Die Zeitungsausschnitte berichten von jenen Männern, die ihren Mann bei der ersten Kündigung vor die Tür setzten, von den Vorständen des großen Lebensmittelfilialisten. Darin liest sie dann, wie ein Jahr nach dem Rausschmiß der Vorstandsvorsitzende gehen mußte, der ihrem Mann gekündigt hatte. Und wie ein weiteres Jahr später jene drei Vorstandsmitglieder gehen mußten, die den Vorsitzenden abgesägt hatten.

Glücklich macht diese Lektüre Doris Michaelis nicht. Aber sie ist danach mit sich und ihrem Mann wieder ein Stück einverstandener.

Über ihre Rolle oder Aufgabe in der Vergangenheit hat sie oft nachgedacht. Sie definiert sie heute so: »Von der Frau werden Verständnis und Toleranz verlangt. Sie muß sich zurücknehmen, ohne dabei zum Mauerblümchen zu werden. Denn wenn es darauf ankommt, muß sie souverän sein und glänzen können. So wird von ihr das Erscheinen in der Öffentlichkeit erwartet. Im Hintergrund aber kann sie sehr viel mehr richten. Vorausgesetzt, ihr Mann hat Vertrauen zu ihr.«

Zu neuen Ufern

Ein Lebenslauf: Geboren 1809 – Anstellung im öffentlichen Dienst 1832 verloren – bei dem Versuch, ein politisches Mandat zu erringen, 1832 eine Niederlage erlitten – erneuter Anlauf in den Beruf gerät 1833 zum Fehlschlag – Wahl zum Abgeordneten 1834 gewonnen – Tod der Freundin 1835 – Nervenzusammenbruch 1836 – Wahl zum Kongreßabgeordneten 1843 gescheitert – 1846 in den Kongreß gewählt – von der Partei 1848 nicht wieder aufgestellt – Bewerbung zum Beamten 1849 abgelehnt – Wahl zum Senat 1854 verloren – erfolglos mit der Bewerbung um die Kandidatur für das Amt des Vizepräsidenten 1856 – abermals unterlegen bei der Wahl zum Senat 1858. 1860 zum Präsidenten der Vereinigten Staaten gewählt.

Abraham Lincoln wurde einer der erfolgreichsten und volkstümlichsten Präsidenten der USA. Wie Wegmarken stehen die Niederlagen in seiner Vita. Aus jeder griff er eine Sprosse höher.

Niederlagen kennzeichnen das Ende einer Wegstrecke. Nicht das Ende des Weges.

Der Generalist ist weit weniger gefragt, als allgemein beteuert wird. Wenn es darauf ankommt, dann wird der Spezialist gesucht, der Mann mit einem klaren Leistungsprofil. Denn der Platz des Alleskönners ist meistens schon besetzt. Gefragt ist der Mann, der »etwas Ordentliches gelernt hat«, der mit seinem Spezialwissen zur Lösung spezieller Probleme beitragen kann.

Die Bewerbung auf eine Stellenanzeige hat um so mehr Aussicht auf Erfolg, je genauer das Leistungsprofil des Bewerbers dem Anforderungsprofil der Stellenanzeige entspricht.

Dieser Satz ist so schlicht wie die Feststellung, daß eins und eins gleich zwei ist. Und dennoch machen auch gewiefte Manager nahezu alle den gleichen Fehler: Sie angeln in einem fremden Gewässer mit dem falschen Köder nach einem unbekannten

Fisch. Die Erfolgsaussichten sind ähnlich wie beim Lotto. Aber die Enttäuschung ist schmerzhafter.

Wer sich bessere Chancen ausrechnen möchte, vergleicht die Anforderungen in den Stellenanzeigen sehr sorgfältig mit den eigenen Fähigkeiten. Punkt für Punkt. Wenn die Übereinstimmung nicht zwischen 80 und 100 Prozent liegt, ist ein Waldlauf eine bessere Investition in die Zukunft als die Zusammenstellung einer aussichtslosen Bewerbung.

Ältere Arbeitnehmer sind meist auch teurer. Auch das erhöht die Hürde in eine neue Aufgabe. Selbst wenn die Bereitschaft besteht, Abstriche zu machen. Denn es ist kein unumstößliches Naturgesetz, daß mit der Tiefe der Falten das Gehalt an Höhe gewinnen muß. Allerdings nimmt das Manko des Alters in dem Maße ab, in dem die Hierarchiestufe an Höhe gewinnt. Ganz verschwindet es allerdings niemals.

Unbekanntes Terrain sichern

An neuen Ufern lebt es sich gefährlich. Das Terrain ist noch unbekannt und keineswegs immer so beschaffen, wie es bei den Einstellungsgesprächen beschrieben wurde.

Eindeutige Formulierungen im Anstellungsvertrag ersparen oder verkürzen späteren Streit. Auch wenn die Verhandlungen in sehr angenehmer Atmosphäre geführt werden, sollten nach Möglichkeit keine wesentlichen Punkte im Vertrag offenbleiben. Schließlich gibt niemand eine Garantie dafür, daß das Erinnerungsvermögen des Verhandlungspartners die gleiche Tragfähigkeit besitzt wie das eigene. Oder ob er überhaupt noch im Amt ist, wenn es einmal darauf ankommen sollte.

Der Vertrag sollte deshalb nachstehende Punkte klar ansprechen:

- Frühester und spätester Termin, zu dem die Tätigkeit aufgenommen wird.

  Nicht immer ist der Vorgänger schon fort, wenn das Unternehmen den Vertrag mit dem Nachfolger abschließt. Deshalb ist auch der späteste Termin der Arbeitsaufnahme festzulegen.

Schließlich kann der Auszug des Vorgängers nicht so reibungslos verlaufen, wie beim Einstellungsgespräch angekündigt. Zudem muß darauf geachtet werden, ob der Vertrag eine Klausel enthält, die einer der Parteien einen Rücktritt in der Zeit zwischen Vertragsabschluß und Arbeitsaufnahme ermöglicht.
Wird eine Probezeit vereinbart, muß sie für beide Seiten die gleichen Bedingungen enthalten, nach denen das Vertragsverhältnis wieder zu lösen ist. Die Probezeit beträgt in der Regel drei Monate. Nur eine einmalige Verlängerung ist möglich. Während der Probezeit sind die vertraglich festgelegten Bezüge zu zahlen.

- Tätigkeit und Aufgabengebiet
  Eine genaue Beschreibung der Position und des Aufgabengebiets ist erforderlich. Dazu gehört auch eine detaillierte Festlegung der Vollmachten, mit denen die Position ausgestattet ist (Prokura, Handelsvollmacht). Ebenso müssen interne Vollmachten und Anordnungsbefugnisse an unterstellte Abteilungen und Personen festgelegt werden. Die Kollegen im neuen Betrieb haben sehr sensible Antennen dafür, ob der Neue bereits seinen Claim fest abgesteckt hat oder ob er noch tastend nach seinen Grenzen sucht. Im Zweifelsfall sind die Langgedienten dann schneller als der Neuankömmling.
  Versetzungen im Tätigkeitsbereich des Unternehmens sollten nur im gegenseitigen Einvernehmen möglich sein. Dabei ist es notwendig, zwischen Versetzungen am Dienstort und außerhalb des Dienstorts zu unterscheiden.
  Die konkrete Beschreibung der Position schränkt das von den Arbeitgebern stets angestrebte Direktionsrecht ein. Wer sich darauf einläßt, hat später kaum ein Gegenmittel gegen die Versetzung »an jeden anderen zumutbaren Arbeitsplatz«.
- Bezüge
  Das monatliche Grundgehalt ist samt Auszahlungstermin zu vereinbaren. Das Gehalt sollte jeweils zum letzten Arbeitstag des Monats auf dem Konto sein.
  Die Steigerung des Grundgehalts kann sich in Höhe und

Fälligkeit an den Tarifabschlüssen der für den Bereich zuständigen Gewerkschaft orientieren.
Tantiemen, Bonus, Gewinn- und Ertragsbeteiligungen sind in den Vertrag aufzunehmen, wenn das Unternehmen üblicherweise seinen leitenden Mitarbeitern solche Zahlungen zukommen läßt.

- Urlaub
  Urlaubsansprüche regeln sich aus dem Tarifvertrag.
- Fortzahlung des Gehalts bei Krankheit oder Tod
  In diesem Passus ist festzulegen, wie lange das Unternehmen im Falle einer Arbeitsunfähigkeit durch Krankheit die Bezüge weiterzahlt, gegebenenfalls gestaffelt nach Dauer der Betriebszugehörigkeit. Ist die Arbeitsunfähigkeit durch einen Arbeitsunfall verursacht, ist die höchste Dauer der Fortzahlung anzusetzen.
  Für den Fall des Todes ist die Weiterzahlung der Bezüge an die Witwe zu regeln, üblich sind drei Monate.
- Sicherung bei vorzeitiger Berufs- und Erwerbsunfähigkeit und Altersversorgung
  Die betriebliche Altersversorgung wird nicht generell geleistet. Falls das Unternehmen eine betriebliche Altersversorgung anbietet, sind die Modalitäten bereits im Arbeitsvertrag festzulegen. Das gleiche gilt für die finanzielle Unterstützung beim Ausscheiden nach der Vollendung eines zu benennenden Lebensjahres oder bei vorzeitiger Erwerbsunfähigkeit.
  Sollten derartige Leistungen vereinbart werden, ist auch die Fortzahlung an die Witwe zu regeln. Üblicherweise beträgt der Satz in solch einem Fall 60 Prozent. Für waisenberechtigte Kinder werden in der Regel 15 bis 20 Prozent des Satzes gezahlt, den der Rentenempfänger erhält.
- Nebenleistungen
  Stellt das Unternehmen einen Dienstwagen, ist das Modell festzulegen und in welchem Umfang der Wagen für private Fahrten genutzt werden kann.
  Bei Installation eines Telefons durch das Unternehmen in der privaten Wohnung sind die Kostenanteile, die das Unternehmen übernimmt, aufzunehmen.

Überläßt die Firma eine Dienstwohnung, muß zuvor geregelt werden, in welchem Umfang sie für Instandhaltung und Schönheitsreparaturen aufkommt. Auch die Kündigungsfristen beim Ausscheiden aus dem Unternehmen müssen klar sein.
Falls Waren aus dem Herstellungs- oder Lieferprogramm zu ermäßigten Kosten übernommen werden können, empfiehlt es sich, die Menge und den eingeräumten Rabatt klar zu benennen.

- Dienstreisen
Die Höhe des Tages- und des Übernachtungsgeldes bei Dienstreisen ist eindeutig zu regeln. Ebenso die Erstattung des Fahrgeldes oder bei der Benutzung des eigenen Autos die Kilometerpauschale. Werden die Richtlinien nach dem Einkommensteuergesetz als Maßstab genommen, ist es angeraten, die jeweilige vom Jahresverdienst abhängige Gruppe zu vermerken.
- Verschwiegenheitspflicht
Die Verpflichtung, über vertrauliche Angelegenheiten und Vorgänge Stillschweigen zu bewahren, darf sich nur auf wirkliche Geschäfts- und Fabrikationsgeheimnisse beziehen und auf Angelegenheiten, die tatsächlich vertraulich zu behandeln sind. Persönliche Angelegenheiten fallen nicht darunter.
- Wettbewerbsverbot
Nur für kaufmännische und technische Angestellte sind Wettbewerbsverbote zulässig. Sie dürfen nicht für länger als zwei Jahre ausgesprochen werden. Für die Dauer des Wettbewerbsverbots verpflichtet sich das Unternehmen in der Regel zur Zahlung von 75 Prozent der Bezüge nach dem Ausscheiden. Die Summe kann monatlich oder einmalig gezahlt werden. Auch das sollte bereits im Vertrag geregelt sein.
- Nebentätigkeit
Ob und in welchem Umfang eine Nebentätigkeit ausgeübt werden darf, sollte im Vertrag angegeben werden. Dazu gehört auch die Beteiligung an anderen Unternehmen oder die Mitgliedschaft in Organen fremder Gesellschaften. Sie wird von der Zustimmung der Geschäftsleitung abhängig gemacht, und zwar von Fall zu Fall.

Dazu gehört auch die Berechtigung, Fachbeiträge unter eigenem Namen zu veröffentlichen. Es hängt jedoch vom Inhalt ab, ob die Geschäftsleitung der Veröffentlichung zustimmen muß. Öffentliche Ehrenämter wie Schöffe, Geschworener, Arbeitsrichter oder Abgeordneter fallen formal nicht unter die Zustimmungspflicht des Arbeitgebers.

- Kündigung

Von vornherein sollte vereinbart werden, daß nur schriftlich gekündigt werden kann. Das baut Mißverständnissen vor.

Für den Angestellten beträgt die gesetzliche Kündigungsfrist vier Wochen zum 15. oder zum Ende eines Kalendermonats. Im Vertrag können Arbeitnehmer und Arbeitgeber andere Fristen vereinbaren. Sie dürfen aber nicht die Frist von einem Monat zum Monatsende unterschreiten. Längere Kündigungszeiten sieht das »Gesetz über die Fristen für die Kündigung von Angestellten« vor, wenn die Beschäftigung mindestens fünf Jahre dauert. Dann kann nur mit zwei Monaten zum Ende eines Kalendermonats gekündigt werden. Weiter heißt es in dem Gesetz: »Die Kündigungsfrist erhöht sich nach einer Beschäftigungsdauer von acht Jahren auf drei Monate, nach einer Beschäftigungsdauer von zehn Jahren auf vier Monate und nach einer Beschäftigungsdauer von zwölf Jahren auf fünf Monate.«

Wird im Arbeitsvertrag von Beginn an eine längere Kündigungsfrist ausgehandelt, erhöht das die Sicherheit beim Neustart. Wem beispielsweise nur sechs Monate zum Jahresende gekündigt werden kann, hat unter Umständen noch 18 Monate Zeit, wenn wieder einmal ein Wechsel droht.

Gegen betriebsbedingte Kündigungen sind die Mächtigsten ohnmächtig. Sie spüren ihre Einsamkeit auch bei der Sozialauswahl, wenn auf ihrer Hierachieebene niemand ist, der mit ihnen vergleichbar wäre. Es sei denn, sie haben in ihrem Vertrag eine Anbindung an die nächst niedrige Hierarchiestufe aushandeln können. Dann muß das Unternehmen dort einen Ersatzarbeitsplatz anbieten – vorausgesetzt, dort findet sich ein anderer, der als sozial stärker eingestuft wird.

Wer als leitender Angestellter selbständig einstellen und entlassen darf, dem nützt auch die Anbindung an die niedrigere

Hierarchiestufe wenig. Paragraph 14 des Kündigungsschutzgesetzes nimmt diese Gruppe ausdrücklich aus diesem Schutz heraus. Den Dazugehörenden kann auch sozialwidrig ordentlich gekündigt werden. Es sei denn, im Anstellungsvertrag wird ausdrücklich auf die Anwendung des Paragraphen 14 des Kündigungsschutzgesetzes verzichtet.

- Freistellung
  Lange Kündigungszeiten – möglicherweise noch verbunden mit einem anschließenden Wettbewerbsverbot – können zur Falle werden. Wer davon betroffen ist, sitzt zu Hause und dreht Däumchen. Eine Freistellungsklausel im Vertrag sollte deshalb auch das Recht des Managers beinhalten, den Vertrag im Falle einer Kündigung umgehend zu beenden – gegen eine akzeptable Abfindung, in der auch die Restlaufzeit des Vertrags berücksichtigt wird.

Nicht alles wird sich in den Vertragsverhandlungen durchsetzen lassen. Das hängt von der Stärke der Verhandlungsposition ab. Und wie viele Bewerber um die Aufgabe rangeln. Eine Garantie für alle Zeiten kann ohnehin kein Vertrag geben. Allenfalls federt er den Fall ab, wenn es wieder einmal soweit sein sollte.

»Aber daran habe ich nie gedacht«, sagte ein erfahrener Manager, der Absturz und Neubeginn viermal erlebte, »wenn ich eine neue Aufgabe anpackte. Jedesmal war ich überzeugt, daß mir die bitteren Erfahrungen diesmal erspart bleiben würden. Wer nicht mit diesem Optimismus an eine Aufgabe herangeht, der hat sie möglicherweise schon verloren, bevor er sie beginnt. Vertrauen in die Zukunft ist die Voraussetzung für einen neuen Anfang.«

Anschriften von Outplacement-Beratungen

Dr. Claessens GmbH
Outplacement/Karriereplanung
Mainzer Landstraße 97
60329 Frankfurt
Tel.: 0 69/23 08 71
Fax: 0 69/23 73 05

EdW – Erfolg durch Wandel
Ges. für Personalentwicklung und
Outplacement/Replacement mbH
Corneliusstraße 18
60325 Frankfurt
Tel.: 0 69/7 56 14 44

Interaction Consulting
Wolfgang Fritz M. A. und Partner
Dotzheimer Straße 24–26
65185 Wiesbaden
Tel.: 06 11/30 40 07/08
Fax: 06 11/3 04 09

Meta: Consult
Management-Beratung GmbH
Biebricher Allee 30
651887 Wiesbaden
Tel.: 06 11/84 66 16
Fax: 06 11/80 80 39

Filiale: 80802 München
Leopoldstraße 28 a/2
Tel.: 0 89/34 28 77
Fax: 0 89/33 57 31

DBM von Rundstedt & Partner GmbH
Königsallee 70
Grünstraße 5
40212 Düsseldorf
Tel.: 02 11/8 39 60
Fax: 02 11/13 43 22

Filialen: 85540 München-Haar
Bahnhofsplatz 4 a
Tel.: 0 89/4 60 30 83
Fax: 0 89/4 60 36 57

10623 Berlin
Bleibtreustraße 8–9
Tel.: 0 30/8 82 49 75
Fax: 0 30/8 82 49 76

60594 Frankfurt
Walter-Kolb-Straße 14
Tel.: 0 69/61 03 85
Fax: 0 69/62 86 94

22085 Hamburg
Hans-Henny-Jahnn-Weg 9
Tel.: 0 40/2 27 80 98
Fax: 0 40/22 20 60

70178 Stuttgart
Marienstr. 7
Tel.: 07 11/6 07 60 36
Fax: 07 11/6 07 04 38

Dr. Stoebe, Kern & Partner
Unternehmensberatung GmbH
Waldstraße 30
22926 Ahrensburg
Tel.: 0 41 02/5 13 47
Fax: 0 41 02/5 06 93

Filialen: 42781 Düsseldorf-Haan
Moltkestraße 12
Tel.: 0 21 29/60 48
Fax: 0 21 29/5 92 19

Frankfurt
61348 Bad Homburg
Kaiser-Friedrich-Promenade 28
Tel.: 0 61 72/8 40 24
Fax: 0 61 72/8 39 32

Stuttgart
70753 Leinfelden-Echterdingen
Stadionstraße 4
Tel.: 07 11/7 94 24 60
Fax: 07 11/7 94 24 63

Nürnberg-Erlangen
91052 Erlangen
Nägelsbachstraße 49a
Tel.: 0 91 31/3 10 99
Fax: 0 91 31/30 46 59

München
82131 Gauting
Wessobrunner Straße 4
Tel.: 0 89/8 50 80 91 / 8 50 99 13
Fax: 0 89/8 50 89 83